淘宝SEO 网店流量疯涨的秘密
（第 2 版）

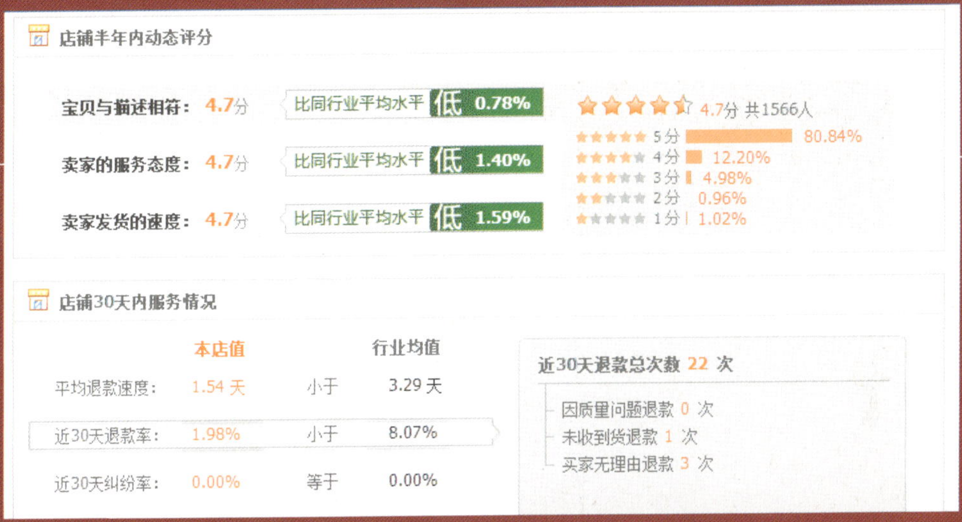

● 图 4–67　DSR 评分变绿的店铺也不过滤

● 图 5–27　主图优化背景

淘宝SEO 网店流量疯涨的秘密

（第 2 版）

● 图 5-28　主图优化边框

● 图 5-29　主图优化

● 图 5-36　淘宝搜索“白色连衣裙”的结果

图 5-37　黑白条纹连衣裙

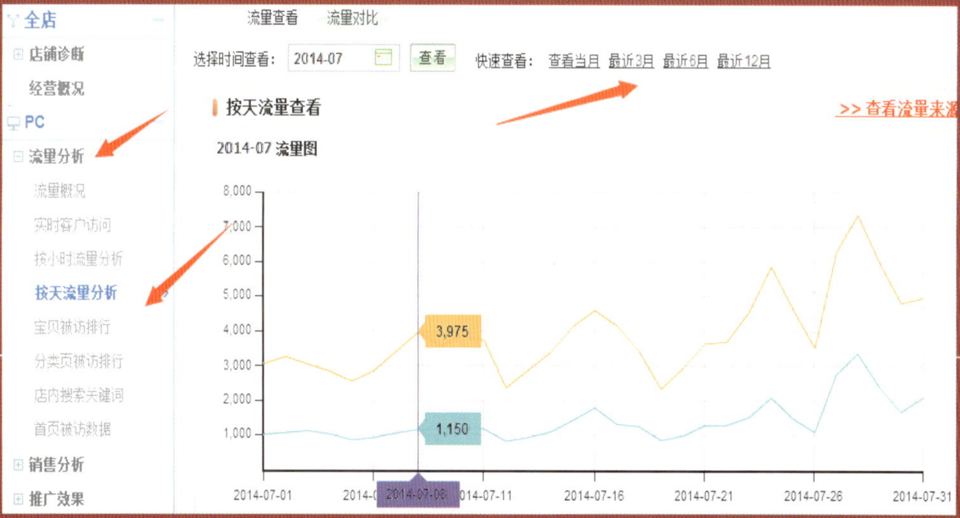

图 7-2　量子恒道按天流量分析

玩法变了

淘宝SEO

网店流量疯涨的秘密

第2版

王伟　编著

電子工業出版社
Publishing House of Electronics Industry
北京•BEIJING

内 容 简 介

《玩法变了——淘宝 SEO：网店流量疯涨的秘密（第 2 版）》是玩法变了系列丛书之一，第一版销售已经接近 20 000 册，应广大读者的一致要求，作者又续写了第 2 版。第 2 版紧跟现阶段淘宝的发展趋势，重新深度探讨了淘宝排名的优化方法。

除去电脑端淘宝优化排名之外，本书还补充了手机淘宝排名的优化策略，让卖家能够掌握无线端的流量获取方法，进一步在无线互联网中开拓自己的市场。书中分别从淘宝搜索和淘宝类目两大流量入口深度分析宝贝排名因素，结合理论知识，以实际案例穿插解读，让零基础的卖家也能学会淘宝排名优化，让自己店铺的流量增长不再是难事！

图书在版编目（CIP）数据

淘宝 SEO：网店流量疯涨的秘密 / 王伟编著. —2 版. —北京：电子工业出版社，2015.4
（玩法变了）
ISBN 978-7-121-25399-7

Ⅰ. ①淘… Ⅱ. ①王… Ⅲ. ①电子商务－商业经营－中国 Ⅳ. ①F724.6

中国版本图书馆 CIP 数据核字(2015)第 009686 号

策划编辑：张彦红
责任编辑：徐津平
文字编辑：杨　璐
印　　刷：北京天来印务有限公司
装　　订：北京天来印务有限公司
出版发行：电子工业出版社
　　　　　北京市海淀区万寿路 173 信箱　邮编 100036
开　　本：720×1000　1/16　印张：16.5　字数：264 千字　彩插：2
版　　次：2015 年 4 月第 1 版
印　　次：2015 年 11 月第 2 次印刷
定　　价：55.00 元

凡所购买电子工业出版社图书有缺损问题，请向购买书店调换。若书店售缺，请与本社发行部联系，联系及邮购电话：（010）88254888。

质量投诉请发邮件至 zlts@phei.com.cn，盗版侵权举报请发邮件至 dbqq@phei.com.cn。
服务热线：（010）88258888。

再版前言

前言本无关技术，应该是所有内容里面最好写的章节，可憋了好多天，仍旧无法下笔。不是不知道该写什么，而是要写的太多，一时不知该如何写起。诸位姑且看之，权当是一篇随笔吧。

生活真的非常有意思，走霉运的时候，喝凉水都能塞牙缝；好运当头的时候，馅饼一个接着一个砸到你的脑袋上。

我由始至终都从未想过，作为一个工科类专业的毕业生，有一天会写一本互联网技术类的书籍，而且在高手如云的电商界还能取得不错的成绩。《玩法变了：淘宝 SEO》第一版去年 11 月份出版到现在不到 10 个月的时间，差不多有 20 000 本的销量。

当本书策划编辑张彦红要求我写升级版本的时候，确实被震惊到了，在这样一个“快餐时代”，居然还有这么多小伙伴有如此严谨的求学态度，并且愿意付费支持作者及出版社，买这样一本读起来并不有趣的技术类书籍，回去研究。

在此对支持过我们的小伙伴致以诚挚的谢意，没有你们的支持，就没有第二版的续写；更要感谢我的编辑张彦红，如果没有他的邀请，那么连第一版也不会有。

与此同时，有各种各样的读者留言给我，有的是表达感激之情，有的是探讨技术问题，恕我不能一一回复。看到自己的无心之举能帮助到这么多人，我是非常开心的，总算是辛苦没有白费。

时至今日，我依然要再次强调淘宝 SEO 的重要性，在未来 5 年它依旧会是非常火的职业。别的不多讲，学会淘宝 SEO，你最少可以做三个方面的事情。第一，你可以优化自己的店铺，最大限度地获取免费流量，这也是我们木叶火论坛大部分会员在做的事情；第二，你可以在当下求职激烈的环境中，去寻求一份淘宝 SEO 方面的工作，还能拿到不错的薪酬；第三，你可以去做淘宝 SEO 相关的第三方服务工作，甚至可以进行公司化运营！

第一版出版之后，我还组建了《玩法变了：淘宝 SEO》的书友群，写第二版之前，我们同时从群消息、当当网、京东商城、天猫商城等多个渠道了解到各位读者的反馈信息，对整个内容的编纂重新做了几个方面的调整。

第一，摒弃琐碎的基础内容，直奔主题。

鉴于有很多卖家已经有不错的基础，这次改版去除了琐碎的基础内容，同时把所有基础内容分门别类发布到我们木叶火论坛，基础差的朋友，只需联系论坛客服开通回帖权限即可学习。

第二，补充新版淘宝首页流量获取方法。

除了完善原有搜索排名体系的内容之外，本书新增了淘宝首页流量获取技巧，在免费流量获取上面开辟了新的渠道内容，多样化地获取官方免费流量。

第三，新增手机淘宝搜索排名优化技巧。

无线端趋势已经势不可挡，了解手机淘宝排名规则及优化方法是当前卖家必须要做的事情，本书首次解密手机淘宝排名技巧的内容，为中小卖家获取手机淘宝流量引路。

可以毫不夸张地讲，这是目前整个电商界唯一一本深入讲解搜索排名、类目排名、无线端排名的书籍。书籍内容侧重实战，由浅入深，需要读者结合自己店铺一步步操作，我在写作的时候，也尽量照顾了零基础、资深店主、天猫等不同级别的淘宝店主，尽可能让大家都能看懂学会。

同时为了跟大家有更好的交流，推荐几个联系方式，基本上有以下三个渠道都可以解决你的疑问。

木叶火论坛：*www.muyehuo.com*

新浪微博：*http://weibo.com/sandai2006*

微信公众号：木叶火

如果你有好的想法建议，或者经验分享，那么也可以发邮件到我的私人邮箱：934186763@qq.com，无论多忙，我都会回复大家的邮件，或许一次无心的交流会碰撞出各种各样美丽的焰火！

目录

第 1 章

淘宝 SEO：免费流量的精髓

1.1 淘宝 SEO——未来 5 年的新机遇

在讲淘宝 SEO 之前，先说下网站 SEO，给大家一个鲜明的对比，这样你就知道为什么我们要在今天这个情况下学习淘宝 SEO 了，知道这是电子商务发展过程中带来的又一次非常大的机遇。

百度自 2000 年上线以来，直到 2002 年，开始有人研究百度搜索排名优化。间隔两年，到 2004 年开始有大批量的人意识到网站 SEO 的重要性，SEO 行业浮出水面，出现大大小小的竞争。到 2006 年，中小型企业开始涉足网站 SEO 优化，同时很多 SEO 服务性的公司诞生。到 2009 年，网站 SEO 进入巅峰状态。时至今日，百度 SEO 已经是一个相对成熟、稳定的行业了。

而今天的淘宝 SEO 就恰似 2002 年的网站 SEO，还处于婴儿期，不可否认的是，它正坐着电子商务的高速列车迅猛发展。

2011 年年初的时候我在各大招聘网站上搜索“淘宝 SEO”相关工作，还不是很多，薪水大部分都在 2 000 元左右。2013 年年初的时候，我再去搜索“淘宝 SEO”相关工作，已经多到和淘宝客服差不多了，薪水基本上都在 3 000 元到 5 000 元，还有的给出了万元高薪！

图 1-1 是在百度招聘频道搜索淘宝 SEO 呈现出来的结果，可以看到薪水在 2 000 元到 8 000 元之间，大概需要相关职位 1 000 多个，而这个数据在 2013 年的时候仅有不到 300 个，实际需求远超过这个数据。

包括很多电商朋友也希望我能推荐更多的淘宝 SEO 相关人才，因为他们去人才市场找了半天，确实找不到这样的人才，因为目前没有看到任何一座高校是教授这个内容的，可见这个行业的需求缺口是非常大的。

所以，目前看来学好淘宝 SEO，你最少可以做三个方面的事情。第一，你可以优化自己的店铺，最大限度地获取免费流量，这也是我们木叶火论坛大部分学员在做的事情；第二，你可以在当下求职激烈的环境中，寻求一份淘宝 SEO 方面的工作，还能拿到不错的薪酬；第三，你可以去做淘宝 SEO 相关的第三方服务工作，甚至可以进行公司化运营。

淘宝SEO /搜索优化专员 学历：大专　经验：1年以下　薪酬：2001-4000	[illegible]	济南	2014-06-20	智联招聘
淘宝天猫推广/SEO 学历：不限　经验：1-3年　薪酬：面议	[illegible]	广东深圳	2014-06-21	若邻网
深圳淘宝运营 淘宝seo推广 学历：不限　经验：1-3年　薪酬：2001-4000	[illegible]	深圳	2014-06-22	猎聘网
淘宝运营店长/网店运营主管/天猫店长/SEO/SEM 学历：不限　经验：1-3年　薪酬：4001-6000	[illegible]	广州	2014-06-20	智联招聘
网络客服，小时工，暑期工，淘宝客服，SEO推广553 学历：不限　经验：不限　薪酬：6001-8000	[illegible]	张家口市	2014-06-21	中华英才网
诚聘天猫推广直通车 SEO优化关键词 学历：不限　经验：不限　薪酬：3000-5000	[illegible]	海口	2014-06-20	赶集网

图 1-1　“淘宝 SEO”相关工作搜索结果

今天你如果看到此书，还没有意识到这个机会，那不夸张地讲，5 年之后，你会是最后悔的一个！

1.2　电商创业者的现状分析

2013 年上半年，从阿里巴巴反馈回来的数据中我们可以看到，淘宝集市店已超过 900 万，网商数量已达到 8 300 万，如果把这个数据说得便于理解一些的话，那么就是，大概每 20 个人里面有 1 个做电商的，而且这还是之前的情况，最新的数据我没有拿到，相信会更加“恐怖”。

实际上仅仅是这个数据都已经可以吓死一帮人了。而且侧面说明淘宝早已经过了，开个店就赚钱的时代。你不去用心做，几乎很难有拨得云开见日出的那天，80%的卖家基本上都是还在萌芽的时候就放弃了。

因为我长期和各种各样的卖家接触，比较了解他们的生存状态，知道目前电商创业者的现状大概有以下几种情况。

现状一：不看行情，贸然开店

不看行情，贸然开店应该是大部分卖家的一个现状，包括我们接触的很多卖家和学员，都有类似的情况。他们开店的原因通常很简单，就是看到朋友在做淘宝，或者在网上看到做淘宝挺赚钱的，就稀里糊涂地开了一个店铺。

具体卖什么东西，基本上都是凭感觉在做，要么就是去卖衣服，要么就是去做虚拟充值，要么就做一个百货店，看到什么好卖自己店里就挂什么。这样的结果就是，运气好，活下去；运气差，淘汰掉。

现状二：不分主次，没有计划

很多人辛辛苦苦地把店铺开起来以后，会有一个比较迷茫的阶段，不知道到底该做什么，要么忙忙碌碌地装修店铺，要么忙忙碌碌地群发广告，要么去找人帮自己刷单，一天到晚看起来很忙，但是店铺里面一单也卖不出去。

这就是不分主次，没有计划的一个表现，他们完全没有搞明白自己店铺的营销策略，没有一个整体的店铺计划，不知道应该制定什么样的计划，今天该做什么？明天该做什么？未来一个月我的计划是什么？这样的结果就是，成功了，不知道方法；失败了，搞不懂为什么。

现状三：不懂规则，盲目进退

大家如果接触到一些卖家群的话，那么会经常看到这样的广告，“三钻消保，要求双IP，双电脑，金额在300以内的，互刷一笔”，“求收藏，小店开张，地址：XXXX”，“求流量啊，亲们点点吧，顺便收藏一下”，这些应该是大家经常看到或者自己也在做的事情，但这些事情真的对店铺好吗？

答案是不一定，我们见到太多的店铺因为这样那样的操作被淘宝处罚、扣分，甚至降权封店。更有的亲，第一天开店，上传宝贝就被扣分，都是因为一些小到不能再小的细节问题。

基于以上三个电商创业者的现状，本书会从免费流量的角度来详细讲解，如何一步步通过正当的优化方式来提高自己的店铺流量，帮助大家一开始就进入正规的道路，不走歪门邪道，在千万卖家的市场竞争中脱颖而出！

1.3 淘宝的流量本质和现状

1．从互联网的角度来分析淘宝的本质

我们有时候会静下心来思考很多问题，但是有的卖家做了 7 年淘宝还是没有搞明白淘宝是什么样的平台。连你的老东家都没有搞明白，这是一件很不好的事情，如果你能尽早搞明白这个点，或者说尽早从互联网的角度搞明白这个点，那你做事情将会变得非常容易，而且可以一步千里！

有人讲淘宝是一个可以买到各种宝贝的平台，这种说法是针对买家的；也有人讲淘宝是一个卖服务的平台，模板啊、软件啊等，这种说法是针对初级卖家的；还有人讲淘宝是一个 C2C 平台，这种说法是针对"装 X"高端卖家的；那对于本书的读者而言，要站在互联网的角度来说：淘宝就是一个卖流量的平台。

懂了这个点，你就会很容易地理清一些问题，知道自己努力的方向在哪里。其实整个淘宝官方百分之八十以上的人都是在研究两件事，一是如何从站外获得更多的流量，二是如何更好地分配这些流量。作为卖家，我们只需要把握住官方分配流量的走向，顺势而为，分一杯羹就好。而在流量分配中，最有效又最廉价的就是免费流量的分配，免费流量里面搜索流量和类目流量又是每个卖家该牢牢把握在手里的。

2．淘宝流量的现状

去年淘宝号称是每天有 4 亿的搜索流量，这个数据看起来很庞大，但其实现状是各种缺流量，大卖家叫苦连天，小卖家苦不堪言。甚至连号称有各种扶持的天猫商城，也是哀鸿遍野，认为自己店铺的流量太少。

很多商城也是因为各种不懂运营，不懂优化，以为做淘宝就是要不断地做直通车、做钻展、报活动等，增加自己的运营成本，反而淘宝白送的免费流量拿不到手，我们接触到的一些天猫店铺，每天的自然流量才 200 UV 左右，全店剩下

的流量全部都靠付费流量支持，看起来叫人心痛。

那是不是一点机会都没有了呢？错！当下的实际情况是 90%的淘宝卖家不懂淘宝 SEO，或者说对淘宝 SEO 一知半解，我们只要掌握这个技能，把淘宝送给卖家的免费流量抓一些过来，维持温饱并不是一件难事。我们有个学员，零信誉的店铺开张，经过深度优化，3 周左右的时间全店流量达到 3 000 UV，而且卖的还是竞争比较激烈的母婴类目。

接下来请大家看几个宝贝，给大家一些信心，如图 1-2 ~ 图 1-4 所示。

图 1-2 是某天猫店铺的爆款宝贝，这个宝贝如果肯在标题上面下功夫优化一下的话，那么预计搜索流量会增加 1 倍左右。在类似的天猫店铺、金冠店铺中，随便找都可以找出很多类似的宝贝，卖家完全不懂优化，就靠上活动，砸钱。

图 1-2　宝贝展示 1

图 1-3 是一个三心小店铺的宝贝，该宝贝类目流量在接近下架时间的时候大概会有 300 UV 左右，但是搜索流量做得比较差，仅有不到 20 个！如果能从下架时间上再下一些功夫优化的话，那么搜索流量做到 200 UV 是没有问题的。

图 1-3　宝贝展示 2

图 1-4 是一个做得相对不错的宝贝，在没有做任何推广的情况下，下架之前能拿到搜索+类目大概 700 左右的 UV，但是手机端的流量却只有不到 30 UV，只需熟悉手机排名规则，稍微做下调整，手机流量突破 300 UV 是很轻松的。

图 1-4　宝贝展示 3

通过以上的一些阐述，我们可以很明确地告诉大家，缺流量、卖不出去宝贝都是相对的，不要羡慕大卖家的销量，他们或许在别的地方付出很多，却不一定精通淘宝排名优化。无论你是什么级别的卖家，这个机会都是我们要牢牢把握的，估计也就是未来 5 年的时间，淘宝 SEO 也会成为一个人人熟悉的操作手法，所以下手要趁早！

第 2 章

淘宝搜索的特点和常见误区

2.1 淘宝搜索的特点

淘宝搜索引擎起源于 2009 年，发展延续至今也就是几年的光景，严格意义上来讲，它是淘宝发展到一定阶段的必然产物，它的诞生背景融合了淘宝官方、卖家和买家三方面的因素，所以是完全不同于百度、谷歌等搜索引擎平台规律的，业界有人用百度等搜索算法来研究淘宝的排名，这本身就是天大的错误，所以这里提醒大家，如果要学习淘宝排名优化的内容，那么一定要把之前道听途说的一些错误观点全部扔掉，以空杯的心态进行学习，这样你的收获才会是最大的。

基于上面的因素，我们总结了淘宝搜索引擎的三大特点，搞清楚这三个特点，看问题就很透彻了，什么时间流量能暴涨，什么时间该上架宝贝，为什么排名一会儿掉，一会儿好等诸如此类的问题。

特点一：原创

其实原创+模仿是整个互联网的一个特点，后人做事必然要参考前人的一些东西。但淘宝是比较特立独行的，它的搜索引擎在国内来讲是自己原创的，原创的东西一般会有这么两个特点。

第一个特点是没有模仿对象，走对走错都要我们卖家参与到其中测试，通过实际反馈回来的结果，再进行调整，大家如果去翻看淘宝的整个状况，那么基本可以看到每次新规则上线都是先随机筛选 10%左右的流量进行测试，然后再放大到全网。

另外一个特点是唯我独尊，一家独大，我说了算，我说这样排名就这样排名，没有太多外力干涉，几次规则变动都有卖家去杭州“集火”，但实际上没有对规则变动造成任何影响，所以拥抱变化是每个卖家都要做到的，对阿里更多的应该是感恩，没有它，估计有千千万万的人要失业。

特点二：变化

如果把淘宝搜索引擎比喻为女人的话，那它应该是天下最善变的女人。我们来盘点一下淘宝搜索比较大的变动，自 2009 年上线以来，淘宝搜索主要是以下架时间+橱窗推荐作为最重要的一个依据，一直到 2010 年 7 月，网上流传最好的排名优化帖子，就是教大家做下架时间布局和软件橱窗推荐。

2010 年 7 月以后上线了 7.8 规则，搜索排名注入很多新因素（卖家服务质量、宝贝质量、宝贝人气等），这些因素的原则说白了就是一件事情，推荐服务最好、商品最好、买家最喜欢的宝贝，使其排名靠前。

2012 年年底开始推个性化搜索，2013 年是个性化搜索的测试年，大概方向会从年龄、性别、地域、购买力、店铺卖点、宝贝属性等这些方面来体现。

2014 年，在搜索大规则没动的情况下，各种细节不断微调，销量排序从件数变成笔数，笔数变成人数，人数现在又变成确认收货的人数等。

2009 年至今的一些小变动就更不用说了，几乎天天有微调，周周有变化，如果说起来，那可能 30 万字都不足以描述这个变化了。

特点三：婴幼儿

相比较谷歌、百度这些大佬，淘宝搜索完全可以算得上是婴幼儿的级别，也正是因为这样的级别，我们允许它犯错误，允许它尝试各种各样的排名算法，因为它的目的还比较单纯，是想往更好、更健康的方向发展，所以虽然我也经常被淘宝搜索的变化折腾得内分泌失调，但是我知道它正在朝着更健康更积极的方向发展！

换言之，也正是因为它是婴幼儿，我们才有研究它的意义，如果市场成熟，那中小型卖家反倒没有什么机会。婴幼儿，说明淘宝搜索在不断进步，还有很大的发展空间；婴幼儿，说明了未来还有希望，而正是这些希望，我们千万创业者才有了机会。在它婴幼儿的时期，你跟它一起成长，等到它长大成熟，你就是下一个成功者！

2.2 认识淘宝 SEO

2.2.1 狭义的淘宝 SEO

淘宝 SEO 是 2011 年年末开始有的一个新名词，到现在大概每天会有 200 到 300 个人在各大搜索引擎上搜索“淘宝 SEO”或者“淘宝排名优化”之类的词，相信未来这个数据会增加几倍甚至几十倍！那到底什么是淘宝 SEO 呢？

淘宝 SEO 这个概念是谁提出来的，已经无从考证了，不过我自己整理了自己的思想，把它做成百度百科给大家呈现出来，也算是对这个行业概念的普及起了一定的推进作用。

淘宝 SEO 从字面上讲叫做“淘宝搜索引擎优化”，意思是按照淘宝排名规则通过对我们店铺的宝贝进行一系列的优化，使店内宝贝排名靠前，从而获取更多流量的一种技术。这种概念我们把它定义为狭义的淘宝 SEO。

2.2.2 广义的淘宝 SEO

广义的淘宝 SEO 是我自己定义的一个概念，主要是给大家树立一个比较宏观的概念，不要局限于淘宝搜索流量。我们把淘宝站内所有可以开发研究的免费流量都放到淘宝 SEO 里，统一把他们定义为淘宝站内免费流量，也就是这个广义的淘宝 SEO 概念。

广义的淘宝 SEO 主要包括这么几个部分：淘宝搜索流量（综合排名、人气排名、销量排名、特色等），天猫搜索流量，淘宝类目流量，一淘网搜索流量，以及淘宝官方活动的一些方案策划。

总之，我们是要无所不用其极的在淘宝站内挖掘免费流量，尽可能以小成本获取更多流量，不过本书主要讲的是搜索流量和类目流量，希望大家能在这两部分有较大突破。

2.3 淘宝 SEO 常见误区

2.3.1 淘宝 SEO 常见误区之一：价格越低，买家越容易找到我

这个观点，来源于根深蒂固的传统思维，大家都认为到淘宝来买东西的基本上都是为了贪小便宜，包括我们很多卖家都是这样的心理，在淘宝总可以找到物美价廉的商品，而且最直接的是淘宝搜索里面有个价格从低到高的排序，所以我只要“输”得起，标价越低，流量就越多。

实际上呢？并非如此，下面用案例来跟大家分析一下。

图 2-1 是我们在淘宝网输入关键词“天语手机”，并按照“总价从低到高”排序方式进行搜索呈现出来的结果页面，我们可以看到淘宝系统限定了一个价格是 100 元，也就是说卖家只能将天语手机这个商品的最低价格设置为 100 元，如果比 100 元还低，那么按照价格从低到高排序默认是不展示的，这个打击了部分卖家，使他们不能使用低价引流不卖商品的种种作弊方法。

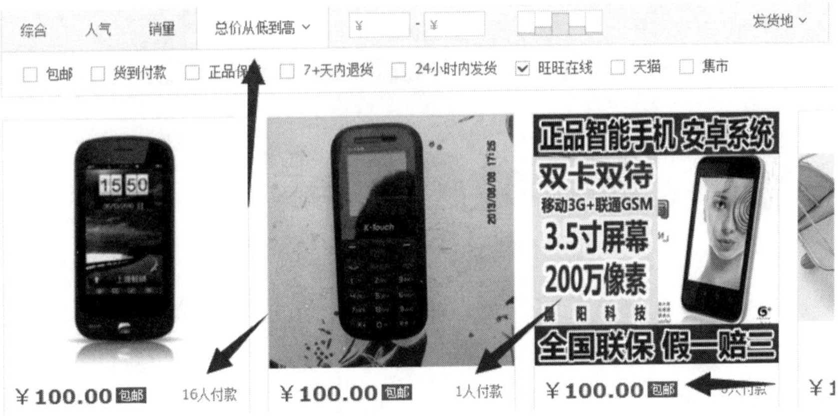

图 2-1 搜索关键词“天语手机”后显现的结果页面

这样我们得出结论：设置最低价，有可能我们的宝贝直接在价格排序的时候被系统过滤掉，得不到展示的机会，比如图 2-2 的宝贝，同样是天语手机，就没有展现机会。

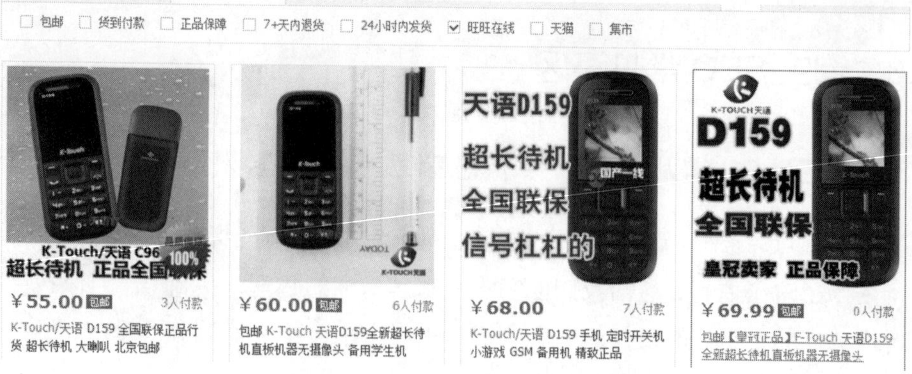

图 2-2　没有展示机会的低价天语手机

实际上淘宝系统有个价格排序过滤的规定，严重低价作弊的，价格排序不展示，这个规定大家可以到淘宝搜索帮派官方去看看：*http://bangpai.taobao.com/group/400769.htm*，也可以到我们木叶火论坛去了解一下。

总结一下，就算不从搜索流量的角度来讲，低价通常对应的买家人群也是比较纠结的，往往会带来麻烦的售后和一堆中差评，所以定价也是决定淘宝成败的因素之一，一味低价并不能获得更多的搜索流量。

2.3.2　淘宝 SEO 的常见误区之二：信誉越高，买家越容易找到我

很多朋友做淘宝，首先想到的就是去刷信誉，他们固执地认为信誉越高越好卖，越容易做。就在写这本书的前几天，还有人打电话问我，说你们这边有没有那种服务，把店铺给你，帮我刷个 1 钻 2 钻的，我只有报以苦笑。

真正在乎信誉度高低的可能也只有卖家自己，买家朋友们都是很天真无邪的，他们看上的商品，只要能激发他的购买欲，很多人不会在意你的信誉，我周边很多女性朋友就不懂什么信誉度，天天把信誉度挂在嘴边的是两种人：一种是不懂淘宝的卖家；一种是刷信誉平台的工作人员。

同样我们会用两个现象把大家这个错误认识打消掉，教你摆脱信誉的魔障。

现象一

图 2-3 是我们通过数据分析，在淘宝上搜索“2014 新款连衣裙”这个关键词，根据综合宝贝排名第一页的宝贝所在店铺信用分布图得到的，其中我们可以明显地看到几乎没有金冠店铺，同时蓝冠商家占的份额也不是很高，而 1 钻到 5 钻反而活得比较滋润，而且，红心店铺也可以挤进前两页分一杯羹，相反，信誉越高的店铺貌似越难排进首页。

	A	B	C	D	E
1	信誉级别	宝贝数量	总宝贝数	信誉占比	
2	4钻	9	44	20.45	
3	1蓝冠	7	44	15.91	
4	天猫	6	44	13.64	
5	3钻	5	44	11.36	
6	2蓝冠	4	44	9.09	
7	2钻	3	44	6.82	
8	2心	3	44	6.82	
9	5钻	2	44	4.55	
10	5心	2	44	4.55	
11	3蓝冠	2	44	4.55	
12	1钻	1	44	2.27	
13					
14					

图 2-3　信用占比统计图

现象二

图 2-4 是我们截取的搜索导航栏，我们发现在某些账号登录搜索的时候，原来有的信誉排序已经消失掉了，这个是淘宝官方通过统计，发现买家在这个部分的点击率特别低，是一个可有可无的位置，所以新版搜索上线调整的时候，已经在局部测试，直接把这一项去掉了！

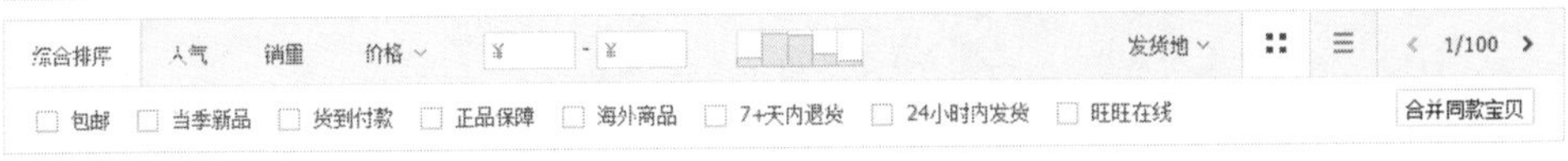

图 2-4　2014 搜索项部导航

上面两个现象，可以很明确地说明一个问题，淘宝综合排名跟信誉的关系微乎其微，信誉越高，默认排名不一定越靠前；信用排序甚至淡出了淘宝搜索导航，可见其作用几乎已经退出历史舞台，所以大家这边一定不要纠结信誉的问题，如果非要说信誉有影响，那可能就是在报活动的时候信誉级别的限制，以及最强大的淘宝数据分析软件“数据魔方”的订购限制，不过已经收到消息，数据魔方不久的将来，也将开放 1 钻以下用户的使用权限。

2.3.3 淘宝 SEO 的常见误区之三：销量越高，我的宝贝排名越靠前

我们可以看到很多朋友在各种群里面喊“刷一单呗”，也有的朋友听信外界谣言，认为做淘宝就是一个字“刷”，刷得越狠，宝贝排名越靠前。我不否认，刷单也是一种特别有效的推广方法，不过方式方法要对，有的人越刷越火，有的人越刷死得越快。

宝贝销量是宝贝权重里面比较重要的一个指标，但只有在正确的方法引导下，销量才可以发挥它的超级威力，淘宝官方在销量排序上面做的努力全部都是被卖家逼出来的，目前的销量排序是按照多少人收货排序的，如图 2-5 所示。

图 2-5 按销量排序结果

我们再按照人气进行排序，如图 2-6 所示，可以看到两件事情，第一件事情是淘宝呈现的是按成交人数计算的搜索结果，就算你一个人买了 1 000 件宝贝，

也只显示成交 1 人；第二件事情是人气宝贝排名和销量没有直接关系，可以看到 7 700 人成交的排名比 15 000 多人成交的都要靠前。

图 2-6　按人气宝贝排名搜索

销量排序按照确认收货人数排序，增加了排查你宝贝是否违规的时间，同时增加了刷单的难度，所以以前抢销量排序的流量迅猛刷单方法实效性已经过了。

人气排序是宝贝权重的直接体现，我们可以看出，销量高低并不是唯一的权重因子，错误的刷单节奏，会导致你的宝贝人气反降不升。

在这种情况下，大家盲目地去刷销量，不仅排名上不来，而且严重的话会被淘宝判定为虚假交易，全店降权。希望大家在搞不懂排名规则的情况下，一定不要道听途说，盲目进行一些操作，造成无法挽回的后果。

2.4　淘宝搜索优化十大雷区详解

先教大家调出一个模块：宝贝体检中心。

写到这里我有点小小的郁闷，淘宝 SEO 第一版的时候，卖家中心的这个模块叫做“搜索诊断助手”，后来各种功能组合，变成“宝贝体检中心”，于是有书友过来指责，没有的东西，不要乱写进书里，我找了半天都没有“搜索诊断助手”这个模块。

大家一定要有变通解决问题的思维，名字虽然改了，功能还在的，按照功能找的话也是可以找到的，如果后面再改成店铺体检中心，那么是不是又会找不到呢？

登录淘宝网后，到卖家中心，我们会看到在右上方有个“添加免费模块”按钮，如图 2-7 所示。

图 2-7 添加免费模块

打开以后，从里面找到“宝贝体检中心”，单击“添加”按钮，如图 2-8 所示。

图 2-8 添加“宝贝体检中心”模块

“宝贝体检中心”模块添加完后，右上角有个置顶图标按钮，如图 2-9 所示，大家可以单击它，将所添加模块放到卖家中心最顶端。

图 2-9　模块置顶

将这个模块放到顶端以后，我们可以及时观察到店铺的一些降权情况，如图 2-10 所示。

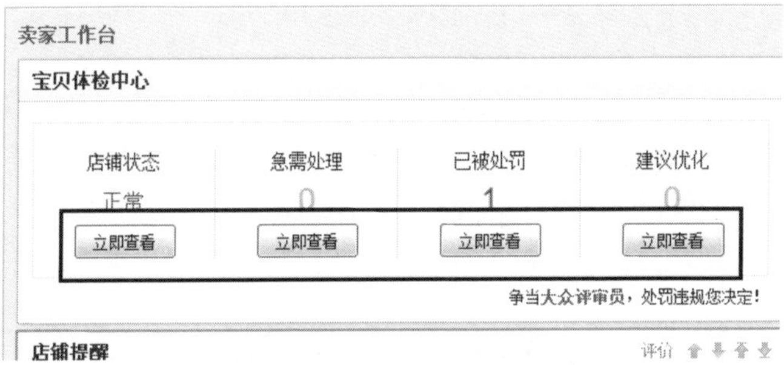

图 2-10　观察店铺情况

大家牢记一点，宝贝搜索降权的，都会在这个“宝贝体检中心”里面看到。除此之外，不要天天用各种软件去检测宝贝隐性降权什么的，淘宝官方已经声明，从来没有隐形降权的事情。下面我们会把十大违规情况简单地说一下。

搜索优化十大违规，淘宝搜索帮派官方网站已经说得很详细了，这个大家在做淘宝 SEO 优化的时候一定要耳熟能详，这些“高压线”要尽量远离，触碰到就是一件致命的事情，我这边简单把十大雷区说一下，算是给大家扫盲，如果想要做进一步了解，那么大家可以到淘宝搜索帮派官方网站上研读。

1. 淘宝搜索十大雷区之一：虚假交易

坦白地讲虚假交易就是各种刷销量、刷信誉。处理方式根据程度不同分为两种：系统识别后对涉嫌虚假销量、信用的宝贝给予 30 天的单个宝贝搜索降权，同时根据卖家店铺涉嫌虚假交易情节严重程度给予卖家 7 ~ 90 天的全店宝贝搜索降权。

备注：做贼心虚被抓的宝贝，一般将其删除掉是最好的解决办法，旺旺有个朋友问我说刷了 200 单被查到了，怎么办，我愤怒地说：删掉！

2．淘宝搜索十大雷区之二：换宝贝

换宝贝一般都是卖家宝贝卖光了，舍不得自己现有的销量，偷偷把现在的宝贝改掉，今天换个主图，明天换个属性，后天换个类目，换成另外一个宝贝，继续销售，前几天还看到一个皇冠店主这么玩，偷偷地换宝贝，结果被端掉了。

备注：

1）如果您的商品为换宝贝商品，那么请尽快把商品删除或者耐心等待一个月左右，此商品即使改回原有的商品，系统仍将判为换宝贝商品。

2）品牌、型号等重要属性请不要随意更换，以免导致商品被当作换宝贝降权。

3）宝贝的出售模式不要改变，如果想用不同的出售方式，那么建议事先删除之前的宝贝，再发布新商品。

3．淘宝搜索十大雷区之三：重复铺货

重复铺货这个规则主要有两个方面，一个是一个店铺里面重复发布相同宝贝，另外一个是卖家同时开两家一模一样的店卖相同的宝贝，即重复铺货式开店。这两种都是重复铺货搜索作弊，为的是增加自己宝贝的展示机会。

备注：重复铺货被检测到或者被举报，直接是搜索降权，排名靠后。降权时间会根据作弊的严重程度有所不同，重复的商品删除后最短可在 5 天内结束降权。

4．淘宝搜索十大雷区之四：广告商品

对于广告商品。用一句话解释就是只让看，不让买，或者在内容里面让买家

到别的网站或者别家店铺去买。广告商品通常也是低价引流进来，引导客户买自己的高价商品，这类店铺也是严重打击的对象，处理方式，也是搜索降权，根据作弊的严重程度而有所不同被查到以后，也是删除处理最好。

5．淘宝搜索十大雷区之五：错放类目和属性

错放类目和属性一般是指卖家发布宝贝时根据自己的感觉来填写类目或属性，不按照宝贝实际情况，看完本书以后，大家肯定不会犯这样的错误。

备注：我们都知道减肥、丰胸类的产品是不可以上直通车的，有很多学员朋友过来问我，老大，你不是讲减肥、丰胸类的不可以上直通车吗？为什么他们有人可以！我回复一句：他们把宝贝放在了茶叶类目，嗯，他们被举报就会死的。

6．淘宝搜索十大雷区之六：标题滥用关键词

属性里面写了白色衣服的，标题不要用红色；明明是诺基亚的手机，标题就不要用小米这个品牌；7 分裤的标题自然也不要用 9 分这样的关键词。

备注：这个标题滥用关键词是比较无语的一件事情，估计淘宝检测系统不是很完善，有时候我明明看到这个宝贝标题已经违规了，但是还是没有查到它，安然无恙地活着。但个别例子，不能作为我们参考的依据，学员里面因为滥用关键词被查到的不是一个两个了，亲们谨记!

7．淘宝搜索十大雷区之七：SKU 作弊商品

SKU 作弊实际上也是通过虚假价格吸引低价流量的一种说法，通常是滥用商品属性，设置虚假一口价。

备注：SKU 作弊是新手最容易犯的错误，这个是建议大家一定要去官方帮派好好看看这个规则，不要犯无知的错。

8．淘宝搜索十大雷区之八：价格不符

价格不符主要是讲一口价不符合市场基本规律，如 10 块钱一支手机等，或者一口价和你的描述页价格不符，一口价标 100 元的商品，描述里面写最低 300 元起。

这些都是小细节问题，我做了 3 年淘宝也没有见到过价格不符被扣分的，当然我自己也没有犯过这个错误，大家了解就好。

9．淘宝搜索十大雷区之九：邮费不符

邮费不符也是一种常见的价格作弊方式，比如宝贝标价 1 元，邮费写 300 元，也是通过低价引流的一种方式，大家不要犯这种低级别错误就好。

10．淘宝搜索十大雷区之十：标题、图片、价格、描述等不一致

所发布的商品信息不全或者多种信息之间相互不一致，淘宝搜索会将其判断为标题、图片、价格、描述等不一致商品。

做个简单的总结，上面几种违规，最常犯的错误通常是前 6 条，这里是给大家简单扫盲，详细了解还是要到淘宝搜索帮派那边看看，这些东西都要牢记于心，另外要天天关注自己的卖家中心——宝贝体检中心，有提示违规的，马上处理掉，不然会影响到全店。

除了添加模块以外，这个路径也是可以直达的，我是卖家→宝贝管理→体检中心，如图 2-11 所示。

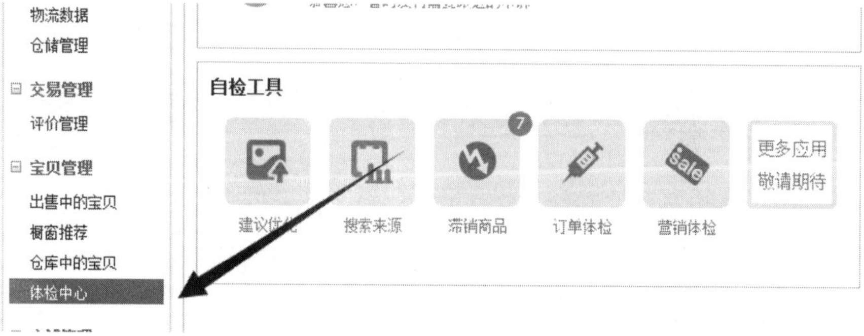

图 2-11　可直达“宝贝体验中心”的路径

没有固定模式，适合自己就是最好的！

第 3 章

淘宝搜索排名的秘密

3.1 絮絮叨叨

这一节名字起的奇怪，同时也无关搜索排名，为什么非要补充这节内容进来呢？因为我觉得它的重要性超越淘宝优化技术。

按照我对整本书的设计，这一部分应该出现搜索排名优化的基础知识，比如什么是主图、什么是关键词、什么是关键词竞争度、什么是上架时间、什么是橱窗推荐等诸如此类烦琐的基础知识，但是根据大家对《玩法变了：淘宝 SEO》第一版的反馈，我决定直奔主题来讲解排名机制，把基础知识做好分门别类，在我们木叶火论坛免费开放，书友可以到论坛联系在线客服开通阅读权限。

互联网时代很多人都是“我要的是葫芦”这样的角色，崇尚“唯快不破”！看书只看干货，学习只学习精华，满腹经纶去操作的时候，却死在一个微不足道的细节上面，实在叫人无语。即便是我这样一个在搜索圈摸爬滚打了好几年的货色，时不时碰到问题都要重新翻阅淘宝官方很多细节性的东西。

实际上每次规则变动，我们都能比较超前的摸索出排名规律，筛选机制，无非就是在这些基础知识的研究上面比大部分人多走了几步。做淘宝归根结底就是做细节，你肯在细节上下功夫，就会获得远超细节的回报。

所以基础知识没写进来，不代表它不重要，是为了对部分朋友曲意逢迎一把。基础差的朋友有不懂的名词术语，可以去木叶火论坛翻阅基础知识，网站技术人员会配合本书排版好所有基础知识，给大家分门别类，方便大家学习。基础好的朋友，可以直接研究排名优化的章节，碰到不懂的问题再来解决。

3.2 排名优化必备神器

古语有云：工欲善其事，必先利其器！做搜索排名优化，很多工作必须要用软件来实现，合理利用软件，会大大降低我们的工作效率。我也大概知道大家手里或多或少都有一些软件，建议看到本书以后，把之前所有的软件都先封藏起来，跟着我来准备好优化必备的四个神器。

- 神器之一：淘宝指数，网址是 *http://shu.taobao.com/*
- 神器之二：量子恒道、江湖策（免费工具，卖家服务中心自行订购）
- 神器之三：生 e 经（卖家服务中心搜索“生 e 经”，需要专业版）
- 神器之四：淘词，数据魔方标准版订购半年送淘词（需要店铺一钻以上）

这些工具大家先准备好，或者先做一个了解，后面我们会一步步教大家怎么使用。

3.3　两个重要的公式

这两个公式不仅仅是淘宝优化，而是对于整个淘宝甚至整个互联网平台销售产品都非常重要的公式，以后你所做的所有工作基本上都会对应到这两个公式上来进行，当然也可以从这两个公式入手对你的店铺进行相应的优化。

公式一：**流量=展现量×点击率**

公式二：**成交额=流量×转化率×客单价**

先来看第一个公式，流量就是我们天天追求的 UV 和 PV，这个大家在量子统计里面可以看到，每天来多少人，访问了多少页面等这样的一些简单数据。我们这里重点说的是展现量和点击率这两个数据，展现量代表的是有多少个客户可以看到我们的宝贝，点击率指的是这些看到我们宝贝的客户里面，点击宝贝进入我们店铺来的客户占多少百分比。

如果你的店铺没有流量，那就从这两个地方去找原因，要么是自己的宝贝没有被人看到，要么是被人看到了，他们没有点击欲望。

举一个简单的例子，小王是某天猫的排名优化专员，天天辛苦做标题，一个星期都在做标题优化，选关键词，改标题，结果店铺流量一点起色也没有，是小王水平不高吗？错！是因为小王只解决了展现量的问题，忽视了另外一个主要的因素，点击率。很多时候你的宝贝排名已经相当靠前了，没有流量进来，也就是换个主图的事情。

我们再来看第二个公式，成交额就是我们店铺的销售额，如果成交额比较低，那么就一定要在流量、转化率和客单价这三个环节上找原因，而不是一头雾水，明明是推广方面的问题，整天在店铺装修上面死磕。

流量是我们这本书的主要内容，对转化率和客单价不做详细讲解，大家一定要对这两个公式做深入了解，出了问题好顺藤摸瓜，找到自己哪个环节出了问题，然后全力去攻克。

3.4 PC 端宝贝综合排名规则解析

3.4.1 PC 端宝贝综合排名漏斗模型

因为现在手机淘宝变得越来越重要，无线端的排名研究也是极其重要的工作，所以我们把无线端和 PC 端分开来讲解。为了方便大家理解 PC 端淘宝综合排名的规则，我重新做了一个漏斗模型的图片，如图 3-1 所示，我们叫它 PC 端综合排名漏斗模型，名字不重要，图片也不重要，能准确表达出我的意思就好。

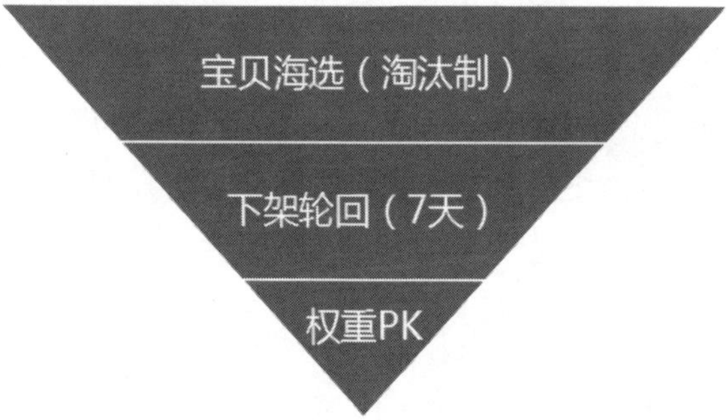

图 3-1 PC 端宝贝综合排名漏斗模型

如果把宝贝排名的过程当作参加一场明星选秀的话，那么基本上每 7 天就要参加一次选秀。一个宝贝在综合排名里面想排到首页，通常会经过上图漏斗式的层层筛选，最后才有机会进入首页。而且会在下架时间结束之后，重新再进行选秀。没有永远的冠军，也没有永远的失败者，每过 7 天你都可以重新站起来战斗。

3.4.2 漏斗模型第一层：残酷的淘汰制海选

大漏斗的第一层过滤是淘宝搜索系统的第一次筛选，一个宝贝想参与到搜索排名里面来，要具备几个因素：符合四大相关、店铺无违规扣分，参加消保提交保证金等。如果这些条件都满足的话，那么我们将在所有宝贝里面脱颖而出，进入第二层筛选。

图 3-2 显示搜索关键词“短裙半身裙”共有宝贝 109.68 万件，图 3-3 显示搜索结果展示共有 100 页宝贝，搜索系统总共只展现 4 000 多件宝贝。剩下的宝贝并没有进入展示页，其中有很多宝贝就死在了第一层过滤上面。

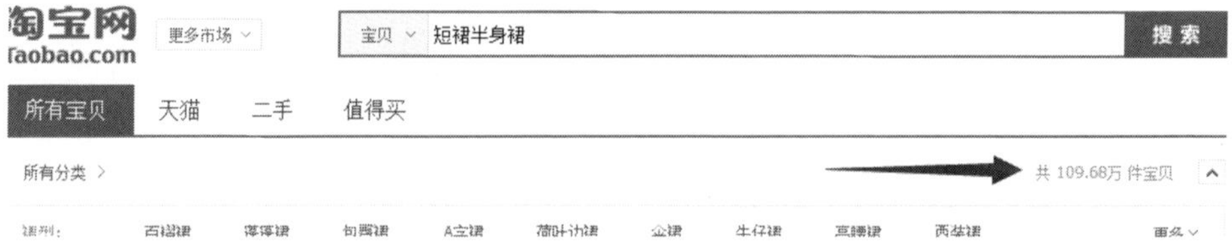

图 3-2 搜索“短裙半身裙”

图 3-3 页面展示数

海选淘汰制是相当残忍的筛选机制，只有两种结果，要么是可以参与宝贝排名，要么是直接淘汰，所以宝贝第一轮的优化工作一定要过了海选，下面我们分别讲解下淘汰条件四大相关、店铺违规扣分、消保参与和保证金提交。

四大相关是筛选机制最重要的条件，一个宝贝想要参与排名，相关性必须要吻合，包括我们后面讲到的宝贝标题，都必须要字字和我们的宝贝相关。

淘宝 SEO 四大相关之一：类目相关

类目相关是淘宝搜索筛选宝贝的第一道门槛，举一个简单的例子，在淘宝上搜索“小米”，搜索结果如图 3-4 所示。

图 3-4　搜索“小米”，翻到 100 页都是小米手机

这是一件比较奇怪的事情，“小米”不是应该有吃的小米吗？怎么全部都是手机，这个就是因为淘宝系统默认“小米”这个关键词匹配的就应该是手机这个类目，现在我去搜索“农家小米”，如图 3-5 所示。

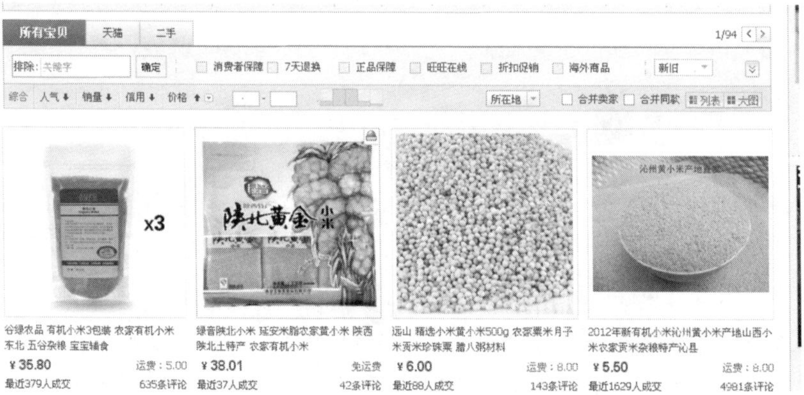

图 3-5　搜索“农家小米”，翻到 100 页都是小米

上面两个事情的原因就是：每一个关键词，淘宝都有一个最佳匹配类目，你的宝贝如果放置类目不正确，那么再好的标题也不会来流量，所以，发布宝贝一定要放在最佳类目里面，再看一个数据，如图 3-6 所示。

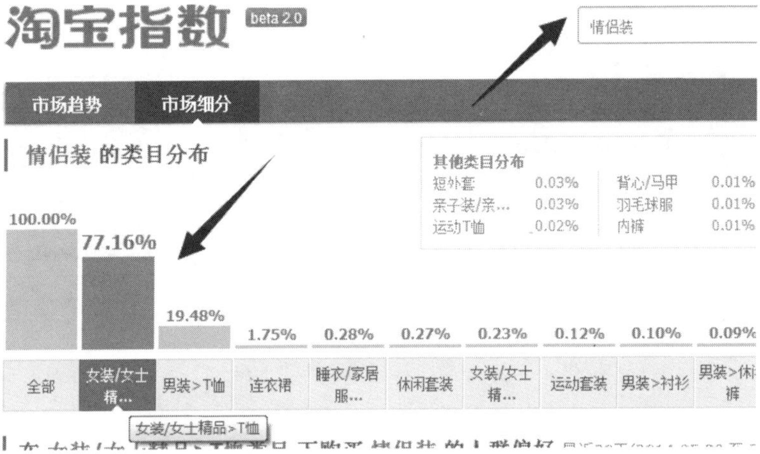

图 3-6 关键词“情侣装”综合排名宝贝类目分布状况

这是搜索关键词“情侣装”分析综合排名宝贝类目的数据，我们可以看到，发布在女装/女士精品-T 恤类目的宝贝数量占到了 77%左右，所以，我们想获得“情侣装”这个关键词的流量，宝贝就要发布在女装/女士精品→T 恤这个类目里面，才可以获得更多的搜索展现，当然前提是你的宝贝确实应该在这个类目里面，反过来讲，我们的标题关键词一定要选择最匹配我们宝贝类目的关键词。

上面的关键词最佳类目查询用的工具是淘宝指数（http://shu.taobao.com），搜索任意关键词，点击市场细分就可以看到改关键词的最佳匹配类目。

淘宝 SEO 四大相关之二：标题相关

标题相关是一件比较好理解的事情，就是我们的标题只有包含买家搜索的关键词时，宝贝才被展示，如图 3-7 所示。

如图 3-7 所示，我们看到只有标题里面包含了“情侣装”这个关键词的宝贝才可以得到展现，不过也有一些比较有意思的现象，如图 3-8 所示。

图 3-7　搜索“情侣装”关键词，宝贝标题带“情侣装”的宝贝会得到展示

图 3-8 搜索“情侣装”的特殊宝贝

这个宝贝标题里面“情侣装”并不是紧密排列在一起的，搜索情侣装的时候它也能得到展现，这是什么原因呢？

这个情况我们把它叫做淘宝分词系统，也就是买家在搜索关键词的时候，淘宝系统会做关键词拆分，比如，刚才的“情侣装”，淘宝系统会拆分成“情侣”和“装”两个关键词，标题里面包含这两个关键词的都会得到展示，淘宝分词系统是特别重要的内容，需要大篇幅来写，本书不做讲解，有兴趣的可以到木叶火论坛深入学习。

淘宝 SEO 四大相关之三：属性相关

属性相关是 80%的卖家最容易忽略的一个问题，因为发布宝贝的时候淘宝系统不是所有属性都要求大家填写完整的，所以很多人懒得填写，还有一些人用供货商做的数据包，而这些供应商本身也不懂淘宝，全是靠感觉做，卖家将这些数据包拿过来直接用，肯定属性会出很大问题，我们先看看属性是怎么影响流量的。

淘宝网的首页有很多入口，我们随便点击一个入口进去看看：休闲裤→牛仔裤，如图 3-9、图 3-10 所示。

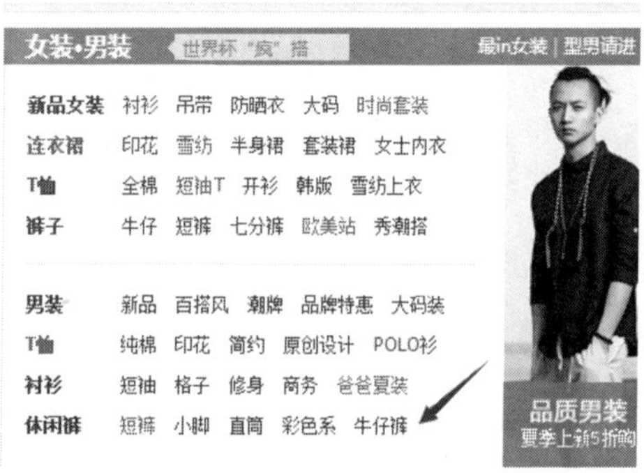

图 3-9　“休闲裤 牛仔裤”入口 1

图 3-10　“休闲裤 牛仔裤”入口 2

在图 3-10 中我们看到品牌里面有很多选项，选择一个“Meters Bonwe/美特斯邦威”，系统会自动帮我们筛选一些宝贝出来，接下来我们观察一下排名里面的宝贝展示情况，如图 3-11 所示。

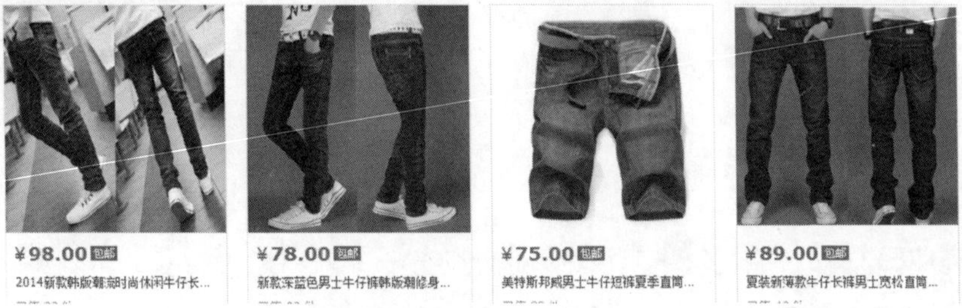

图 3-11　宝贝展示

我们可以看到结果列表里面的宝贝标题没有标红的，而且有的标题里面并没有“Meters Bonwe/美特斯邦威”这个关键词，那怎么展示出来的呢？我们点开看看，如图 3-12 所示。

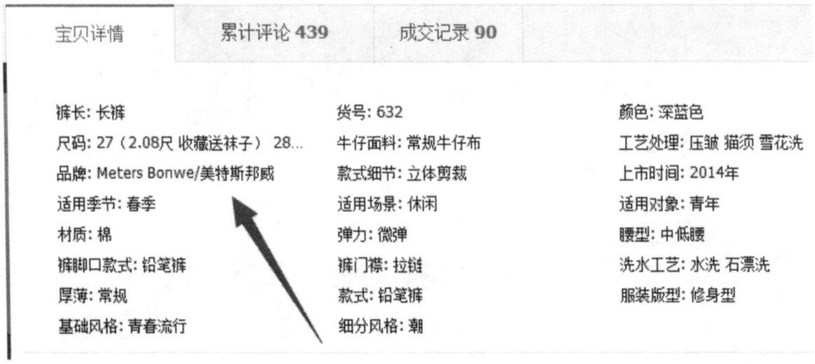

图 3-12　宝贝详情

凡是展示出来的宝贝，属性里面的品牌都有填写“Meters Bonwe/美特斯邦威”，没有填写的，就算你标题里面写了“Meters Bonwe/美特斯邦威”也不会被展示，反之，属性里填写了“Meters Bonwe/美特斯邦威”的宝贝，就算标题里面没有写“Meters Bonwe/美特斯邦威”，买家在类目检索的时候，依然可以看到我们的宝贝。

这就是属性的重要性，如果你属性乱填写，或者写的不完整，那无疑会丢失掉很多淘宝类目流量。

再补充属性和标题的一些关联，标题的关键词一定要和属性相关，优先以属性为主，举个简单的例子，我们属性里面写了“纯棉”，标题关键词如果用“真皮”，那么就是违规作弊；属性里面写了“七分裤”，标题用“九分裤”也是违规作弊；属性里面品牌是“安踏”，标题写了“乔丹”这些都算违规作弊。严重是会被下架扣分的，所以大家一定要谨记，标题要和我们的宝贝属性相关。

淘宝 SEO 四大相关之四：内页相关

内页相关是指宝贝详情页的相关，是 2012 年底淘宝搜索推出的新规则，现在也基本上失去了它原来的效果，这个地方不用刻意优化，我举个例子说明一下。

如图 3-13 所示，我们可以看到当搜索关键词比较长，没有搜索结果的时候，淘宝系统会检索详情页或者买家评论里面的文字，来匹配到搜索结果里，同样随便打开一个宝贝看，在宝贝描述详情页里都会有相关的文字信息。

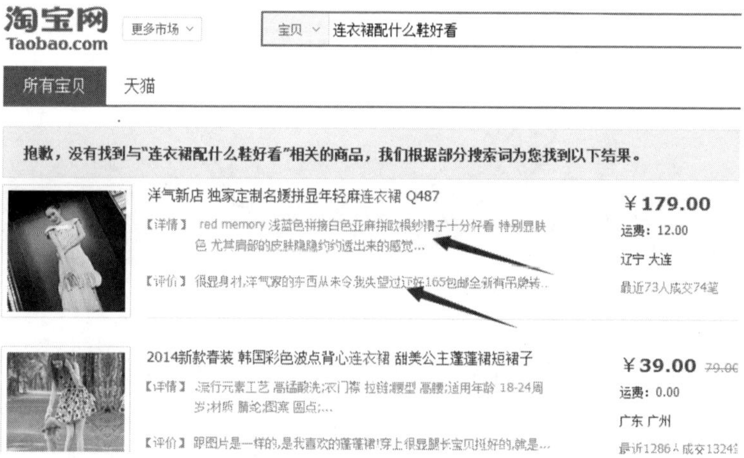

图 3-13　搜索“连衣裙配什么鞋好看”的宝贝结果

如果要玩详情页相关的话，则可以教大家几个小技巧，你可以尽可能地在宝贝评价内容里面写更多的文字，增加搜索几率，有人说我怎么在宝贝评价里面写更多文字啊，都是买家写评价的，刷单你没有刷过吗？

另外也可以在宝贝详情页底部布局隐藏关键词，比如“女装、连衣裙、大码、韩版、修身、漂亮、性感”等诸如此类的，只要和自己宝贝相关的都可以写到详情页的底部，然后用最小号字体，颜色设置白色，这样不影响买家浏览商品，同时又可以增加搜索概率，算是投机取巧的作弊吧！

3.4.3 漏斗模型第二层：人人都有机会的下架轮回

经过第一层残忍的淘汰赛筛选以后，我们的宝贝会进入下架时间轮回等候，如果把100页宝贝看作是在舞台上表演的演员，那么只要经过上面的淘汰，剩下的宝贝都有机会上台表演。只不过舞台位置有限，只能容纳100页的宝贝数量，只有其中的宝贝离开舞台了，其他的才有机会进去表演，如图3-14所示

图3-14 下架时间轮回图解（浅灰色五弟纹区域代表舞台）

因为每次表演结束，周期都是7天，所以一个健康的宝贝，它的搜索流量或者类目流量的趋势都是7天一个小高潮，如图3-15所示。

反之，如果一个宝贝的流量在没有任何外力（直通车或者活动流量）的情况下，那么它的免费流量没有任何规律，基本上可以说明这个商品的下架时间或者其他方面优化工作没有做好。

当然并不是每个类目的产品都是这样的趋势，下面我们分别看两组数据来做深层次地解释。

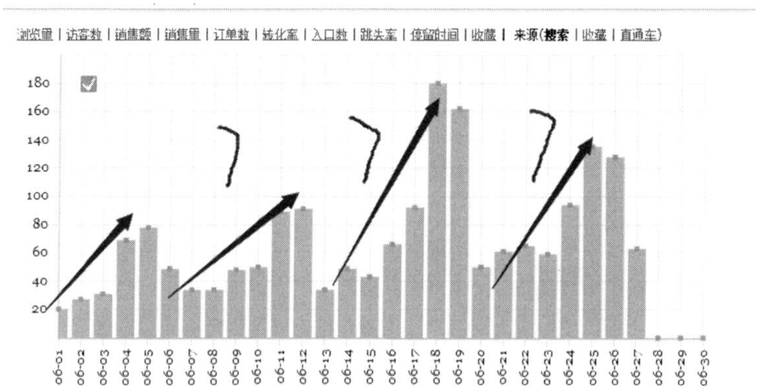

图 3-15　宝贝每 7 天一个搜索流量小高峰

第一组，我们在周日下午 16 点搜索关键词“貂皮大衣”，按照淘宝综合排序第一页排名前 25 的宝贝下架时间数据，如图 3-16 所示。

如图 3-16 所示，我们发现搜索关键词“貂皮大衣”的时候，排名跟下架时间的关系并不是很大，首页前 25 的宝贝，下架时间杂乱无章。是不是真的没有影响呢？并非如此！我们如果在冬天貂皮大衣的热季搜索，那么就会发现宝贝排序和下架时间有极大关系，类似于图 3-17 的下架时间，那么到底什么时候跟下架时间有关系，什么时候又没有关系呢？

经过我们长期统计数据，发现了这样的规律，当关键词每天的搜索指数指在 3 000 以下，或者宝贝总数量在经过第一层筛选以后不足 100 页的时候，宝贝排名受下架时间的影响就会变少。

有的类目受季节影响比较大，比如貂皮大衣这样的类目，冬季的时候搜索指数变大，宝贝数据突增，下架时间的影响就会变的比较大。夏季宝贝数量减少，同时搜索指数变得很小，下架时间的影响就会比较大。

具体大家要结合自己的类目去看实际情况，可以使用百度去搜索“下架时间查询”，会发现很多查询宝贝下架时间的网页或者软件，通过这些网站就可以去查询别人宝贝的下架时间。还有一种方法是去分析网页源代码，来翻译宝贝下架时间，考虑到读者群并不是每个人都喜欢代码，就不在这里浪费篇幅了。

排名	商品名称	旺旺号	BC	下架时间	下架星期	下架剩余
1	反季促 极	bekvan旗舰	B	15:35:51	周三	2天23小时34分
2	顶级绵羊	mixgeora	B	18:06:38	周四	4天2小时5分
3	杰奥思琳	杰奥思琳	B	8:37:07	周六	5天16小时35分
4	正品北极	beijihuar	C	15:06:14	周三	2天23小时4分
5	进口国产	huifur532	C	22:55:59	周六	6天6小时54分
6	女短款海	炫客e族88	C	10:03:56	周二	1天18小时2分
7	小花家 20	zengjojo1	C	15:22:59	周一	0天23小时21分
8	2013恒源	美好时光	C	22:28:14	周六	6天6小时26分
9	貂皮大衣	黑色的小	C	19:56:28	周日	0天3小时54分
10	皮草外套	庄小颜	C	13:22:45	周四	3天21小时20分
11	海宁水貂	baobaodeb	C	22:09:10	周一	1天6小时7分
12	女短款海	宰相寇准	C	13:01:59	周五	4天21小时0分
13	2013进口	baobaodeb	C	16:09:39	周五	5天0小时7分
14	女皮草外	红太阳198	C	20:45:17	周四	4天4小时43分
15	飞翔夫人	佳佳精品	C	22:34:01	周三	3天6小时31分
16	昂岚新款2	昂岚旗舰	B	10:37:12	周六	5天18小时35分
17	女士貂皮	tengou888	C	17:55:00	周四	4天1小时52分
18	MIWANXS貂	miwanxs旗	B	21:57:09	周四	4天5小时54分
19	新款2014	紫燃精灵y	C	23:34:24	周五	5天7小时32分
20	新款海宁	皮草饰品	C	9:33:42	周二	1天17小时31分
21	貂皮大衣	天翔华冠	C	21:59:26	周五	5天5小时57分
22	海宁水貂	海宁超益	C	20:36:00	周三	3天4小时33分
23	2013新款	老李农家	C	12:25:26	周日	6天20小时23分
24	特价貂皮	lou201001	C	21:30:00	周四	4天5小时27分
25	反季水貂	海宁超益	C	22:15:52	周四	4天6小时13分

图 3-16　搜索“貂皮大衣”综合排名第一页前 25 名的宝贝下架时间

我们再看另一组数据，这个数据是我们在周六下午 16 点 55 分搜索“连衣裙夏”，综合排名第一页前 25 的宝贝下架时间数据，如图 3-17 所示。

排名	商品名称	旺旺号	BC	下架时间	下架星期	下架时间剩余
1	韩都衣舍	韩都衣舍	B	10:00:02	周五	5天17小时7分
2	阿卡伊丽	artka官方	B	15:03:39	周六	6天22小时11分
3	5折Vero M	veromoda	B	17:51:58	周一	2天0小时59分
4	2014春装	波仔哥518	C	17:06:35	周六	0天0小时14分
5	新款淑仙	mengjains	C	16:54:56	周六	0天0小时2分
6	2014女装	果果依缘	C	16:53:25	周六	0天0小时1分
7	连衣裙夏	jingjing5	C	18:00:00	周六	0天1小时7分
8	2014新款	波仔哥518	C	17:06:35	周六	0天0小时14分
9	女连衣裙	唐成虎199	C	16:57:58	周六	0天0小时5分
10	香港MP代	月销量985	C	17:08:04	周六	0天0小时15分
11	2014短袖	ze_dian	C	17:30:53	周六	0天0小时38分
12	简约大牌	飘云浮	C	17:00:00	周六	0天0小时7分
13	气质休闲	simple女	C	17:02:01	周六	0天0小时9分
14	吉黛伊琳	jidaiyili	B	17:59:10	周六	0天1小时6分
15	柏拉迪丝	2huangql16	C	16:53:56	周六	0天0小时1分
16	2014夏季	yy韩衣馆	C	18:30:00	周六	0天1小时37分
17	lyq连衣裙	panxuepir	C	17:03:00	周六	0天0小时10分
18	包邮2014	王子爱上	C	17:07:15	周六	0天0小时14分
19	韩版复古	weiye1368	C	16:52:51	周六	0天0小时0分
20	文艺休闲	若婵旗舰	B	17:47:34	周六	0天0小时54分
21	2014春装	吴王晓飞	C	17:54:11	周六	0天1小时1分
22	大码宽松	luckyshop	C	17:10:00	周六	0天0小时17分
23	新款夏天	嘉人蜜语	B	17:43:17	周六	0天0小时50分
24	大码连衣	你是猪头	C	17:01:36	周六	0天0小时8分
25	夏装韩版	划得莱商	C	16:56:18	周六	0天0小时3分

图 3-17　搜索“连衣裙夏”综合排名第一页前 25 名的宝贝下架时间

在图 3-17 中我们看到除去排名前三的宝贝，剩下所有的宝贝都是快接近下架时间，才有机会排名到首页的。

那么为什么前三名的宝贝没有到下架时间，还可以排名到首页呢？因为淘宝搜索结果的前三个位置是天猫的，这三个位置的排名跟淘宝搜索规则不同，与下架时间没有直接关系，是同时综合了天猫的品牌的综合实力、宝贝价格、宝贝权重、宝贝关键词等多方面因素来决定的。

我们把这 3 个位置叫做豆腐块，天猫店铺抢到豆腐块，几乎就是抢到了关键词 60%以上的流量，做天猫免费流量优化，更多的意义是去抢豆腐块排名。不过业界有传言，豆腐块可能在 2014 年年底取消，不知道是真是假，如果你看到豆腐块已经取消的，那么可能是官方已经做了调整。

漏斗模型第二层主要是在下架时间和橱窗推荐上面做文章，一个宝贝越靠近下架时间，同时又有橱窗推荐设置，宝贝排名就越靠前。

但是如果我们仔细观察，则会发现宝贝排名并不是严格按照宝贝下架时间排序的，比如图 3-17 中排名第 7、第 14、第 16 等宝贝还有 1 小时才到下架时间，它们也可以排名到首页，而其他宝贝几乎都是快剩下几分钟才有机会进首页，这是什么原因导致的呢？

这就是漏斗模型的最后一层：宝贝权重 PK 在起作用。

3.4.4　漏斗模型第三层：宝贝权重的深度 PK 决定最终排名

很多人会发现，当宝贝经过层层过滤，同时又到下架时间的时候，排名仍然没有挤进首页，或者前 5 页也看不到自己的商品。这里面可能有两个原因，第一个原因可能是因为我们的关键词或者宝贝类目在这个时段受下架时间影响比较少，类似图 3-16 所示的情况；第二个原因是我们的宝贝权重不够，被同一时段下架的宝贝 PK 掉了，挤不进前 5 页。

宝贝权重是比较复杂的内容，其中的影响因素大大小小加起来可能有几十甚至上百项。其中有很多细节都是平时需要卖家自己注意的，我们只选影响最大的几个来说，做好这几项基本可以拿到不错的排名。

宝贝权重分两个部分，一个是宝贝自身人气分，另外一个是宝贝所在店铺质量分。用一个公式来表示就是：宝贝权重=宝贝自身人气分+宝贝所在店铺质量分。一个宝贝的宝贝权重最直接的体现是人气排名的位置，比如搜索关键词“男童 T 恤”，按照人气排名实际就是宝贝权重的排名，如图 3-18 所示。

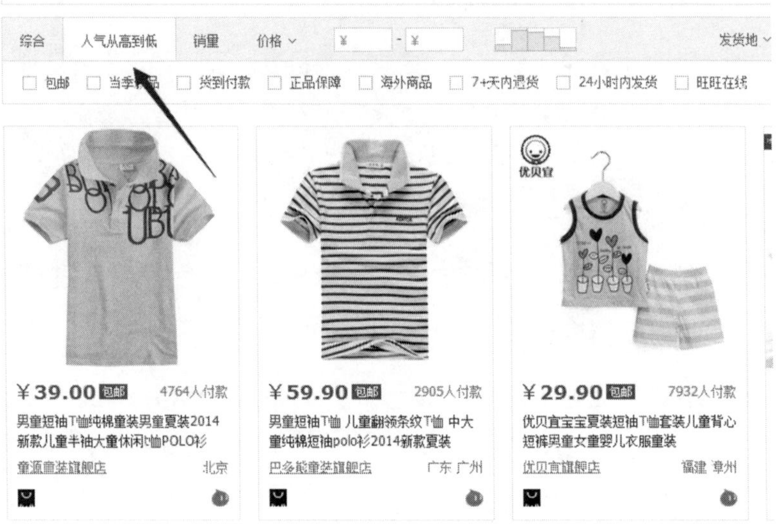

图 3-18　搜索“男童 T 恤”人气排名展示

所以虽然现在人气排名的流量少了很多，但是对于我们卖家来讲是检测自己宝贝权重最直接有效的方法，人气排名越靠前，宝贝权重越高。

宝贝自身人气分包含宝贝的点击率、转化率、销量、买家购物体验、回头客占比、收藏率等一系列因素。其中最重要的是转化率、销量这两项，转化率指的是搜索转化率，销量指的是 7 天销量和 30 天销量。

淘宝评估一个商品值得不值得给更多的流量，是根据历史数据反馈得出来的。我经常给我们学员讲，一个宝贝上架以后的第一个月是至关重要的，淘宝会给你流量来考验你，比如，第一次下架的时候你店铺会来 80 个 UV，你成交多少单，收藏多少这些数据都会计入淘宝系统，它会根据这些数据来判断到底下个下架周期应该分配更多的流量给你，还是分配少点流量给你，或者不给你流量。

而在现在整体流量稀缺的情况下，更是如此，给你流量，你消化不了，马上流量收回来分配到转化率更高的店铺里面去，所以搜索转化率是宝贝人气分里面最重要的因素，平时要养成关注数据的习惯，宝贝内功不够，看到量子那边有很多搜索流量过来的时候，哪怕是去刷单也要维持比较好的转化率，维持自己的宝贝人气分。

销量这个影响因素中 7 天销量越来越重要，同时大家要注意三个点。

第一点是一定要破掉零销量，因为我们数据监测发现零销量的宝贝很难排到前 5 页，基本都在 5 页以外。另外如果店铺里面很多零销量的宝贝，那么对于我们店铺权重是影响比较大的，进而会影响到其他宝贝排名。

第二点是官方活动销量不计入排名，有的朋友喜欢做活动，报名天天特价、淘金币、VIP 特惠等活动，其实这些活动的销量是不会计入排名的，当然这样做并没有错，只不过从淘宝 SEO 优化的角度来讲，这样的销量没有用。不过，虽然活动销量不计入排名，但是，活动后面带来的好评率、动态评分这些影响卖家服务质量的因素会计算进来，所以，要慎重考虑报名活动，当然，也要选择最佳的活动时机，以达到最佳效果。

第三点是销量增长，宝贝人气分里面销量增长是一个非常重要的因素，其中也包括 7 天销量增长。越靠近下架时间，宝贝销量越多，是一个递增的状态，那么淘宝系统会判定这个宝贝是一个有潜力的宝贝，应该给予更多的流量。反之，越到下架时间销量越少，宝贝拿到的流量也就越少。所以，大家要清楚理解销量增长的含义，很多时候上完活动会发现店铺流量急剧下降，就是因为销量增长跟不上步伐，人气分掉得很严重，排名掉了很多。

买家的购物体验影响宝贝人气分，主要包括详情页顶部关联链接、宝贝主图“牛皮癣”，这些都会影响到宝贝人气分，如图 3-19、图 3-20 所示。

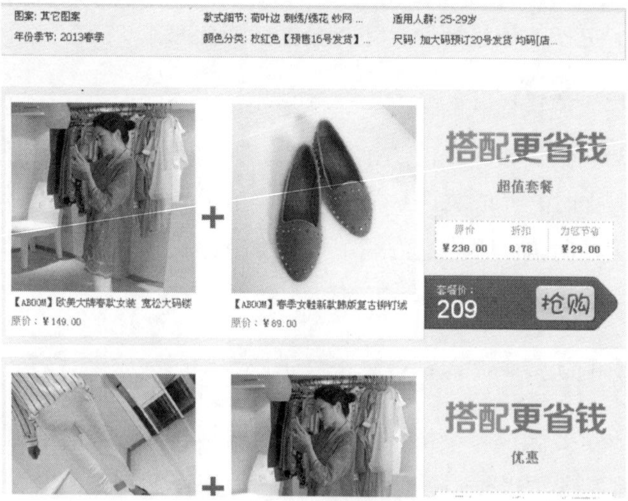

图 3-19 宝贝展示 1

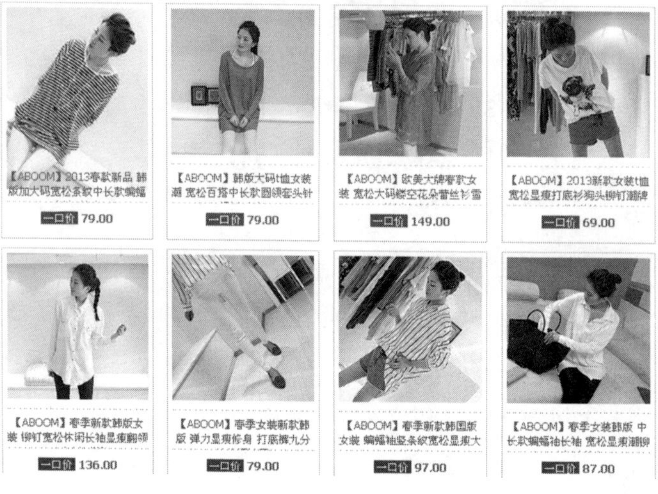

图 3-20 宝贝展示 2

图 3-19 和图 3-20 都是从同一个宝贝详情页里面截图出来的，打开宝贝以后先是 3 个搭配套餐，然后加了 8 个宝贝关联营销，整整滚动鼠标 5 次才看到宝贝具体描述页面，这个就会影响买家购物体验，影响宝贝质量分，进而影响宝贝排名。

宝贝主图牛皮癣这个概念的意思是水印覆盖不能超过宝贝主图的 10%，2014

年以来，对于主图牛皮癣的过滤达到了前所未有的严格，尤其是淘宝首页改版，很多类目直接过滤掉牛皮癣主图的宝贝，惩罚是比较严重的。

牛皮癣也是根据类目不同，影响不同的。如图 3-21 所示，我们搜索“手机壳”综合排名第一页的宝贝展示。

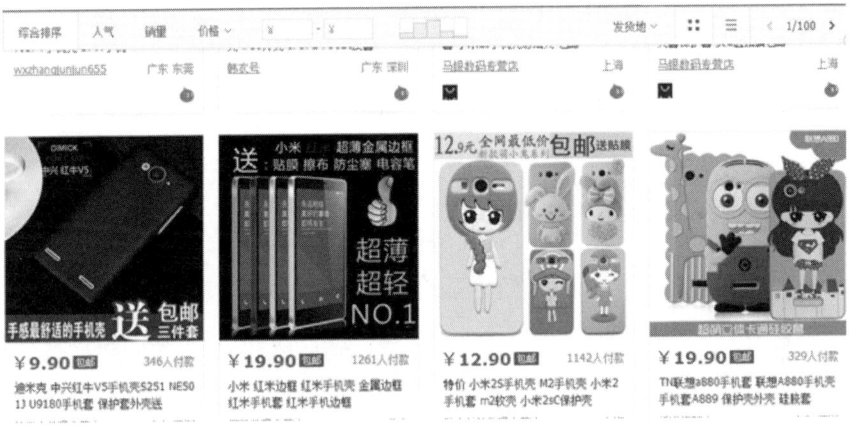

图 3-21　搜索“手机壳”综合排名第一页的宝贝

我们发现手机壳这个类目，对于牛皮癣的过滤就不是那么严格，基本上可以看到每个宝贝都有大片的牛皮癣主图，甚至天猫店铺也不例外。然而，我们搜索“短裤男”，宝贝综合排名结果如图 3-22 所示。

图 3-22　搜索“短裤男”综合排名第一页的宝贝

我们发现“短裤男”这个关键词下面的宝贝综合排名第一页的图片都比较干净整洁，如果你自己做这个类目，主图做成牛皮癣，那么受影响会很大。

所以，具体是否要在图片中做水印促销文字，要结合自己类目的实际情况去看，如果大部分都是牛皮癣主图，那你去做也无关紧要；如果大家都是特别干净的主图，那你就不要在主图上面布局太多的水印促销文字，会影响到宝贝排序。

宝贝人气分重点是做好转化率、宝贝销量和买家体验，至于收藏率那些指标在当下的搜索排序系统中，影响还是比较少的。

影响店铺质量分的几个因素包括全店转化率、动销率、DSR评分、违规扣分、纠纷退款、客服服务质量、主营占比、好评率、退款速度、旺旺在线时长等。在不同的阶段，淘宝会对这些因子做不同的调整，比如好评率、退款率已经不再影响店铺质量分，这个大家可以关注淘宝搜索官方帮派的公告。哪项因素不重要了，可以不在上面浪费自己的精力。

淘宝在比较店铺质量分的时候，通常是拿同类目、同级别的卖家进行比较，举个例子，卖3C数码的店铺只会和3C数码的店铺比较，母婴类目的店铺只会和母婴类的比较；同样，3C数码里面，红心信誉的卖家只会和红心信誉的卖家比较，5钻的和5钻卖家比较，皇冠店铺和皇冠店铺比较。

基于这个原理，很多人就明白，为什么信誉到皇冠以后做起来就非常困难了，因为你的竞争对手变了，和皇冠的店铺竞争，肯定要比和钻石信誉、红心信誉的店铺竞争难得多。这也是我们经常看到的，“老鸟”开新店，通常会做得非常好，他们开新店是和新手卖家去比较，经验非常占优势。

店铺质量分的提升，我们重点关注全店转化率、动销率及DSR评分三项。

全店转化率是店铺整体转化率，全店转化率偏低会影响到店铺质量分，进而影响到店铺其他宝贝的排名，所以要关注自己店铺的转化率，在同行业同级别的卖家中处于什么位置，可以在量子恒道—健康日报里面看到数据，如图3-23所示。

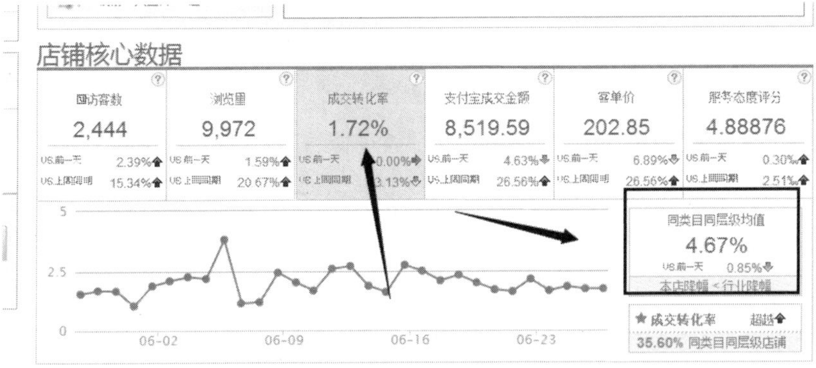

图 3-22 搜索“短裤男”综合排名第一页的宝贝

如图 3-22 所示的店铺数据，成交转化率是 1.72%，低于同行业 4.67%的转化率，需要在店铺内功上再做努力。

店铺动销率一共包括三项指标，滞销宝贝率、商品成交率和畅销宝贝率。以下是三个公式的介绍。

滞销宝贝率=滞销宝贝数量/全店宝贝数量

商品成交率=成交量在 1 笔以上的宝贝数量/全店宝贝数量

畅销宝贝率=成交量在 2 笔以上的宝贝数量/全店宝贝数量

滞销宝贝指的是 90 天没有销量的宝贝，这个就是我们为什么前面讲要大家破零的意义所在。只要全店宝贝破零，商品成交率就是 100%，滞销宝贝率就是零，当然如果每个宝贝都卖 2 笔以上，畅销宝贝率也是 100%，那么店铺动销率就远超行业水平了。

DSR 评分点击卖家信誉就可以看到，如图 3-23 所示，其实都不需要我来讲，这个大家应该自己有体会的，动态评分在行业平均值以上的时候，优化工作会进行的异常顺利，包括报活动也是得心应手，后面在实际操作课程中会教大家如何提高自己的动态评分。

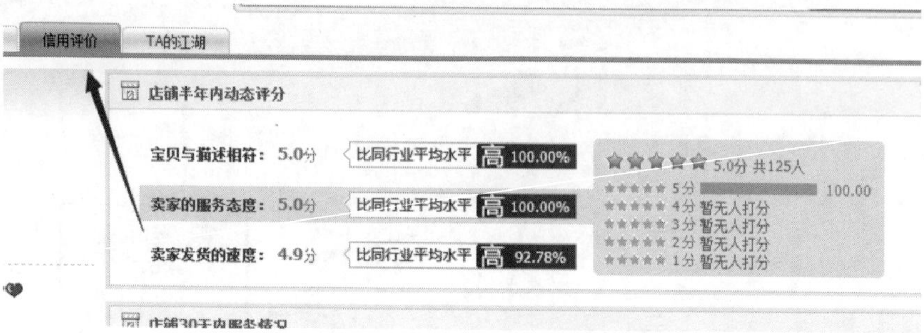

图 3-23　店铺动态评分展示

主营占比也可以在这个页面看到，如图 3-24 所示。

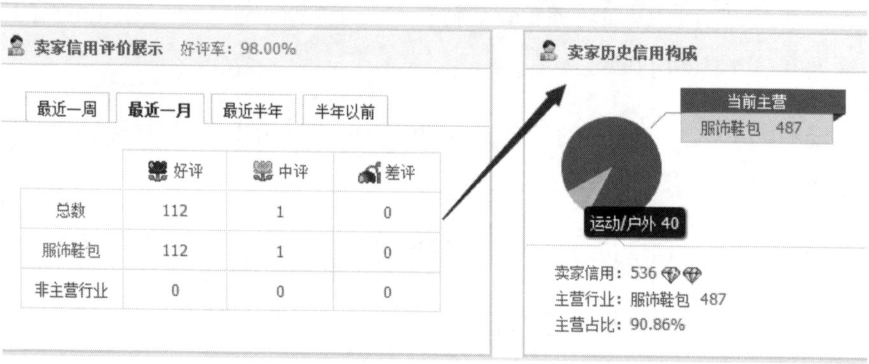

图 3-24　店铺主营占比

店铺主营占比影响最大的是虚拟占比，如果一个店铺之前是充话费或者卖点卡升到 1 钻的，那么再换类目卖服饰鞋包等实物商品，在淘宝搜索中也是很难拿到流量的，主要原因是受店铺主营占比影响。

实际上不仅仅是搜索排名，很多官方活动报名的时候也会要求主营占比在某个百分比以上，所以尽可能地在开店之前就确定好经营类目，中途换来换去会影响到你的主营占比，进而影响店铺质量分，影响店里面的宝贝排名。

经过漏斗模型的层层筛选，我们还需要不断优化自己的宝贝权重，那么在接近下架时间的时候就会得到比较好的排名。我们见到很多宝贝权重比较高的店铺，某些关键词甚至可以在首页待 1 天到 2 天，竞争小的关键词甚至可以一周都排名在首页。

这部分是宝贝综合排名的模型理论深度讲解，一定要好好地多看几遍，后面在第 5 章我们会通过实际案例操作，来教大家做 PC 端的搜索排名优化。

3.4.5　不得不说的个性化搜索

个性化搜索是淘宝搜索的终极目标，可以直接把买家最喜欢的宝贝呈现给买家，也可以直接把成交率最高的客户带到我们店铺，实在是皆大欢喜的事情。不过因为种种原因，这条路可能还需要走很长一段时间。

目前我们知道淘宝搜索喊个性化喊了 2 年，实际上在搜索结果中是删了又改，改了又删，不断地测试个性化的效果，又不断地推翻，再推出新的方案，我们之前看到登录任意淘宝账号，搜索关键词的时候，总会在第二行出现“最近浏览过、最近收藏过、最近购买过的店铺”，但是目前已经看不到这样的标签了。

所以个性化搜索几乎还是萌芽状态，相信淘宝程序员会攻克这个难题，如果能真正实现个性化搜索，那么我们的优化就可以起到事半功倍的效果。

现在我们看看搜索结果的个性化推送部分还有哪些，如图 3-25 所示，我们搜索“孕妇装”的搜索结果顶部就会出现“您好 XXX，“孕妇装”相关的宝贝：购买过的店铺找到 1 651 件，收藏过的店铺找到 283 件”这样的提示语，而且点击数字可以跳转到我们购买过或者收藏过的宝贝列表。

图 3-25　个性化推送

除去顶部推送之外，偶尔在关键词搜索结果的第二行，还是会出现个性化结果，不过不显示原来的标签，如图 3-26 所示，而且推送频率也没有之前带标签的时候，推送的那么频繁，有时候是综合排序结果，有时候是个性化推送的宝贝。

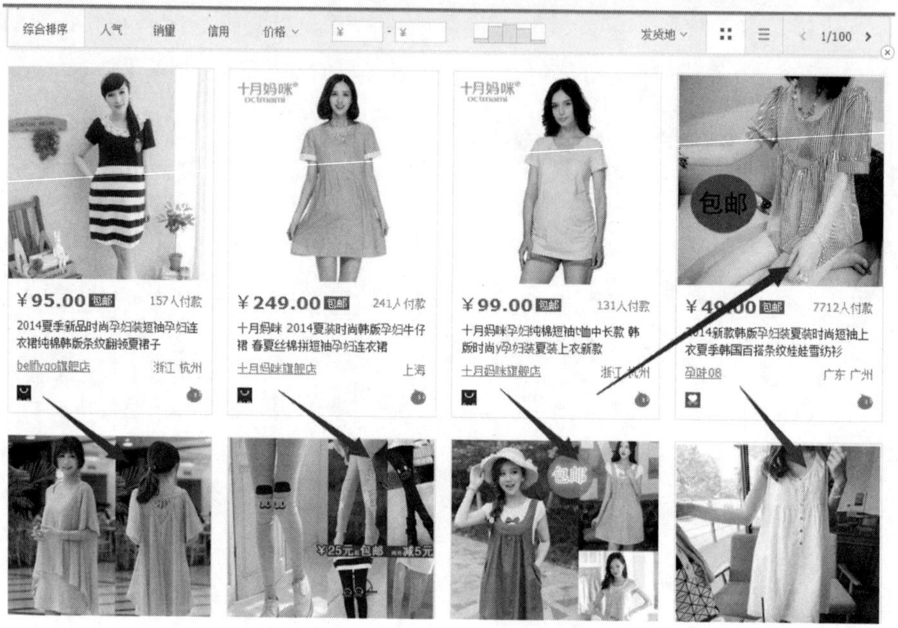

图 3-26　个性化搜索宝贝位置

目前看到，个性化搜索对于超高价宝贝是有流量上的帮助，就是你店里卖的宝贝价格属于中高档的价位，个性化的流量会比较多，会推送消费层级比较高的买家到你的店铺，但是低价位的宝贝，个性化的结果并不明显。

另外直通车也开始做个性化的投放，这个对于我们来讲是更好的消息，同样的广告费，个性化直通车推广会带来更为精准的客户，我们期待这种变革。

关于个性化搜索大体就是这样的，作为卖家，如果想获得更多的个性化搜索流量可以通过各种手段增加宝贝的曝光率，比如上活动、钻展等，一切可以增加宝贝曝光率的玩法都可以去尝试，那么这样就会有更多的机会出现在个性化的位置上。

3.5　宝贝销量排序解读

实际上并不是所有的买家都只看淘宝综合排名的宝贝，我们从店铺的量子实时访客数据来看，宝贝在非下架时段也是可以拿到很多流量的，分别来自人气宝贝排名和销量宝贝排名，如图 3-27 所示。

图 3-27　多维度排序

这些排序里面，综合排序大概占 80%的流量，销量排序能占到 10%～15%左右的流量，人气排序和价格排序加起来占 5%～10%的流量。这些数据是我们根据量子统计实时客户访问到店铺的比例估算出来的，整体来讲，在宝贝平时不到下架时间的时候，如果销量够高，则可以拿到一定的销量排序流量。

有的朋友喜欢做销量排名，比较常见的是去上活动和刷单，疯狂地做各种活动短时间内把销量积累到几千笔，或者疯狂地去刷单，短时间刷几千笔（常见卫浴、灯具等类目），只要淘宝抓不到，就可以拿到不错的销量排序，然后靠销量排序带来的流量成交。

基于这样的状况，淘宝销量排序几经变革，从原来的销量排序按照件数来展现，后来变成按照笔数排序，再后来变成按照购买人数排序，发展到 2014 年的时候，销量排序是按照确认收货的人数排序，如图 3-28 所示。

学员里面有个做手机壳的，9 块 9 包邮做了很久，一直抢的是销量排序的流量，完全不懂综合排名，听了我们的课程之后，他才发现自己对这个排序规则在很多地方完全理解错了。销量排序准确地讲应该是“有效销量排序”，有效销量指的是除去淘宝过滤掉的销量以后剩下的销量，淘宝通常会过滤掉参加官方活动、虚假交易这些销量，比如，我们有个宝贝销量是 500 单，其中 400 单是通过天天特价来的，有 10 单是虚假交易（刷的销量），剩下 90 单是我们正常销售来的（搜索流量、直通车流量、淘宝客流量等），那按照销量排序，我们只有 90 单会被搜索统计，而且还是确认收货之后才能计入销量排序。

图 3-28　销量排序展现按照确认收货的人数

销量排序的规则或许未来还会再做调整，阿里官方也是一直在这个地方找平衡点，大家要多点研究心理，时常关注这些细节变化，才能在免费流量的获取上抢占先机。

第 4 章

PC 端淘宝首页流量获取实战

4.1 淘宝十年，首页多变

4.1.1 解读淘宝首页变化的本质

分析淘宝首页变化是一个比较有意思的事情，我从 2008 年开始接触淘宝网，或大或小，几乎每年淘宝首页都会有变动，每次变动都要影响到某一部分卖家的利益，相应的同时又会有一部分卖家受损失。而大部分人评判一个人的好坏，喜欢从他最近这段时间的所作所为来下定论，得益的卖家不会主动对淘宝表达感激之情，受损失的却会全世界谩骂淘宝官方，所以淘宝每次变化，听到的都是谩骂之声，这不是淘宝的错，人性使然。

如果要说纠结，那可能我比绝大部分中小卖家都要纠结上百倍，很多时候研究了大量的数据，好不容易看破了首页类目的流量获取技巧，然后整体一变，所有的研究都要重新来过。比如《玩法变了：淘宝 SEO》第一版刚上市，淘宝首页就变了一次，于是很多基础比较弱的小卖家就找到我们，觉得关于淘宝类目这块的内容理解起来很困难，因为对照图书的图片，在淘宝首页找不到相应的入口，无法掌握这部分内容，为此我多次在 YY 上举办答疑课，同样的问题要回答很多次！

网上流传了一张特别霸气的图，此图是互联网上有心的朋友总结出来的，列举了淘宝 10 年以来的首页变化状况，限于篇幅，我截取最近三年的淘宝首页变化，如图 4-1 至图 4-3 所示，想看所有首页变化的，可以自行百度搜索一下。

从图 4-1 到图 4-3 我们可以简单看到从 2012 年到 2014 年的淘宝首页改版变化情况，那为什么要一直变来变去呢？固定的一个版面不好吗？方便卖家也方便买家。实际结果是否定的。

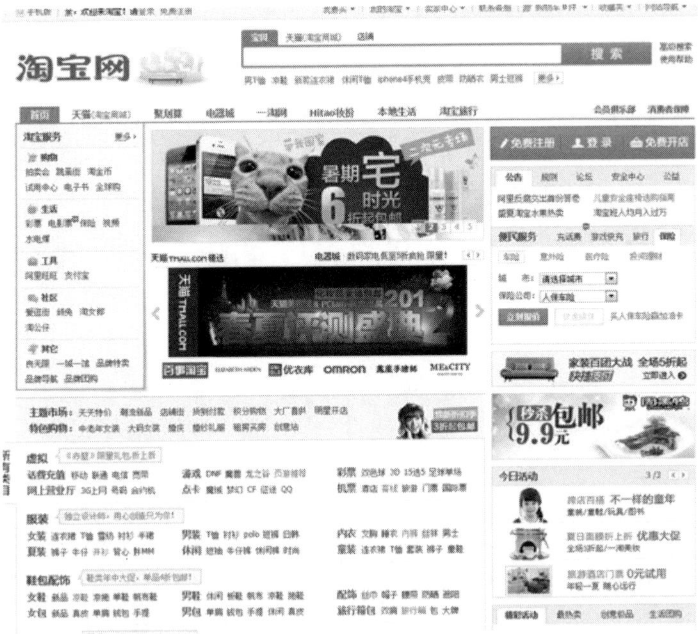

图 4-1　2012 年淘宝首页

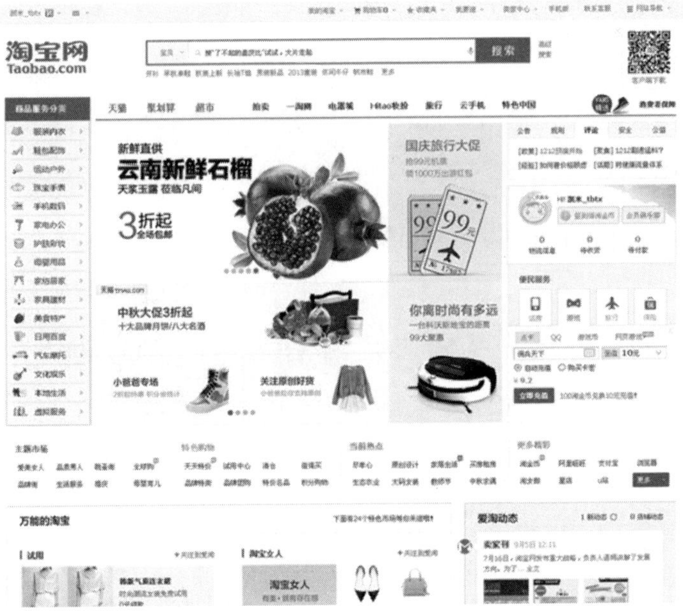

图 4-2　2013 年淘宝首页

图 4-3　2014 年淘宝首页

在线下逛超市的朋友，应该有这样的体会。不管是沃尔玛还是家乐福，每隔一段时间总会对自己的产品摆设做比较大的调整。并不是闲得没事瞎折腾，大体上有这么几个好处。

第一，可以增加顾客在店里的停留时间，因为之前熟悉的产品位置变了，一时间找不到，会花比较长的时间来找，有停留时间，就有可能提升销售额；

第二，可以增加顾客的浏览路径，浏览路径越长，顾客看到的产品就越多，有利于增加客单价（每个顾客的消费）；

第三，可以增加店铺产品的曝光率，之前的摆放模式，很多顾客非常熟悉，都是直奔主题去购买自己想要的东西。导致有很多不错的商品一直没有机会得到更多的展示机会，经过调整，可以把更多的产品曝光在买家面前，可测试这个产品的受欢迎程度。

那么这种线下商场的产品布局改版，本质上就是通过自我布局调整，对进来商场的客流量做重新分配，让更多的产品得到更多的曝光率，同时让更多的人看到更多的产品，进一步增加商场的销售额。

那么同样的道理，淘宝首页改版的本质是对淘宝流量做重新分配，每一次的首页改版都是对淘宝流量做重新分配，我们可以通过站长工具来看下淘宝最新的流量状况，如图 4-4 所示。

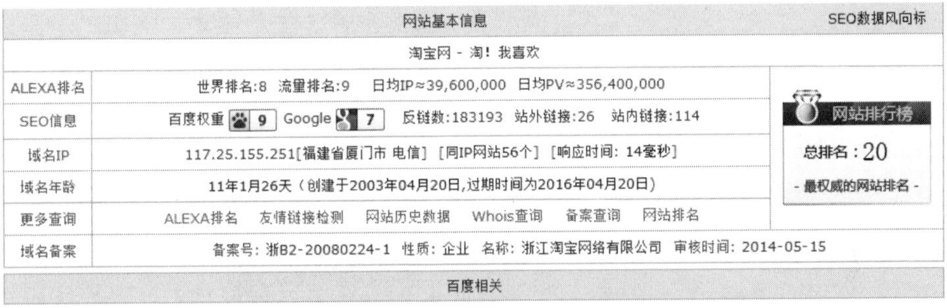

图 4-4　淘宝首页流量预估

如图 4-4 所示，淘宝网现在每天有大约 3 千 900 万的 UV 和 3.56 亿 PV，那么如何对这些流量进行分配是一个非常重要的工作。

作为淘宝官方，不管是搜索流量还是类目流量，他们的分配都必须要同时兼顾淘宝卖家、淘宝买家及淘宝官方利益，这三个方面的内容。只不过不同时期，改版考虑的重点不同，略有倾斜。

淘宝发展初期，是以淘宝买家和淘宝卖家双方利益为主，为的是留住更多客户，官方利益适当地可以牺牲一下；淘宝发展中期，是以淘宝买家利益为主，因为各大同行的崛起，买家有更多的机会来选择平台，谁家的体验更好，更愿意来谁家购买，这也是为什么在很多明明是买家错误的一些事情上，小二仍然判定卖家败诉，是因为重心不在卖家身上；2014 年的这次改版，很大一部分重心是倾向淘宝官方利益的，并不是说淘宝发展到了后期，而是因为今年阿里有一个极其重要的事情——上市！

评估一个上市公司，很多时候都是靠数据来说话的，所以他们需要更多的数据，全网销售额、全网广告收入、全网卖家活跃数量，全网买家活跃用户数等，诸如此类的各种标准，所以这次改版重心倾斜于官方利益。

除去阿里上市这个大背景之外，还有个最大的事情，2014 年 3 月 4 日，淘宝副总裁行癫接替语嫣成为淘宝网负责人，负责人更换，淘宝首页改版会直接渗透负责人的思想。

对于阿里各个负责人的了解，我和大家都是一模一样，并未有真实的接触，全部都是从互联网上七七八八看来的消息，这边推荐大家去看看《阿里巴巴集团副总裁行癫：淘宝的 2014》，能够更好地理解这位负责人的思想及淘宝策略性的内容。

行癫是一个注重指标的人，也更切合阿里的现状——需要更多更华丽的指标，所以对于卖家，如果你今年可以给淘宝带来更多的销售额，那么相应的淘宝就会给你更多的流量，这是不争的事实，第 4.2 节我们会详细解读 2014 淘宝首页的变化状态！

之所以写淘宝首页变化本质这个章节的内容，并不是要标榜我有多聪明，看问题多透彻，而是要告诉所有的卖家朋友，一定要跳出整个圈子来看问题，知道为什么这样变，这样变的意义何在？透过现象看看本质，才能尽快找到对应策略，而不是一改版就傻眼，《玩法变了：淘宝 SEO》一方面是讲解技术，另一方面是希望能窥透商业本质，万变不离其宗。

4.1.2 2014 年淘宝首页变化解读

我们把 2014 年淘宝首页分成 3 个模块来做解读，这样方便大家理解，可以对照新版首页来作对比。

第一模块是左侧新增淘宝特色服务模块。

如图 4-5 所示，相比较 2013 年的淘宝首页，左侧新加了“淘宝特色服务”这个模块，包含主体市场、特色购物、优惠促销、工具四个分类。

图 4-5　2014 年淘宝首页淘宝特色服务模块

我们看到实际上在美观上增加这个模块是有些突兀的，不是很好看，但是这一块的布局淘宝是用心良苦的。

主体市场这个模块基本涵盖了人们生活的衣、食、住、行等方方面面，在首页第一屏展现，相比较之前的类目展现模式，更加形象生动，同时会吸引更多的买家点击，我们点击第一个分类“爱美女人”，如图 4-6 所示。

图 4-6　主题市场爱美女人页面

发现在爱美女人这个分类里，中间的位置有个“上新单品推荐”，这个部分是怎么来的呢？实际上是一个直通车的 P4P 活动，只要你报名这个活动就可以出现在这里，我们会在下个小节来讲解如何报名这个活动。

接着往下，我们发现了更加奇特的现象，在默认排序的前 5 名，竟然看到这样的事情，如图 4-7 所示。

图 4-7　主题市场爱美女人页面宝贝排序直通车位置

综合默认排序前 5 名居然全部是直通车的位置，这在淘宝自成立以来，淘宝类目第一次出现这个状况，可见阿里为了上市，在广告收入上面是做了很深的功夫的，在主题市场其他小分类里，基本上都能看到直通车 P4P 活动的影子。

同时还有几个比较大的变化，如图 4-8 所示，默认排序结果里面，一些分类的瀑布流图片重新回归。瀑布流的排序模式在 2013 年下半年的时候曾经推向高峰，经过一段时间测试以后，淘宝放弃了瀑布流的模式。2014 年 5 月 17 日改版之后，瀑布流重新回归。

同时金牌卖家也强势回归，我们看到图 4-8 第二个宝贝下面有个“金”字，代表这个店铺是金牌卖家，这个业务本身以前就是行癫负责的，后来因为种种原因取消掉了。如今行癫执政，重新把金牌卖家推出，相信未来会有更多的金牌卖家的相关好处，目前我们看到在淘宝活动界面上已经有金牌卖家专属活动了，如图 4-9 所示。

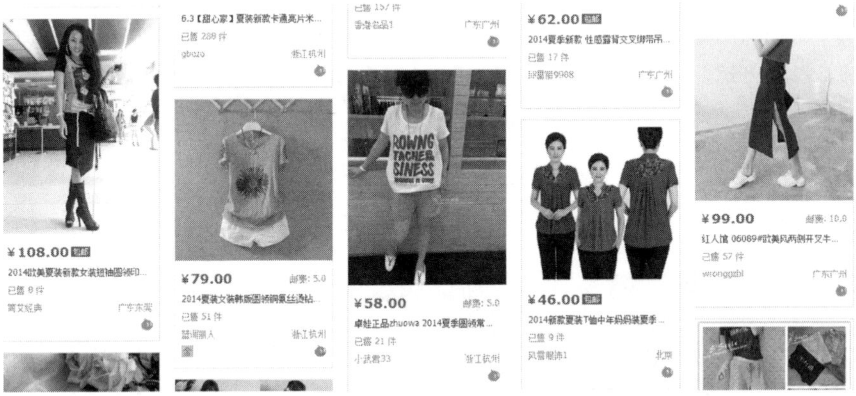

图 4-8　主题市场爱美女人页面瀑布流展示

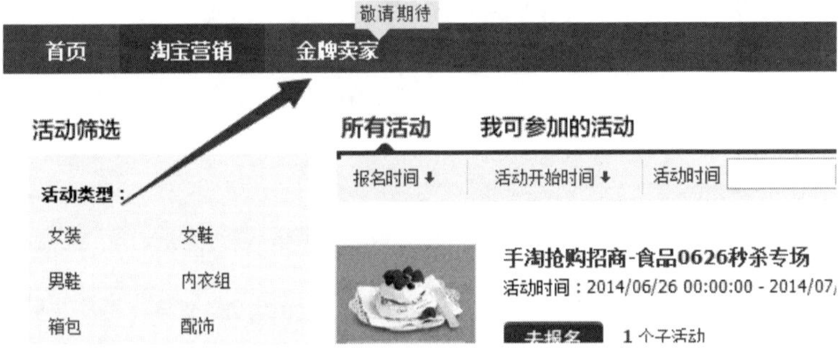

图 4-9 淘营销金牌卖家活动模块

所以玩 C 店，今年的策略是一定要想方设法向金牌卖家方向发展，在卖家中心后台有个模块是金牌卖家模块，如图 4-10 所示，大家可以自行关注。

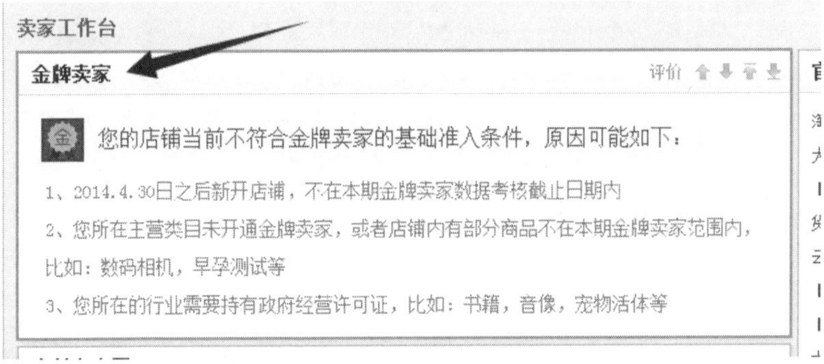

图 4-10 卖家中心金牌卖家服务模块

另外是“新品”标签重新回归，在淘宝特色服务→主题市场这个模块里面，基本上类目包含新品标的，小分类模块就只展示有新品标签的宝贝。没有新品标是无法参与排名的，比如“爱美女人”这个小分类，全部都是有女装新品标签的宝贝，只有有这个标签才可以出现在默认排序里，那么如何了解新品标呢？只需点开一个带新品标的宝贝，然后再点击新品标即可，如图 4-11 所示。

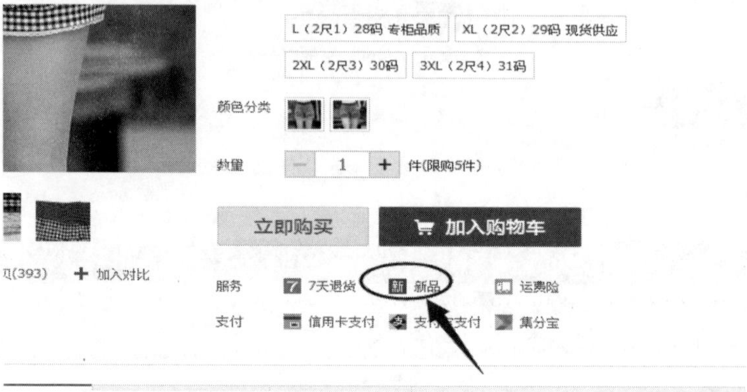

图 4-11　宝贝页面新品标签

点击新品，就会弹出来相关网页详细介绍，如图 4-12 所示。

常见问题 > 我是卖家 > 商品发布 > 发布宝贝 > 一口价发布 > 帮助内容

淘宝集市新品定义和说明

新品定义及新品打标报名

所谓新品，就是系统自动对一定时期天内全网女装卖家（女装类目为14天）的新发商品打上新品标识。目前仅开放女装、女鞋、箱包、男鞋、饰品、配件、童装类目、男装。

女装新品行业标准：http://bangpai.taobao.com/group/thread/145033-281807328.htm

女鞋新品行业标准：http://bangpai.taobao.com/group/thread/276351-266129495.htm

男鞋新品行业标准：http://bangpai.taobao.com/group/thread/1202512-268131511.htm

箱包新品行业标准：http://bangpai.taobao.com/group/thread/14196017-275930682.htm

饰品新品行业标准：http://bangpai.taobao.com/group/thread/829581-275987821.htm

配件新品行业标准：http://bangpai.taobao.com/group/thread/14202704-274564609.htm

童装新品行业标准：http://bangpai.taobao.com/group/thread/14876255-281001473.htm

男装新品行业标准：http://bangpai.taobao.com/group/thread/14171512-283191177.htm

图 4-12　新品标签详解

限于篇幅，我只拿比较大的主题市场“爱美女人”来做例子，实际上每个类目的状况大同小异，大家可以自己选择自己宝贝所在的主题市场，点进去看看实际的宝贝展示情况，这个地方的流量还是很大的，用心研究会拿到不错的流量。

主体市场下面是特色购物的模块，特色购物模块把很多之前被买家忽略掉，或者关注度比较少的个性化店铺和活动推到了风口浪尖，如图 4-13 所示。

图 4-13　淘宝首页主题市场特色购物模块

这个模块推出的目的类似于线下商场把滞销品拿出来摆到展柜上，实际上这里面有很多分类还是不错的，我的一位朋友曾经以很低的价格在拍卖会的司法拍卖上拍到一部 9 成新的奥迪 A6，甚至还有一些朋友在淘宝改版之后打电话给我，问我淘宝全球购上的维多利亚泳衣是不是正品，问我那个淘宝的林志颖的店铺是真是假，问我是不是真的可以在淘宝上投资韩寒的电影……

站在买家的角度，淘宝这个模块是区别自己和其他电商平台的招牌动作，把这个提到首页来，对于吸引和留住买家都有很大的帮助；对于我们卖家来讲，有几个地方是可以去抓的，夜淘宝、拾货、搭配这些类目是可以有机会拿到不错的流量的（详见 4.2 节），同时也要看看是否别的类目还有机会，比如全球购、淘女郎等。

特色购物下面是优惠促销模块和工具模块，其中优惠促销模块分别布局了天天特价、免费试用、清仓、一元起拍、淘金币 5 大活动，工具模块放了阿里旺旺、支付宝、来往三个链接，如图 4-14 所示。

图 4-14　淘宝首页主题市场优惠促销模块

实际上从我们上面分析的模块来看，淘宝特色服务市场里，很多位置都给了活动推广，活动转化率是要比正常销售高出很多，把这些活动放到前台，核心的目的还是为了上市的销售数据。所以今年关注活动的卖家将会受益匪浅，我们相信淘宝还会有各种各样以小二为主导的大型活动，目前看到的是 6.6 的大型活动推广，这是一个以前从来没有过的活动，希望大家能关注好官方的活动动态，有时候一个活动做下来，可能顶你几个月的盈利。

来往是阿里的痛点，去年疯狂地推了一年的淘宝首页钻展，目的是希望能做一个无线端的平台，能和微信分庭抗礼。结果推了一年，还是被微信甩出去几条街，目前把来往放到这个位置，还是希望这个工具能有所发挥。但是用户习惯是一个比较大的问题，一旦微信泛滥成灾，接受其他类似的工具，是比较困难的，巨头之争，不是我们常人所能理解的，只能对来往表示惋惜了。

第二个模块部分是二级类目平铺展示、右侧新增发现好货、发现好店，如图 4-15 所示。

图 4-15　淘宝首页宝贝类目、发现好货

如图 4-15 所示，在第二模块中我们看到在右侧增加了发现好货和发现好店两个模块，替换掉了以前的爱淘动态，2013 年我们只要微淘粉丝够多，运营得当，会在首页拿到很多这个部分的流量，现在的发现好货和发现好店，展示方式主要是以个性化为主，跟买家的历史搜索记录、购买记录、收藏记录都有很大关系。

左侧的类目排列方式又变为平铺，同时局部小类目加红，这个是根据季节或者时间段的不同，淘宝官方设定了不同的关键词，如图 4-16 所示。

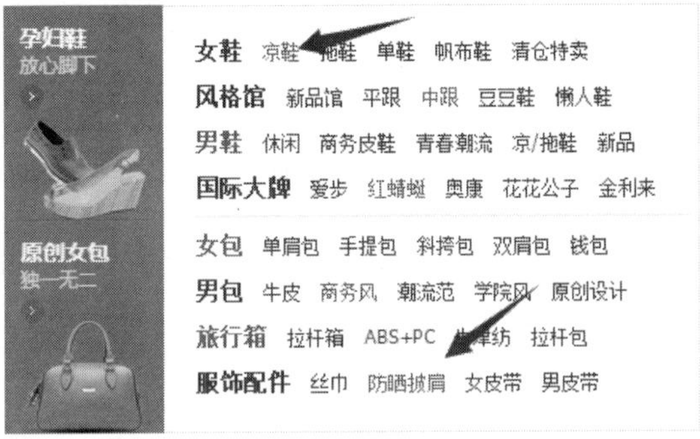

图 4-16　淘宝首页类目细节展示

现在是夏季，所以女鞋类目标红的小类目是凉鞋，到了秋冬季节可能就会变成雪地靴标红；服饰配件的标红小类目是防晒披肩，到了秋冬季节可能就变成保暖披肩标红。

同时我们看到在有限的资源位置下，很多类目不能在首页得到展示机会，比如电脑包这个类目，本身也算比较大的类目，但是在男包的类目首页，能得到展示机会的是牛皮、商务风、潮流范、学院风、原创设计这 5 个部分的内容，电脑包要点开商务风才有机会得到展示。

反之，一些类目流量本来很少的小类目，被推到淘宝首页，反倒使流量增加了不少。比如图 4-16 中男包细分类目的原创设计，本身是流量比较小的类目，被放置到首页入口，很多宝贝受益不少。因此在一定程度上说淘宝类目流量受淘宝小二影响，原因就在这里。

在其他的大类目也存在的情况下，细分类目流量或多或少都受到首页小布局的影响。

资源位受影响比较大的原因是每个类目的左侧和顶部多了活动推广，如图 4-17 所示。

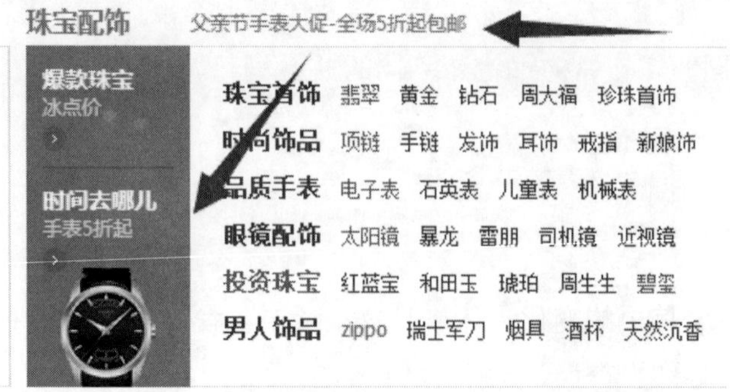

图 4-17 淘宝首页珠宝首饰类目细节展示

比如珠宝配饰类目，顶部给了一个“父亲节活动”的手表类目活动，左侧同时又给了手表和珠宝的活动。不仅仅是珠宝配饰，所有的类目都有这样的活动展示。所以再次回归到 4.1.2 节的一个分析，销售数据是阿里上市前的主要追求。

亲们，去疯狂报名活动吧！

第三个模块部分是新增小钻展图。

如图 4-18 所示，最后一部分的模块照例是淘宝的直通车活动和钻展图，我们看到在底部钻展图片多了一个小钻展图片，同样也是为了追求上市，追求更多的广告费收入。

图 4-18 淘宝首页底部展示

说到钻展，要补充一点，淘宝首页这次改版对天猫店铺应该是比较痛的打击，基本上在所有的细分类目里都把天猫店铺过滤掉了，可能是天猫和淘宝分离的第一个小步骤。所以天猫店铺想抢淘宝首页的流量，只能把更多的精力放在活动、直通车 P4P 及钻展上，可能未来很长一段时间在直通车和钻展上的竞争会变得前所未有的激烈，大家有个心理准备就好。

基本上整个首页的变化大体就是这个样子，有人会说，三代你忽悠我，中间还有一部分内容你没有说，如图 4-19 所示。

图 4-19　淘宝首页中部展示

细心的朋友会发现，这个部分只不过是一个放大版的特色购物而已，同时会根据变化不断调整这个部分的推广页面，若有符合你的模块，可以自行点击研究，在 4.2 节，我将带领你们来逐个攻破不同模块的流量获取技巧。

4.2　淘宝首页特殊模块的流量获取技巧

4.2.1　淘宝首页主体市场的“隐藏秘密”

如图 4-20 所示，淘宝特色服务的主题市场模块一共包含 15 个分类，而且可以肯定的是这些小分类一定会根据季节、淘宝活动等因素不断调整，所以要养成关注这个部分的习惯。

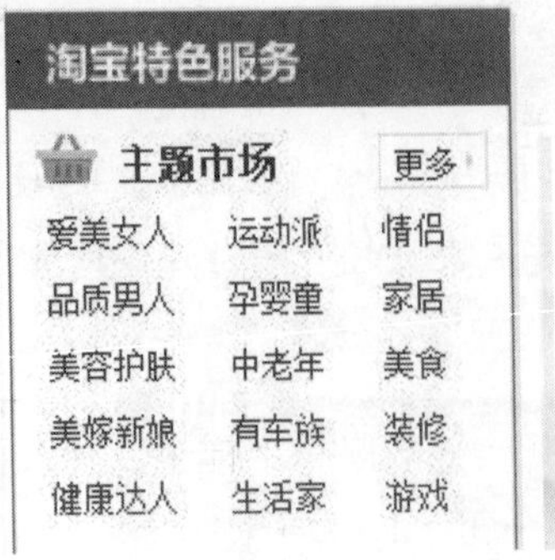

图 4-20　淘宝特色服务之主题市场

15 个主题市场如果点开来看，则每个分类排版布局都各不相同，用文字来对这些排版布局进行描述，可能要写一本书才可以写完，我这里选择几个共同的细节点来进行详细分析，之后你可以点击自己类目所在的细分主题市场，逐步研究。

第一个秘密：强大的主题市场图片轮播

如图 4-21 至 4-23 所示，我们几乎可以看到，不管是哪个主体市场点开之后，在左上角的位置上总会有几个图片轮播，只要能让我们的宝贝出现在这些图片轮播的分类页里就会获得比较好的流量。

图 4-21　主题市场运动派左上角轮播图片

图 4-22　主题市场美容护肤左上角轮播图片

图 4-23　主题市场中老年左上角轮播图片

我们把淘宝改版一个月之内所有的主题市场图片轮播做了分析，发现主要有 4 种方式可以进入图片轮播所展示的分类页面，分别是麦麦活动、小二主导活动、类目跳转及钻展投放，具体介绍如下。

第一种方式是麦麦活动页面，如图 4-23 所示的就是一个麦麦活动的分页面，那么我们只要积极参与麦麦活动，或者自行组织都可以有机会出现在这个位置，具体的参与方式可以通过两个途径。

一个是直接在麦麦活动页面（http://maimai.taobao.com）点击顶部的联合活动，然后选择自己所在类目的活动，筛选报名，如图4-24所示。

图4-24 麦麦网活动报名流程

另一个可以打开淘营销平台（http://yingxiao.taobao.com/），搜索麦麦活动报名自己的相关类目，如图4-25所示。

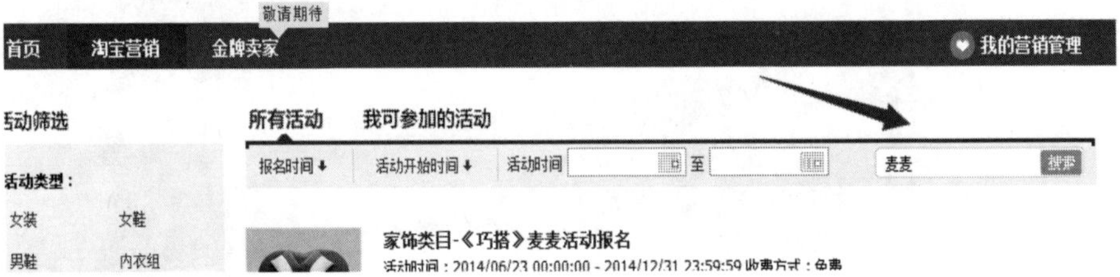

图4-25 淘营销报名麦麦活动

强力推荐第二种参与方式，第二种是官方发起的，大部分都是直接在类目首页推荐的活动，很多都直接在主体市场左上角图片位置进行展示，效果会很棒，同时要养成每天关注淘营销活动的习惯。

第二种方式是在左上角展示小二引导的活动，如图4-26所示，是主题市场孕婴童的左上角图片之一，该图片展示的是淘宝小二发起的官方活动。

图 4-26　小二发起的官方活动展示

淘宝小二发起的官方活动基本上都是在淘营销平台发布的，关注淘营销的同时也善于利用搜索来获取自己想要的活动，如图 4-27 看到的活动就是主题市场分类页展示的。

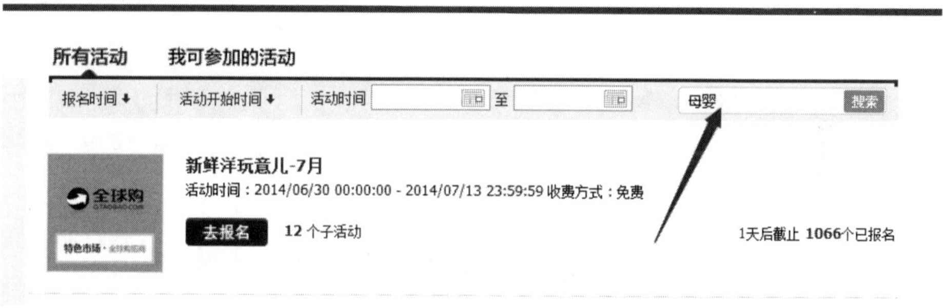

图 4-27　淘营销小二官方活动报名

第三种方式是点击左上角展示的图片可以直接跳转到类目筛选页面，如图 4-28 所示，点击主体市场中的中老年分类的左上角图片可以直接跳转到中老年连衣裙的类目分类中。

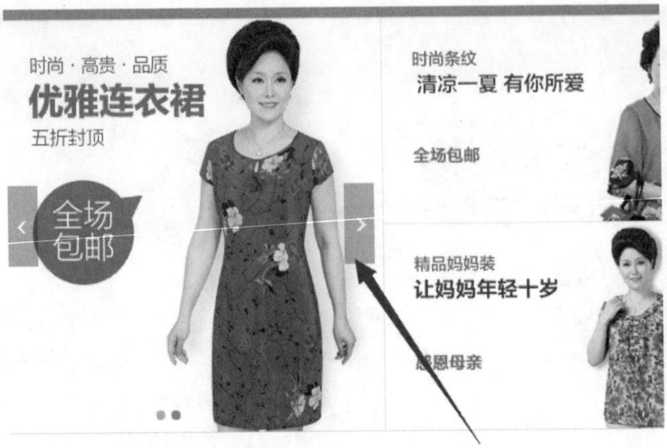

图 4-28　主题市场中老年分类左上角展示图片

点击该图片可以跳转到淘宝中老年女装连衣裙类目，如图 4-29 所示。

图 4-29　跳转到中老年分类的页面

在一般情况下，这种布局是淘宝小二的工作强度导致的，因为发起活动基本上都要做新的网页发布，是比较费时费力的事情，所以就会有一些这样直接跳转到类目页面的情况出现。当然，即便你知道是跳转到类目页面的，也要花心思去研究分析。

比如我们在图中标出的数字 1 到 5 就是 5 个特别重要的类目筛选机制，你的宝贝想出现在这个页面，必须同时满足以下 5 点才可以。

第一点是要发布在中老年女装的类目，同时标题包含连衣裙这个关键词；第二点是出现在人气排名的前 100 页；第三点是要同时支持折扣促销和信用卡支付；第四点是宝贝要包邮；第五点总价必须在 69 元之上。

除去这 5 个筛选机制，类目还有更坑爹的筛选机制，主图有牛皮癣不能出现，旺旺不在线不能出现等，我们会在 4.2.1 节跟大家详细讲解坑爹的类目筛选机制。

我们举例子是拿了中老年的主体市场，具体你要实际点开你的类目页面去看，详细去分析过滤机制，才可以出现在相应的类目位置。

第四种方式是钻展投放，目前只在主体市场美容护肤分类中看到过，在其他分类中暂时没有，不过相信会不断增加其他类目进来，毕竟对淘宝广告收入是有帮助的，如图 4-30 所示，就是美容护肤的左上角钻展图，点击可以直接进入店铺！

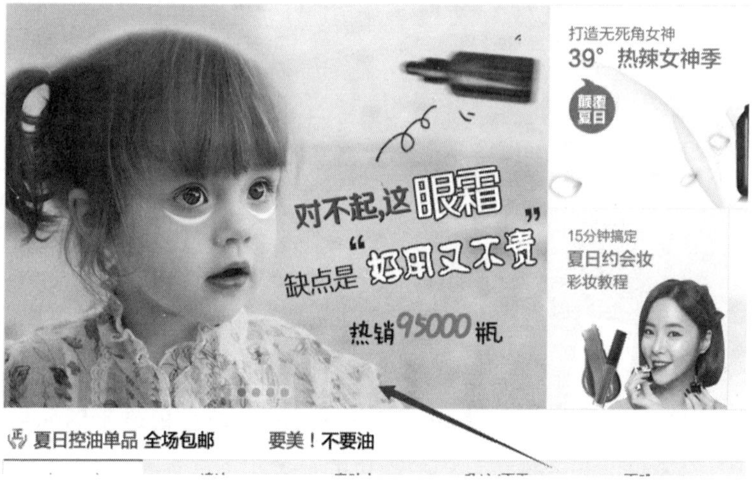

图 4-30　主题市场美妆护肤分类页的钻展图

钻展不在本书范畴之内，做美容护肤类目的读者，可以看看这个位置的投放效果。小卖家就不要在此纠结了，活动上努努力就好了。

第二个秘密：小二引导类目关键词

我们在做关键词数据库的时候，发现淘宝首页改版之后，一些关键词的流量瞬间暴涨，甚至有一些从零搜索指数飙升至几千上万，百思不得其解。后来研究主题市场的时候找到了答案，原来在很多主题市场里有小二专门引导买家点击此类关键词，我们只要能抓住这种关键词，单款宝贝当天拿到几百个流量是很轻松的事情。

现在我以“爱美女人”这个主体市场分类为案例，给大家讲解一下，如图 4-31 所示，是主题市场爱美女人的打开界面。

图 4-31　主题市场爱美女人分类页顶部

如图 4-31 所示，我们看到在爱美女人这个主题市场顶部给出了好多关键词，而且你切换左侧的类目分类，比如换成包包、鞋子都会提供不同的关键词。点击 90%以上的关键词都会跳转到相关类目的分类页面，比如我们点击图 4-31 的“夏日必备”中的“性感露背装”这个关键词，就会跳转到在淘宝女装市场搜索“性感露背装”时的搜索结果页面，显示结果如图 4-32 所示。

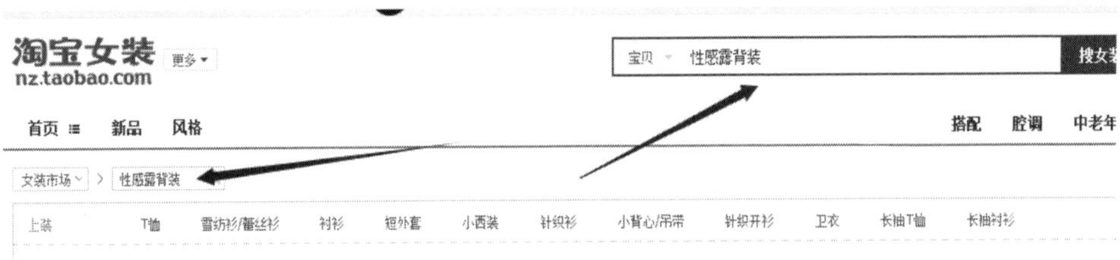

图 4-32 点击“性感露背装”后跳转到此页面

我们再看下这个关键词的搜索指数变化，发现从淘宝小二把这个关键词加到主题市场之后，它每天的搜索指数从不到 30 个迅速飙升至 4 000 多，接近 100 倍的涨幅，如图 4-33 所示。

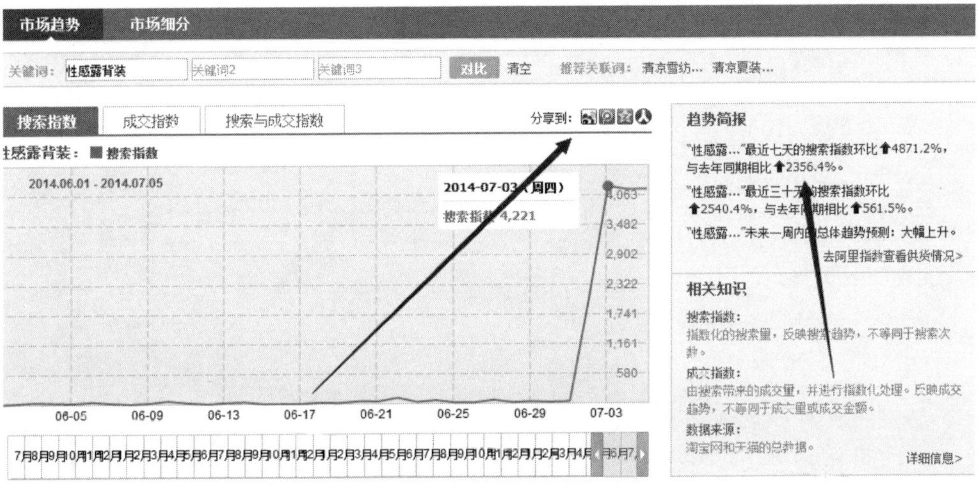

图 4-33 关键词“性感露背装”飙升幅度

值得注意的是，一定要实际点开看看到底淘宝小二布局的关键词是什么，不要看到上面写的是“性感露背装”就在标题里面布局这样的关键词。有时候点开看搜索结果和实际呈现的是完全不同的，比如图 4-31 所示的“夏日必备”里面的“大热果冻色”，实际点开显示的搜索关键词是“果冻色连衣裙”。

类似的在爱美女人主题市场的类目推荐单品位置，点进去依然跳转到某些搜索关键词页面，而且出现了很多特别极端的例子，如图 4-34 所示，配饰这个小类目给出的单品，我们点击图上的墨镜女人，会跳转到一个特别夸张的关键词搜索结果页，如图 4-35 所示。

图 4-34　爱美女人主体市场“配饰”小类目单品展示

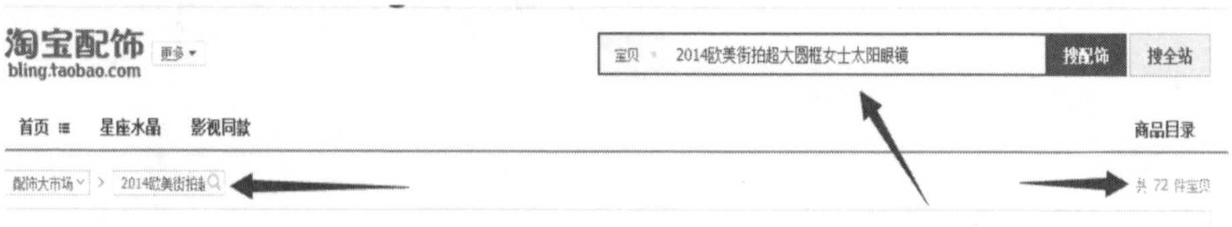

图 4-35 点击墨镜女人跳转到关键词搜索界面

如图 4-35 所示，我们点击墨镜女人，跳转的关键词搜索结果是“2014 欧美街拍超大圆框女士太阳眼镜”，而且只有 72 件宝贝。我们看下搜索指数变化，如图 4-36 所示，大概从每天 0 次搜索直接飙升到 1 000 多次，只要是太阳眼镜类目，标题布局了这个关键词，每天最低可以多拿 30 个 UV，而且这 72 个商品大部分都是 0 销量的，只要你的宝贝销量在 10 以上，拿到前 8 名的位置，每天仅仅是这个关键词带来的流量大概就在 400 到 600 左右。

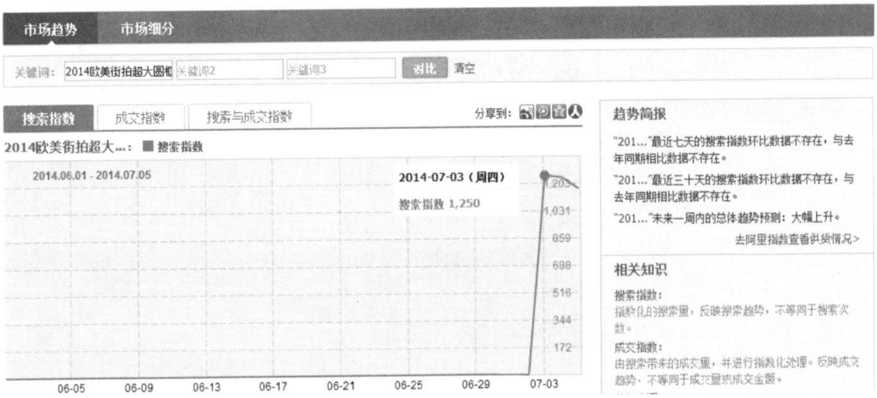

图 4-36　关键词“2014 欧美街拍超大圆框女士太阳眼镜”的搜索指数变化

养成细心的习惯就可以不断发现小二布局的类目关键词，在没有被类目筛选规则淘汰的情况下，把这些关键词加到自己的宝贝标题里面，就能获得不错的主题市场流量。

另外，我们虽然讲的是爱美女人这个主题市场，其实淘宝小二对于类目关键词的主导无处不在，只要你有比常人更多的细心观察，就会发现更多的小二主导关键词，当然也可以到我们木叶火论坛，我也会不定时更新一些小二主导关键词给中小卖家。

基本上主题市场隐藏的大秘密就是上面写的这两个，这些都是不断变化的内容，多关注多分析，才能在淘宝变化的时候抢占先机。实际上仅仅知道这两个操作手法还完全不够，因为它们背后隐藏了更大的秘密，即淘宝的类目过滤机制，在 4.3 节中会进行详细讲解，这里先卖个关子吧。

4.2.2　淘宝首页特色购物的“参与方式”

在淘宝特色服务的主题市场下，有个特色购物的大分类，如图 4-37 所示。在淘宝首页字字千金的情况下，这应该是淘宝首页流量分配上面为数不多的小小“牺牲”了，因为这个分类给出的各种入口，都是以新、奇、特为主，不考虑转化率不考虑数据，唯一的好处可能是这个板块可以证明，有些东西只有我们淘宝有，其他平台是没有的。

图4-37　特色购物分类展示

跟主题市场分类布局一样，特色服务也是横向3个，纵向5个，总共展示了15个小分类，这些小分类也会随着时段不同，而作出调整。尤其是淘宝官方上线的新的有意思的项目，都会在这个位置上有比较好的展示机会。比如淘宝众筹这个概念，就是比较好玩的项目，大家可以点进去了解。

我们团队盘点了特色服务里面所有的小分类，对于广大中小卖家而言，能去参与的着实不多。只有夜淘宝、拾货、搭配三个分类还可以去参与，其他的暂时只有观摩的机会。

淘宝二手平台适合淘宝买家在平台上发布自用商品，类似于分类信息网站做的事情；拍卖会我观察了首页分类半个月的展示商品，全是高大上的品类，譬如国画、名表、司法机构拍卖土地等。

淘宝新欢这个分类是2014年4月份上线的，上线之后我们咨询了淘宝小二，给出的答案是该产品目前在试运营阶段，暂无说明。一直截至图书出版日，官方给出的答复仍旧是试运营阶段，暂无说明。对于这种尚未详细说明的新品类，同时该分类下面的宝贝销量并没有逆天到爆棚的阶段，就暂时不去深度挖掘数据分析，后期官方如果想做好这个品类，则应该会有详细说明，大家关注官方公告就好。

淘宝奇葩是可以去玩的，但是前提是你的商品确实够奇葩，用普通的连衣裙去爆料，估计多半石沉大海。我们发现这个分类的商品特性是，在一般情况下都不够持久。比如我们见到一款青蛙设计的笔筒，当天在淘宝奇葩首页有展示的时候，销量是 300 多件，后来不展现了，销量一直往下掉，现在已经沦为大概一个月只有销量 20。

所以靠奇葩作为卖点是比较辛苦的，除非你可以不断发现各种奇葩来满足网友，不然的话，大家会很快把你忘掉。毕竟互联网信息太透明了，那么如何加入“淘宝奇葩”这个品类呢？打开淘宝奇葩分类页面，点击右上角的我要爆料，选择特色爆料投稿，如图 4-38 所示。

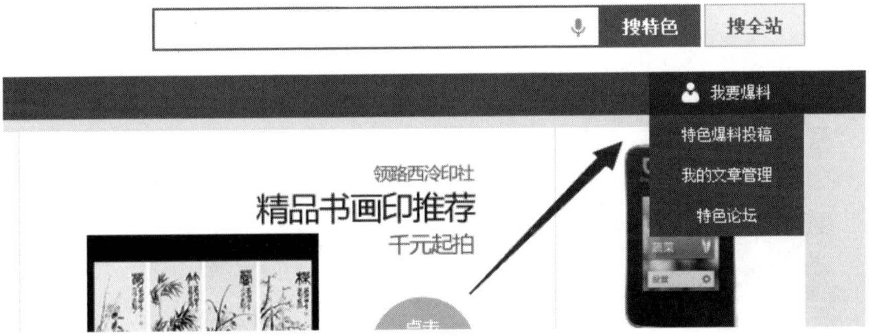

图 4-38　淘宝奇葩报名方式

那是不是投稿就一定过呢，前文有交代，前提是你的商品够奇葩。当然如果你的智商不是低到无可救药的地步，那么相信你应该不会用自己的卖家账号去投稿吧，尽可能让周边朋友来帮你投稿爆料你的店铺，一个人投稿可能小二不理，100 个人投稿呢？

全球购和挑食这两个小分类，在卖家资质上的考核有点苛刻，都必须要求有淘宝官方打标。如果你已经是全球购卖家打标的店铺，那么你可以在淘营销搜索全球购，如图 4-39 所示，报名参与活动，进而获得特色购物流量。

同样，如果你是淘宝生态农业打标卖家，那么你也可以到淘营销中心搜索关键词“挑食”，根据自己所在类目报名活动，如图 4-40 所示。

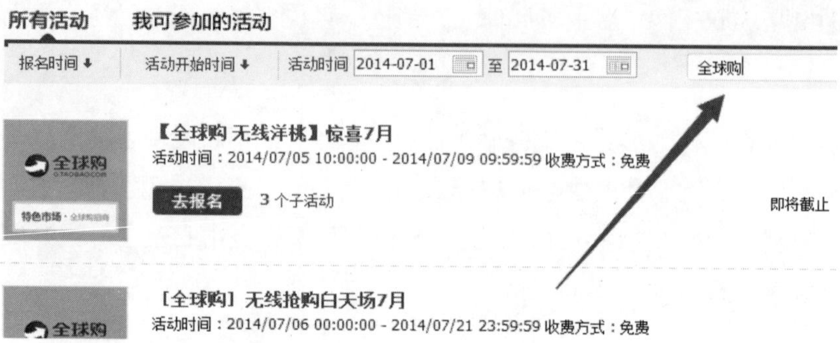

图 4-39 全球购报名参与方式

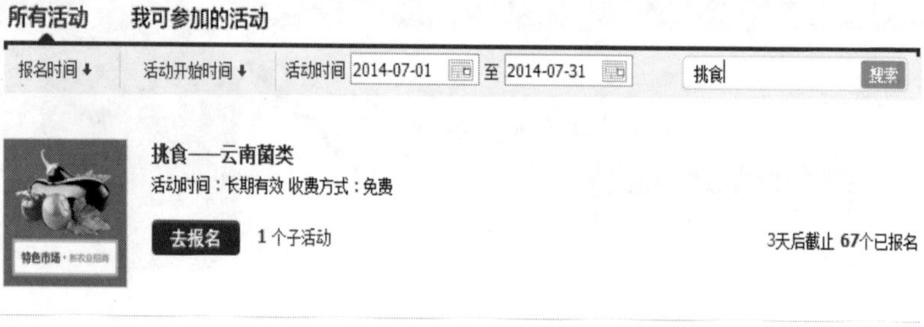

图 4-40 挑食参与方式

有朋友会问如何加入全球购和淘宝生态农业，你只需要找到一个全球购的店铺或者淘宝生态农业打标的店铺，点击他们的打标图片就可以看到官方的详细介绍，本书不做详述。

淘宝同学是淘宝在今年推出的教育平台，号称是要抢占上千亿的教育市场，如果书友在做教育平台，那么可以考虑在淘宝同学上面发展，我们木叶火论坛今年也会入驻。

淘女郎和星店这两个分类由来已久，不是常人可以玩转的，如果身边有漂亮的 MM，那么可以介绍他们做淘女郎，据我了解淘女郎做得好的，月收入都在 5 万以上。

众筹这个概念和当年的团购网一样，好像突然之间火了起来，从 2013 年年底开始，各大平台都推出了众筹的概念，阿里当然也不会放过。不过我们看到淘宝众筹类目下的项目，音乐和影视类的项目做得比较好，其他的就不是很好，如图 4-41 所示。

图 4-41　淘宝众筹项目热榜

设计和生活服务这两个分类受众群体也比较少，生活服务一般是本地的商家生活服务项目展示，地区跟买家的淘宝账号个人资料的填写地区一致。

点击设计这个分类，跳转到淘宝的腔调频道（http://style.taobao.com/），我们检索了淘宝腔调首页推荐的一些宝贝，销量并不是很好。而且入驻难度也比较大，想入驻的朋友可以点击右上角的“商家入口”了解详情，如图 4-42 所示。

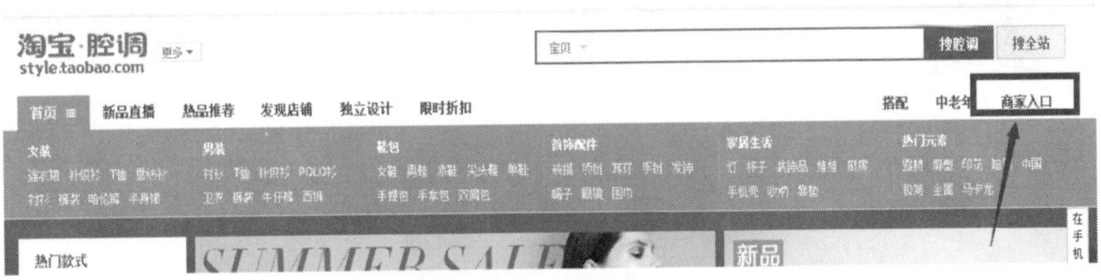

图 4-42　淘宝腔调报名入口

淘宝腔调虽然展示的宝贝销量平平，但却是很重要的标识，毫不夸张地讲，这个就是淘品牌孵化的初始基地，我们看到很多商品都具有比较鲜明的特点和受众。原创虽然比较辛苦，却是值得去为之努力的事情，我们希望能够在淘宝腔调频道看到更多更优质的淘品牌崛起。

絮絮叨叨说了这么多，现在我们把目标转向中小卖家可以参与进来的，而且还有不错流量引入的三个分类入口：夜淘宝、拾货、搭配。

夜淘宝在淘宝首页改版之前就很高调，每天晚上在淘宝首页LOGO那里就会闪动出夜淘宝的活动，而且当时参与的卖家比较少。我们在学员内部讲课分享之后，有个学员第二天就报名了夜淘宝的活动，活动上线之后，从晚上8点到12点，引入店铺2万左右的UV，客单价180多元的一个宝贝，卖出去接近90单，效果非常好。

现在的夜淘宝活动竞争力度变大，报名的店铺很多，大概每个板块都有接近2万左右的商家报名，如图4-43所示。

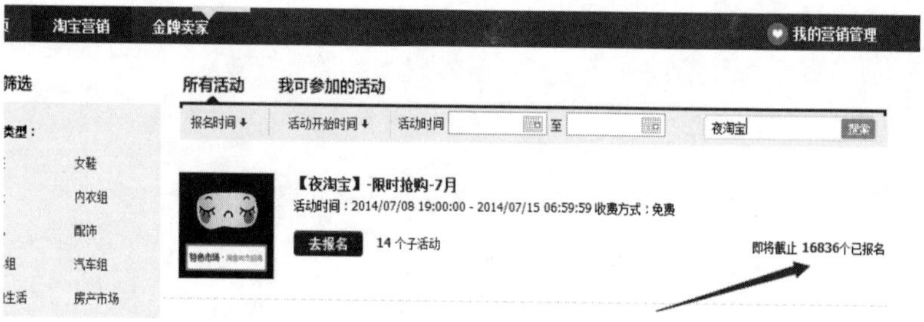

图4-43　夜淘宝报名热度

为什么会有这么恐怖的参与量，重点还是夜淘宝的流量比较多，除去电脑端的新版淘宝首页有夜淘宝入口之外，手机淘宝的APP也给出了比较强力的流量支持，如图4-44所示。

图4-44　夜淘宝手机端入口

所以，即便是竞争激烈，还是非常值得去参与的，因为活动本身不收取任何费用。另外，我们推荐大家拿有价格优势的宝贝去报名夜闪购，不仅容易通过，而且流量非常多，拿性价比一般的去报名夜特价，如图 4-45 所示。

图 4-45　夜淘宝细分类目流量分配大小

拾货是一个有意思的分类，如果你去研究会发现拾货给出来的宝贝全部都是 U 站的宝贝，那么这个类目出现的主要目的是扶持 U 站站长成长，而作为卖家的我们，只需要搭顺风车就好了。

直接点击特色购物的拾货分类，或者输入网址 http://shi.taobao.com/，即可打开拾货广场首页，我们点击自己所在的类目，比如我是一个食品类目的卖家，在拾货广场直接点击食品行业的一个 U 站，如图 4-46 所示。

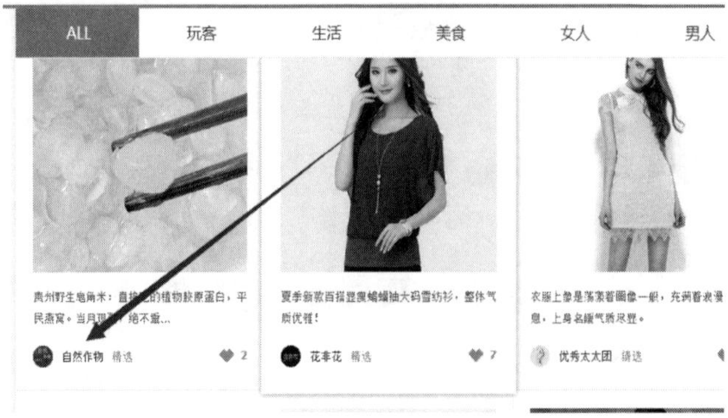

图 4-46　在拾货广场找到自己的类目，选择喜欢的 U 站点击

一般的报名方式都比较简单，打开 U 站以后，在右上角或者左上角，也有的在网页底部显示。比如我们刚才看到的“自然作物”的小 U 站，就是在右上角报名，如图 4-47 所示。

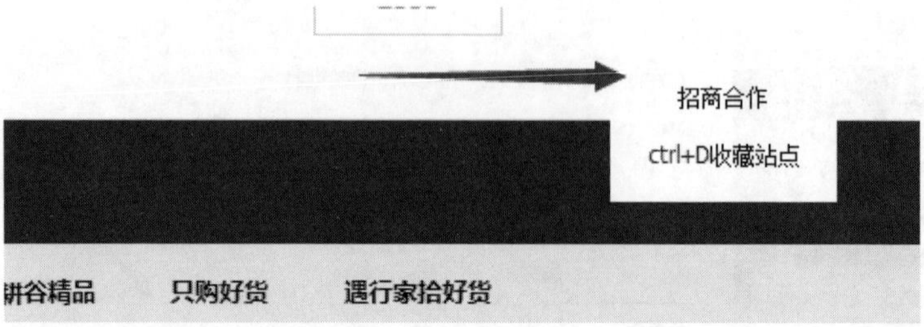

图 4-47　拾货 U 站报名入口

这些 U 站的报名难度比淘宝官方活动的难度要少很多，而且你只需要开通淘宝客，设定好佣金比例，这些站长是很乐意帮你推广的。注意一定要冲拾货广场点过去找 U 站报名，不然就算你报名成功，估计流量也不会很多。另外在找报名入口的时候，多点细心，不是每个站长都会把报名入口挂在右上角。

如果你找了半天依然找不到该 U 站的报名方式，那么可以直接点击 U 站左上角的 LOGO，这样便可以看到该站长的旺旺号，点击旺旺聊天咨询下也是可以的，如图 4-48 所示。

图 4-48　站长联系方式

搭配应该是所有入口里面最容易获取流量的一个分类，不过类目局限性比较大，目前看到的基本上只是女装类目的范畴。我们点开搭配分类，任意点击某商品可以看到基本上所有的搭配设计都是卖家自行发布的，如图 4-49、图 4-50 所示。

图 4-49　搭配发布的作者 ID

图 4-50　出售该搭配套餐的掌柜 ID

搭配这个分类里面的宝贝存活周期都比较长，只要你是一个勤奋的卖家，总会在这个位置拿到不错的流量。那么应该如何发布搭配呢？只需打开搭配分类（http://dapei.taobao.com/），然后点击右上角的“发布搭配”，按照步骤操作即可，如图 4-51 所示。

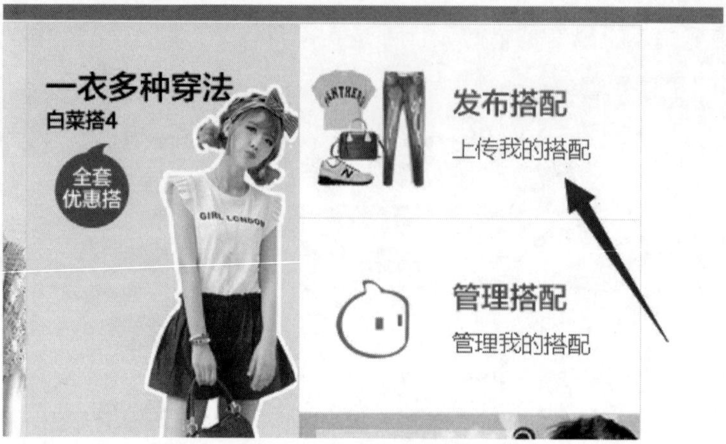

图 4-51　卖家如何发布搭配

淘宝特色服务除了主题市场、特色购物这两个模块，还有一个优惠促销的模块，主要是天天特价、淘金币、免费试用、清仓等大型淘宝活动，如图 4-52 所示。

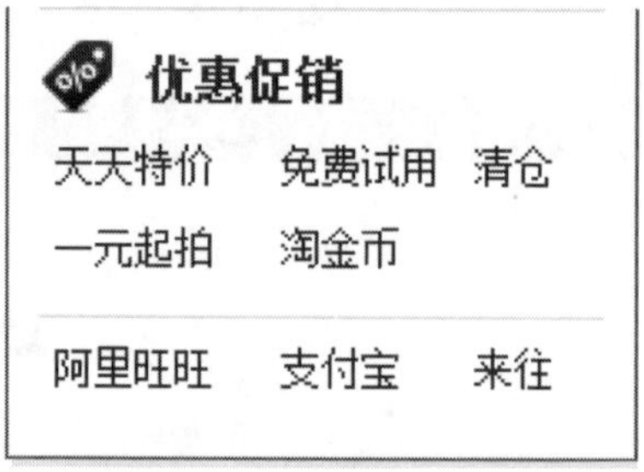

图 4-52　淘宝特色服务优惠促销

这个部分的活动在淘宝历史舞台上面发挥了巨大的作用，尤其是天天特价和淘金币，曾经一度是淘宝中小卖家最亲睐的平台。2013 年的时候，淘宝推出小而美的概念，这两个活动的影响力慢慢下降，时至今日，在淘宝需要华丽数据的时候，又被淘宝拿出来放在首页这样寸土寸金的位置上，可见其重要性。

这种成熟的活动，在互联网上流传着各种报活动的攻略，限于篇幅，本书不做详细阐述。

我们花了这么的大篇幅把每个小分类几乎都写了一遍，在实际操作中，大家要结合图书，去详细看每个分类的参与方式。2014 年的淘宝中小卖家，你即便是不懂直通车，不懂淘宝 SEO，但是只要肯在这些细分类目上去下功夫，不断地报活动，也会过得比较舒服。

4.2.3 发现好货和发现好店的“前尘往事”

在新版淘宝首页中间偏左的位置上有两个模块，发现好货和发现好店，如图 4-53 所示。

图 4-53　淘宝首页发现好货和发现好店

没改版之前的发现好货和发现好店展示的是微淘广场，只要你的粉丝够多，同时微淘不断发布新的宝贝，粉丝登录淘宝之后，在首页就可以看到你的商品。一个微淘粉丝在 10 万元左右的店铺，在微淘运营得当的情况下，每天可以从首页拿到接近 1 000 的 UV，可以说这是首页对淘宝个性化趋势的展示。

去除微淘广场，修改为发现好货和发现好店之后，这里的规则变得很模糊，淘宝小二给出的答案是系统自动筛选优质宝贝展示，没有规律可言，那么我们只能“呵呵”了。

实际上发现好货和发现好店是淘宝个性化的一个结果，我们登录有着不同购买历史、浏览历史、收藏历史的买家账号，可以看到不同的展示结果。比如图4-54所示的店铺是我们这个账号近期浏览过的店铺记录。

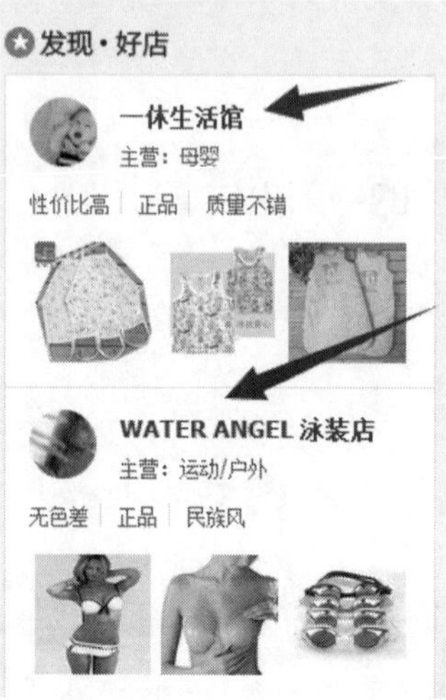

图4-54 发现好店展示我们最近浏览过的店铺

发现好货展示的宝贝也是一样的，根据买家最近的浏览历史和收藏历史，推荐相关宝贝出现在这个位置，如图 4-55 所示，而且收藏和宝贝出现在这里有极大的关系，但是注意，不是收藏数，而是收藏比率。

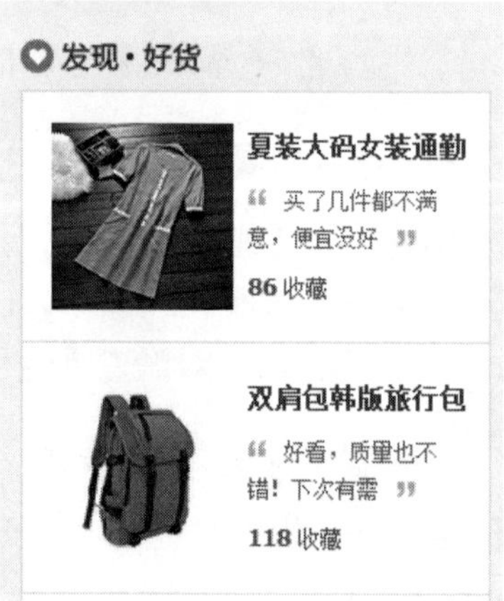

图4-55 发现好货展示个性化结果

淘宝官方为了推广“淘伴”这个小软件，给出了一些特权活动，只要是在专属页面（http://www.taobao.com/market/guang/taoban.php）提交报名，并且下载淘伴的卖家，他的店铺就有机会出现在发现好店的位置上，另外，还支持卖家之间互相推广，推广得越多，出现在发现好店位置的几率就越高。

这种活动不会一直存在，或许你看到本书的时候，它已经不在了，而且活动的效果也不敢恭维，可能是狼多肉少，我们推荐了 30 人的一个店铺，仍旧没有拿到什么发现好店的流量。

除去这个小活动，我们应该如何获取这个位置更多的流量呢？答案只有一个，想方设法增加自己宝贝或者店铺的现有流量。只有看到你店铺的人越多，浏览你宝贝的人越多，个性化的威力才越大，才更容易出现在这两个位置上。直通车、钻展和各种活动都是增加自己店铺现有流量的方法，所以尽人事、听天命吧。

4.3　淘宝首页类目流量获取技巧

4.3.1　“坑爹”的类目过滤机制

看到这节的标题，可能读者会觉得比较诧异，实际上我只能对新版的淘宝类目给出这样的答案。虽然淘宝类目一直以来都有比较隐形的过滤机制，在筛选宝贝方面有很多小二主导的结果，但从来没有一次是像新版首页类目这样坑爹，尤其是作为天猫店铺，估计改版之后，你们再也拿不到淘宝类目流量了。

所以想要在类目这边拿流量，不仅仅是销量，下架时间的问题。最最重要的是先要知道类目的过滤机制，你的商品不被类目过滤，才有机会拿到更多的流量，下面教大家用两种方法窥破类目的过滤机制。

第一，网页源代码暴露的类目过滤秘密

我们以女装为例，在淘宝首页找到女装版块，点击第一个分类“衬衫”，如图 4-56 所示。

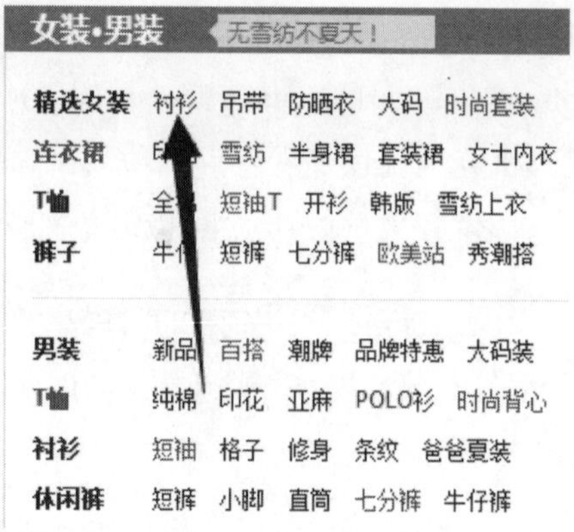

图 4-56　女装类目衬衫入口

单击“衬衫”打开网页后，在网页的空白处，单击鼠标右键选择“查看网页源代码”，如图 4-57 所示。一般浏览器都会有，如果浏览器没有这个选项，那么可能是你没有在网页空白处点击，也可能是你的浏览器的问题，可以考虑用谷歌浏览器。

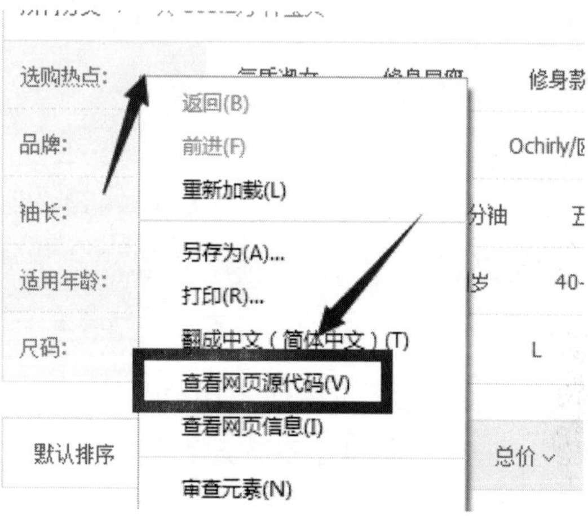

图 4-57　查看网页源代码

打开后，会看到一大片非专业人士看不懂的代码，实际上这个代码网页包含了淘宝类目太多的信息，我们试着把其中比较明显的过滤机制拿出来分析。在打开的代码页上，按组合键 Ctrl+F，会弹出一个搜索框，在搜索框中输入

“tmsGlobalMiniListUrl”，按下回车键，就可以定位到一段代码，如图 4-58 所示。记住，输入代码的时候，字母的大小写和顺序都不能错，如果你怕自己输错的话，那么可以去我们木叶火论坛找在线客服，说自己是书友，问她要这段代码，她会发给你。

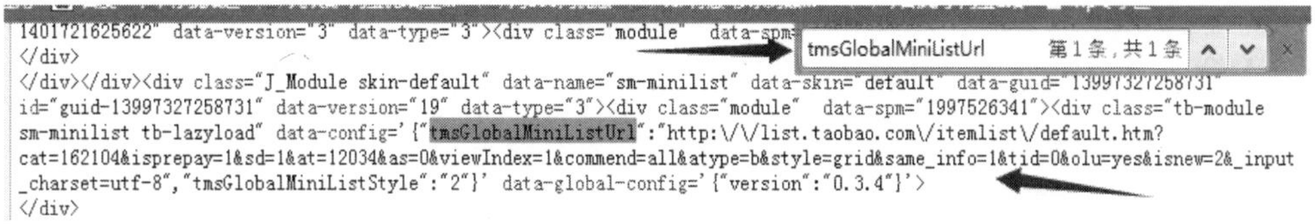
1401721625622" data-version="3" data-type="3"><div class="module" data-spm
tmsGlobalMiniListUrl
第 1 条，共 1 条
</div>
</div></div><div class="J_Module skin-default" data-name="sm-minilist" data-skin="default" data-guid="13997327258731"
id="guid-13997327258731" data-version="19" data-type="3"><div class="module" data-spm="1997526341"><div class="tb-module
sm-minilist tb-lazyload" data-config='{"tmsGlobalMiniListUrl":"http:\/\/list.taobao.com\/itemlist\/default.htm?
cat=162104&isprepay=1&sd=1&at=12034&as=0&viewIndex=1&commend=all&atype=b&style=grid&same_info=1&tid=0&olu=yes&isnew=2&_input
_charset=utf-8","tmsGlobalMiniListStyle":"2"}' data-global-config='{"version":"0.3.4"}'>
</div>

图 4-58 代码搜索结果展示

在“tmsGlobalMiniListUrl”这串代码的后面会有这样一段代码："http:\/\/list.taobao.com\/itemlist\/default.htm?cat=162104&isprepay=1&sd=1&at=12034&as=0&viewIndex=1&commend=all&atype=b&style=grid&same_info=1&tid=0&olu=yes&isnew=2&_input_charset=utf-8","tmsGlobalMiniListStyle":"2"

这个就是女装-衬衫类目的基本筛选机制，当然要看懂这串代码确实不是一件容易的事情，因为很多东西和编程无关，有一些代码是淘宝程序员自己定义的，所以如果你不认识淘宝内部程序员，那么看懂这些无异于登天。

好在鄙人略懂，把其中一些代码的含义跟大家分享一下，有淘宝程序员看到的，可以到木叶火论坛来找我，我可能还有很多问题想拜师请教。开个玩笑，言归正传。

cat=162104，cat 代表类目，后面的数字是编号，淘宝每个细分类目都有编号，想必这个 162104 就是女装/女士精品→衬衫的类目代码。

isprepay=1，isprepay 代表是否支持消费者保障，也就是卖家是否有参加消保并且提交保证金，数字 1 代表支持消费者保障。

at=12034，代表过滤首图牛皮癣，首图被判定为牛皮癣的宝贝不能出现在这里。

viewIndex=1，代表索引类型，也就是排名权重的区别处理。

commend=all，指显示所有的标签，style=grid代表显示的样式。

atype=b，代表商品类型，如果是2，则代表全球购商品才可以出现。

same_info=1，代表是否可以显示同款信息，1代表可以出现同款。

olu=yes，代表必须要卖家旺旺在线。

isnew=2，代表是否显示新品，如果是1，则表示只有新品标的宝贝才可以出现在类目里面。

input_charset=utf-8，代表输入字符串编码方式是utf-8。

sd=1、as=0、tid=0，暂时不知道代表什么，不做说明。

根据上面的信息显示，一个商品要出现在新版淘宝类目里，最少要满足下面4个条件。

1. 发布在女装/女士精品→衬衫类目中
2. 卖家旺旺在线
3. 参加消费者保障并提交保证金
4. 宝贝主图不能有牛皮癣

当然，如果上面几个代码也知道是什么意思的话，则可以挖到更多信息，有知道的可以到木叶火论坛找我，我想向你讨教。

基本上每个类目小分类都可以通过这样的方式去查询它的过滤机制，当然如果能看懂其中代码的含义，则会比较容易。但是仅仅是这些还不够，如果我们想更全面的来分析类目的过滤机制，那么就要用到下面的分析方法，逆推法！

第二，逆推法秒杀各种类目过滤机制

我们的逆推法，是建立在两个基本原则之上的。

第一个原则是淘宝类目对宝贝做过滤的时候，一定是程序化执行的。设定好程序，符合规定的展示，不符合规定的过滤掉。如果不是程序化执行，而是人工来干预的话，那么面对几千万的在线商品，阿里小二的工作量会无法估量。

第二个原则是程序检索的一定是宝贝的一些基本信息，比如标题、属性、主图、类目、销量等。如果程序不是检索宝贝的基本信息，那么就不会存在一些宝贝可以展示，一些宝贝却被过滤的状态。

既然我们确定上面两个结论是正确的，就把一个宝贝所包含的所有信息全部都列出来，如图 4-59 所示。

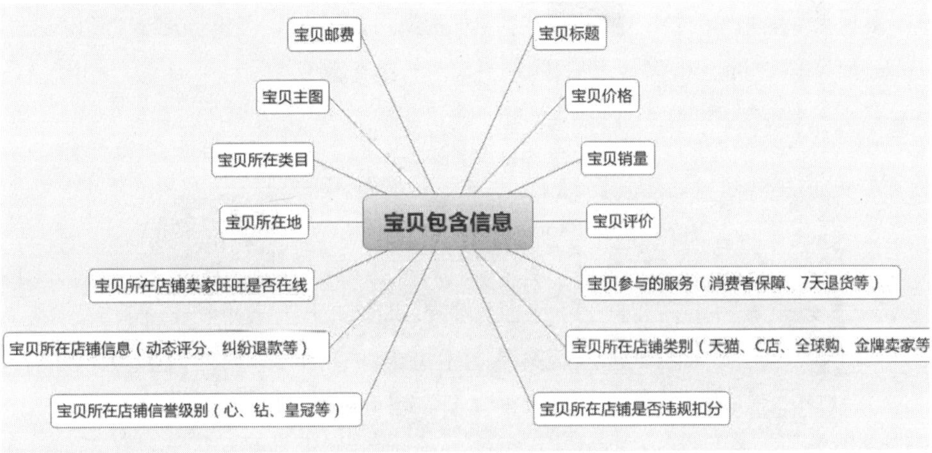

图 4-59　宝贝基本信息展示

图 4-59 所示的是我们可以掌握的一个宝贝所有的基本信息，那么接下来我们随便点击一个类目，然后比对图 4-59 来进行层层过滤，就可以知道满足什么样的条件才能出现在该类目的展示结果页面。

我们随便找一个类目来分析，单击“男包”类目下的“学院风”分类查看宝贝展示结果，如图 4-60 所示。

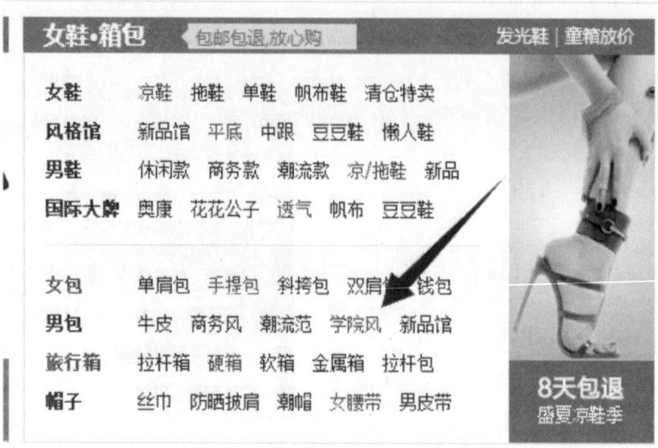

图 4-60 男包学院风入口

然后我们根据学院风点击打开的页面，对照图 4-59 的宝贝基本信息，来做排除筛选，剔除无关项。

宝贝标题：我们发现出现在男包学院风类目的宝贝，宝贝标题里面并没有出现加红的字体，而且很多宝贝的标题并没有写学院风也得到了展示，如图 4-61 所示，所以判定这个类目的程序筛选和宝贝标题无关。

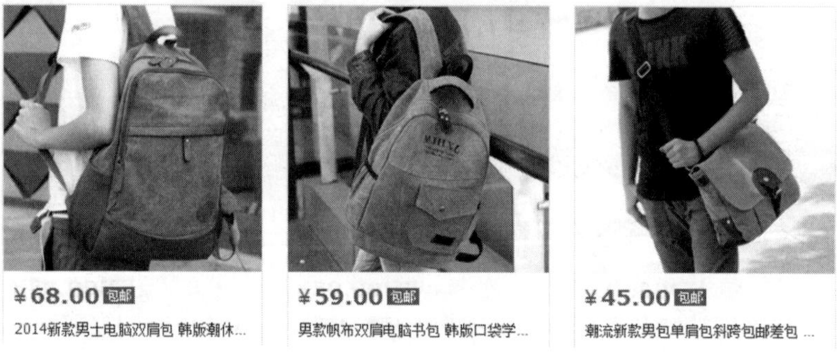

图 4-61 男包学院风类目中展示的宝贝标题状况

宝贝价格：我们把这个类目的宝贝价格从低到高排序，发现最低价是 9.9 元；从高到低排序发现最高价是 15 890 元，同时没有在价格区间范围那里看到有过滤机制，如图 4-62 所示。而且我们还看到不管宝贝是否打折，都可以出现在该类目中，所以判断该类目的过滤机制和宝贝价格无关。

图 4-62　男包学院风类目并没有设定价格范围

宝贝销量和评价：在上面我们价格按照从高到低排序的时候，发现 0 销量 0 评价的商品也是可以出现在该类目的，所以判断该类目的程序过滤机制和销量、评价无关。

宝贝邮费和所在地：在价格从低到高排序之后，我们也发现不管宝贝是否包邮，都可以出现在该类目中，如图 4-63 所示，所以判断该类目的过滤机制和是否包邮无关。同时我们看到宝贝所在地杂乱无章，并没有固定到某个区域，所以和宝贝所在地也没有关系。

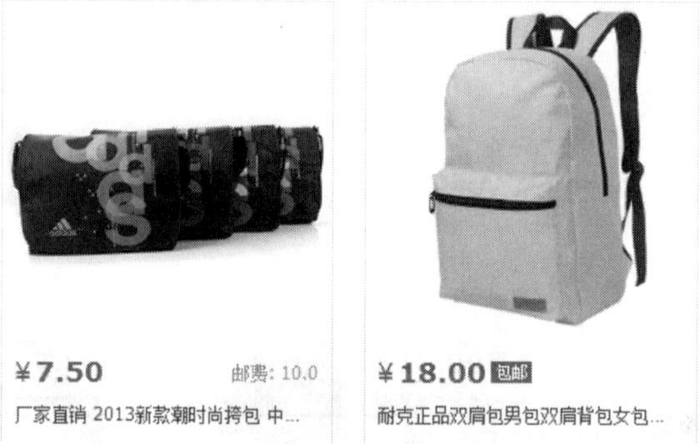

图 4-63　无论是否包邮都可以出现

宝贝所在类目：我们把学院风类目第一页的宝贝类目查询过后，发现所有的宝贝类目都在“箱包皮具/热销女包/男包→包袋”这个类目中，所以该类目筛选机制是和宝贝类目有关系的，必须是发布在该类目下面的宝贝才有展示机会。不会查询宝贝类目的可以去我们木叶火论坛学习基础课程，这里不做详述。

宝贝属性：在男包学院风的顶部，我们可以观察到风格一栏的选项是默认勾选了“学院”这个选项，如图 4-64 所示；同时所有得到展示宝贝的属性风格一栏也都填写了“学院”这个属性，如图 4-65 所示。所以我们判断该类目筛选机制是和属性有关系的。

图 4-64　男包学院风类目默认勾选“学院”选项

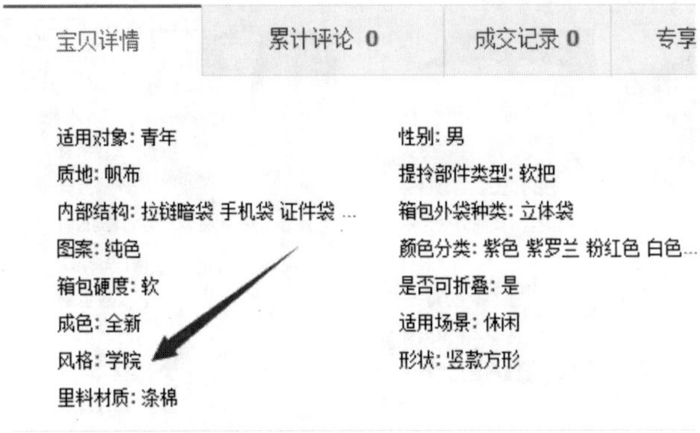

图 4-65　宝贝属性风格一栏全部都是“学院”

宝贝所在店铺旺旺是否在线：这个一定要记住，不管是哪个类目，旺旺在线几乎是硬性指标，必须要卖家旺旺在线才可以被展示出来。而且这个里面有个小插曲。我们有个学员在其他条件基本全部吻合的情况下，一直在类目中检索不到自己的宝贝，后来分析了半天，发现必须要千牛在线，才可以得到展示，所以记住旺旺在线的概念是千牛在线！如果你仅仅是登录旺旺账号，那是不够的。

宝贝主图：我们观察男包学院风类目的宝贝，发现能够展示的宝贝 95%以上主图都特别干净，没有任何水印文字在主图上面，所以判断程序过滤机制过滤掉了有牛皮癣主图的，主图有牛皮癣的宝贝不能出现在该类目。

当然，会有一些比较特殊的情况，就算主图有牛皮癣也可以得到展示。如图 4-66 所示，这是因为主图是否有牛皮癣是由程序来判断的，既然是程序就会有失误，因为作图方式不同，所以有些可以逃过程序的检测。你没有强大的作图技术，建议直接放干净无水印的主图就好。

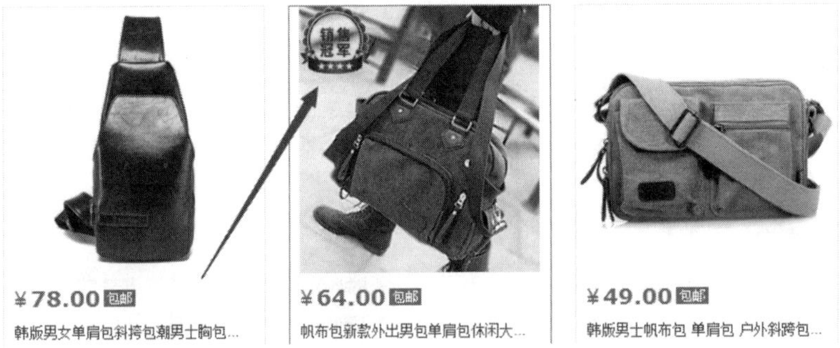

图 4-66　是否是主图牛皮癣是由程序检测的

宝贝所在店铺的信誉级别：之前价格从低到高排序的时候，同时我们也看到 0 信誉的宝贝也可以出现在该类目，说明该类目的过滤机制和店铺信誉没有关系。

宝贝所在店铺类别：我们观察所有的类目宝贝，没有找到一个天猫店铺，全部都是 C 店，说明天猫宝贝是被系统过滤掉的，不可以参与排名竞争。这也是为什么改版之后，天猫店铺从淘宝获取流量的能力越来越弱，就是因为淘宝类目的流量被切断了。

宝贝所在店铺是否扣分：我们在第 99 页找到一个被扣了 2 分的店铺，虽然可以证明扣分是能参与宝贝排名的，但是扣分的店铺排名非常靠后，基本上都在 100 页开外，甚至可以说，宝贝所在店铺有扣分的话，基本上是很难拿到类目流量的。

宝贝所在店铺动态评分等信息：我们把宝贝销量按从高到低排序之后，会发现一些店铺动态评分是绿色，同时有退款的也会出现在学院风类目里面，说明动态评分和退款与程序过滤机制无关，如图 4-67 所示。

宝贝参与的服务：我们检索类目展示的宝贝，发现宝贝所在的店铺都参与了消费者保障并缴纳消费者保障金，另外所有宝贝都参加了 7 天无理由退换货服务。如果你的宝贝没有参与这些官方服务，那就会被系统过滤掉。同时最坑人的是，必须参加 7 天无理由退换货，如果你的宝贝参加的是 7+无理由退换货，那么对不起，被系统过滤掉了。

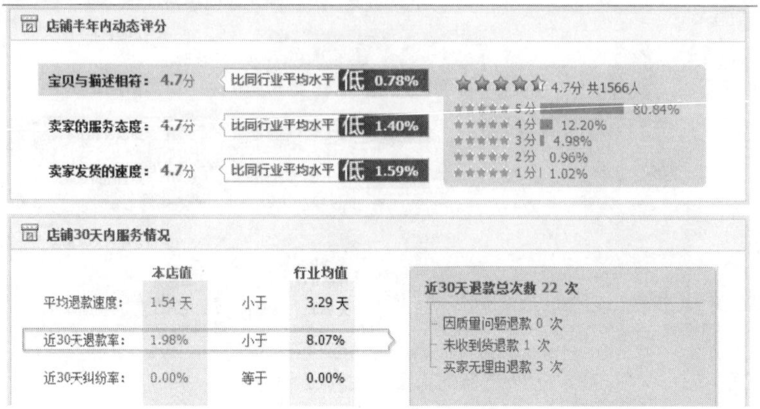

图 4-67　DSR 评分变绿的店铺也不过滤[1]

这个应该是淘宝类目系统的一个小漏洞，我相信未来肯定会把这个补上来，因为 7+是更优质的服务，没有理由不出现在类目排序结果里面。

那么经过我们层层筛选分析，总结一下，如果想出现在男包学院风这个类目里，那么宝贝必须要满足以下条件才可以。

第一，主图不能有牛皮癣。

第二，宝贝必须参加 7 天无理由退换货和消费者保障。

第三，宝贝的属性风格必须填写“学院”。

第四，卖家旺旺必须千牛在线。

第五，宝贝所在店铺必须是 C 店。

第六，宝贝所在类目必须是箱包皮具/热销女包/男包→包袋。

第七，宝贝所在店铺尽量不要出现违规扣分的情况。

---

[1] 彩图请在彩插中查看。

基本上，宝贝必须要同时满足以上条件，才可以有机会参与类目排名，这就是类目排名的平格过滤机制，只要有一条不符合规定，你就会被系统过滤掉。

同时要注意的是，不同的类目，过滤机制也是不一样的。只要掌握方法，认真去分析宝贝所在类目的过滤条件，总会有机会参与类目排名的。

关于主图牛皮癣的过滤，补充一个小方法，如果你不能确定自己的宝贝是否是牛皮癣的话，则可以复制宝贝全标题到淘宝类目搜索下，如果找不到，那么就是被过滤掉了，如图 4-68 所示。

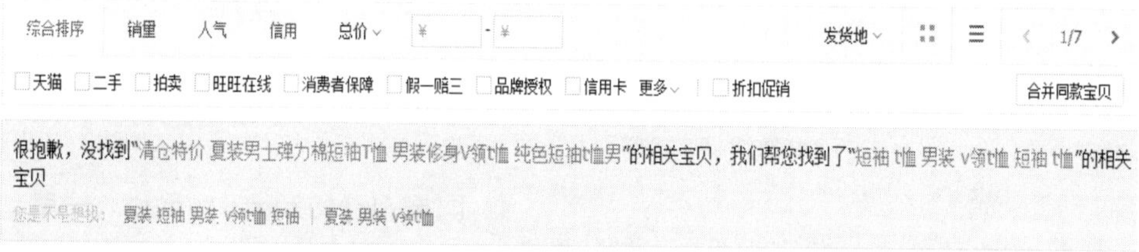

图 4-68　在类目中搜索不到，说明被过滤掉了

宝贝要获取类目流量，第一步就是要能经得住类目过滤机制的筛选，后面我们会在 4.3.3 节讲解淘宝类目宝贝排序的规则。

4.3.2　“与时俱进”的类目活动推荐

新版首页宝贝类目展示模块，除去正常的类目展示之外，每个大分类的右侧和顶部都出现了堪比钻展的小图片，如图 4-69 所示，单击进去会发现是不同的类目活动，在淘宝首页字字千金的情况下，这几乎是不可思议的事情。

官方之所以牺牲位置，放置这样的图片到首页来，重点还是为了数据，一个是销量数据，一个是广告收入数据。这个位置的活动有很大一部分都是直通车 P4P 活动，定额单击收费的，这样会带动广告收入。另外，这个位置会成就很多恐怖的销量数据，尤其是图 4-69 展示的右侧的类目活动图片，如果能参加到这样的活动，则每天的流量将数以万计的进入店铺，甚至能拿到 5 万左右的 UV，一天成就一个销量过千的爆款是经常看到的事情。

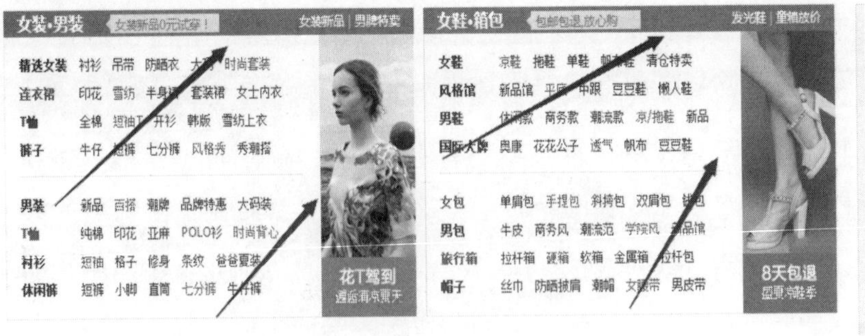

图 4-69　类目活动图片展示

那么，到底应该如何参加到这些活动中呢？主要有 2 个途径。

第一，还是淘营销（http://yingxiao.taobao.com/）。

细心的读者会发现，我们在首页流量获取这个章节里，淘营销是出现频率特别高的一个关键词。确实如此，今年的淘宝活动前所未有的频繁，关注活动的卖家将会获益匪浅。

淘营销活动基本上涵盖了首页能看到的所有活动，我们根据是否收费把所有的淘营销活动划分为两类，一类是免费活动；一类是需要向淘宝官方付费的活动。如图 4-70 所示，女包的那个活动就是收费的，需要直通车充值；美妆的类目是免费活动，无需付费。

图 4-70　淘营销付费和免费活动

无论是免费活动还是付费活动，都会有资质要求。其中包括店铺的 DSR 评分、纠纷退款笔数、是否有 A 类违规扣分、B 类处罚、是否为 P4P（直通车）认证卖家、是否被搜索屏蔽处罚过、卖家信誉、30 天商品售出数量等。如果想参与活动，那么必须要满足活动设定的资质才可以报名。

一般来讲，付费活动对资质的要求相对较高，不过竞争较小，容易报名成功；免费活动对资质的要求较小，不过竞争较大，报名比较困难。如图 4-70 所示的女包单品活动，要求卖家信誉在 3 钻以上，同时纠纷退款笔数在 6 笔以内；美妆活动没有信誉要求，但是对消费者保障金余额有相应要求。

无论是单兵作战的小卖家，还是团队运作的大店铺，一定要养成关注淘营销的习惯，按照自己所在的类目状况，定期关注类目活动，如图 4-71 所示。今年的类目活动确实要比往年来得更加实惠和凶猛。

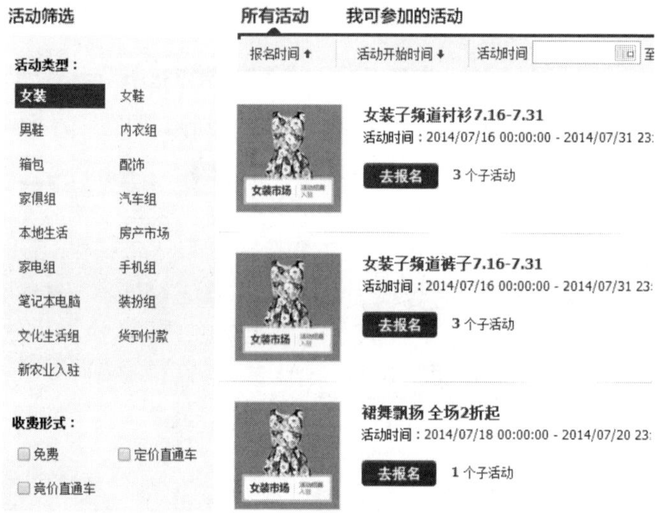

图 4-71　淘营销类目活动筛选

第二，类目论坛和旺旺群的“小道消息”。

有一些活动在淘营销平台是找不到的，或者是小二来不及在淘营销中发布，那么除去淘营销之外，去哪里找类目活动呢？

首先，我们登录自己的卖家账号，单击卖家中心→营销中心→我要推广，然后在页面下方找类目活动，如图 4-72 所示。

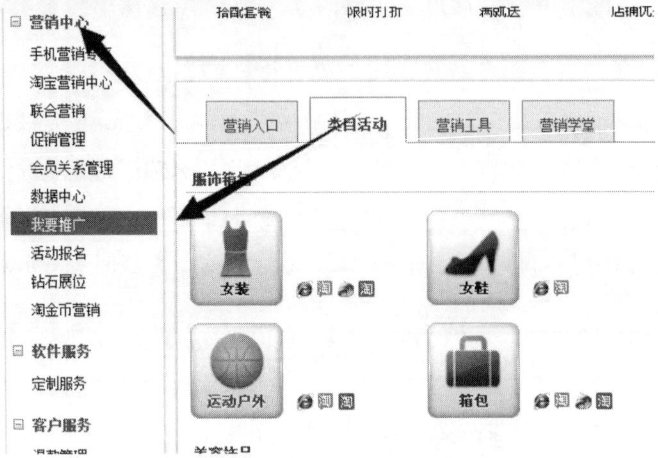

图 4-72　营销中心的类目活动页面

我们以美容护肤类目为例来说明一下，如图 4-73 所示，在美容护肤的右下角有几个图标，它们是美容护肤类目的一些入口展示，从左到右依次是美容护肤类目页面、化妆品淘宝官方论坛、美容护肤官方卖家交流旺旺群、掌柜说、淘宝美妆官方微博。

图 4-73　美容护肤右下角图标展示

美容护肤的类目页面、掌柜说、淘宝美妆官方微博这三个入口没什么用，单击进去没有任何有价值的信息，甚至包括官方微博也没有提供很有价值的信息，如果我们点开来看，则会发现淘宝美妆官方微博已经有半年没有更新任何消息了。

我们重点关注旺旺群和官方论坛两个链接入口，比较遗憾的是有的类目是没有旺旺群入口的，比如女鞋和户外运动类目。没有旺旺群入口的，就只能关注官方论坛通告。有官方旺旺群入口的，一定要加入他们的旺旺群，有很多类目活动消息会在旺旺群第一时间发布。

没有官方旺旺群或者虽然有群入口，但是群已经加满了，在这种情况下，就把工作重心移到官方论坛公告上，如图 4-74 所示，是淘宝美妆的官方论坛置顶公告。我们看到很多类目活动都有置顶帖子，点开之后就可以看到相应的活动要求。你每天起床之后可以关注下官方帮派的置顶帖子，基本上就不会错过自己的类目活动。

图 4-74　淘宝美妆官方帮派置顶活动帖子

基本上只要掌握了上面的信息获取渠道，类目活动都会有机会参与。当下阶段的淘宝，技术是一方面，更多的是拼资源，谁手里掌握的资源越多，谁就越容易成功。掌握活动资源，你会走得异常轻松。

4.3.3　“多样化”的类目排序规则

在 4.3.1 节里，我们了解了淘宝类目严格的过滤机制，而且结尾处强调了不同类目过滤机制不同的现象。实际上类目排序规则也是如此，在“上市年”数据为王的大环境下，类目的排序规则尤为多样化，不同类目的排序机制完全是天壤之别，如图 4-75 所示。

图 4-75　类目多维度排序分类

如图 4-75 所示，淘宝新版首页类目排序分别是默认排序、销量排序、人气排序、信用排序。其中大部分类目以默认排序为主，如图 4-76 所示。不过不同的类目有不同的筛选机制，可以 4.3.2 节来推测宝贝所在类目的筛选机制。

图 4-76　女装印花裙类目展示方式是默认排序

类目默认排序和 PC 端搜索排序机制一样，也是倒三角的模式，不过它的筛选机制更为苛刻，同时新品标权重比较高。再加上新品标的宝贝流量入口很多，有主体市场流量补充，所以在通过筛选机制之外，如果能获得新品标，那么将会获得不错的类目流量。

如果你的类目是按默认排序的，那么就要做好你的 PC 搜索流量，逃过“坑爹”的类目过滤机制，就会拿到不错的类目流量，这里不再对倒三角模式做深入讲解。

个护电器类目的剃须刀子类目、厨房餐饮类目的玻璃杯子类目、汽车摩托大部分类目等，都是默认按销量排序进行展示的，如图 4-77 所示。

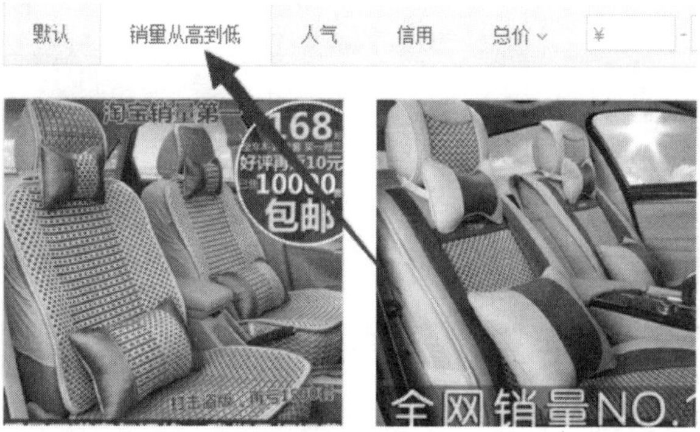

图 4-77　汽车坐垫类目默认是按销量排序进行展示的

默认按销量排序的类目，背后隐藏的还是阿里的上市引导，销量越高，转化率越好是不变的事实。按照销量排序，整体销售数据就会特别华丽，不过受伤的是新开的小店铺。默认按销量排序的，只有一个参考指标，就是销量！

0 销量的宝贝 100%是没有机会拿到类目流量的，只有那些行业大佬可以稳定的拿到这些类目流量。新宝贝想迅速抢到这个部分的流量，除了上活动就是直通车猛推，不然几乎是没有任何机会能拿到类目流量的。

不过，这里可以给大家一点点小提示，类目销量排序是按照件数展示的，如图 4-78 所示。这个完全不同于搜索端的销量排序，有一些小 BUG 可以利用下，短时间迅速冲进去销量排序首页，限于部分政策因素，我不做太多强调，希望读者可以看懂。

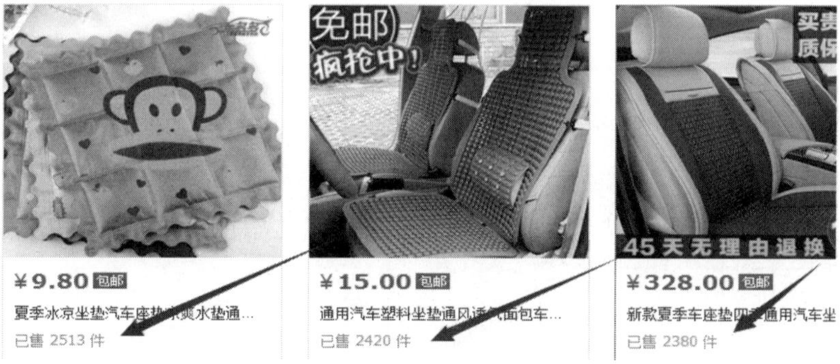

图 4-78　汽车坐垫类目销量排序按照销售件数排序

厨房电器类目下的榨汁机、净水器等子类目，类目页面默认是按人气排序，如图 4-79 所示。人气排序也就是宝贝权重排序，我们在 3.4 节已经做过详细讲解，这里不做详述。

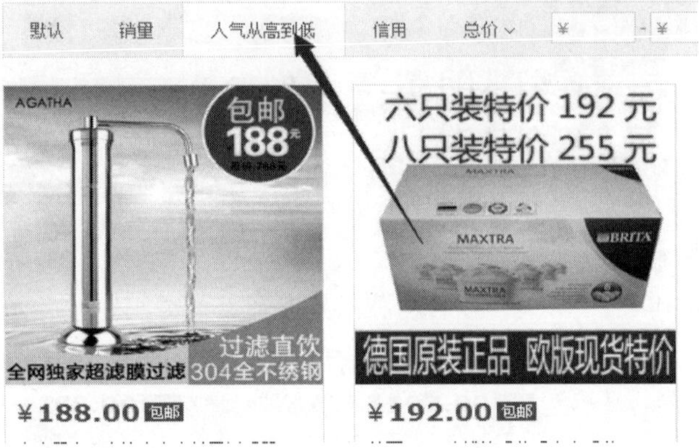

图 4-79 厨房电器的净水器子类目排序默认是按人气排序

人气排序相比较销量排序而言，影响因素更多，对于新宝贝来讲，获取流量的难度更大。即便是高销量的宝贝，也不是 100%可以拿到人气排序的排名。如果你的宝贝所在类目不幸是按人气排序的，那么可以按照搜索排名优化，不断累积宝贝权重，从而获取人气排序的流量。

另外，还有特别奇葩的类目，比如个护电器类目下的按摩披肩、美容仪、卷发神器等子类目，办公耗材类目下的投影机、打印机、打印纸等子类目，这些类目的默认排序居然是按信用从高到低排序，如图 4-80 所示。

我曾经问过淘宝的在线小二，为什么这些类目会按照这种模式来做默认排序，在线小二没有一个可以给出肯定答复的。这确实是比较奇葩的做法，一方面在搜索多维度排序那边取消信用从高到低排序的选项，另外一方面又在类目排序里面选择按信誉排序。我们姑且认为是淘宝小二的无心之举，后面肯定会更正过来。

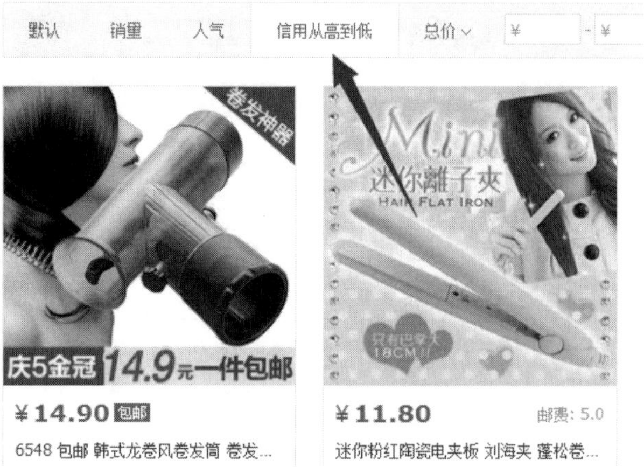

图 4-80　卷发器类目默认是按信用从高到低排序

如果你的宝贝所在类目默认是按照信用从高到低排序的话，那么我只能说：“节哀吧！”

店铺能不能拿到类目流量，只需要抓住两个点。

第一是看清楚自己类目的过滤机制，只有搞明白你们类目的过滤机制，才有机会参与类目宝贝排名，这个是最难的。现阶段的类目过滤机制确实比较坑人，而且去推理也很耗费时间和精力，对淘宝不是很熟悉的小卖家，会感到异常困难。

我们学员有个宝贝看上去各个条件都符合，但是，就是死活进不了类目。我逐个排除所有因素，一直到凌晨 2 点才看明白，原来他们那个类目是要求千牛必须在线的，他一直挂的是旺旺。所以一定要有探索精神，分析到底是哪个环节出了问题，实在搞不明白的，可以到我们木叶火论坛寻求帮助，或许有同样的问题，我们已经解决过了。

第二是看清楚自己类目的排序机制和首页入口，只有搞明白自己宝贝所在类目的默认排序机制，才能制定相对完善的优化策略。另外，要看看自己类目在淘宝首页哪些地方给了入口，才能有更好的应对策略，因为不同入口，获取流量的方式也是完全不同的。

最后补充一点，类目是变化最快最频繁的地方，比如之前女装类目默认是按最新上架排序，后来改成按人气排序，再后来才稳定成现在的默认排序，而这所有变化仅仅是在一个月内发生的。

所以如果你看到实际的类目默认排序情况和我们描述的不一致的话，那么请拥抱变化。我们希望拿给大家的不仅仅是一盘现成的美味，更重要的是教会你们如何来制作这样的盛宴！

第 5 章

PC 端淘宝搜索排名实战

5.1 淘宝优化从旺旺名做起

从本章开始，我们就正式进入 PC 端的淘宝排名实战了，大家一方面看书，另一方面也要针对自己的店铺进行操作，一步步跟着我们来实战，这样的效果才是最好的。

旺旺名字本来是一个对流量来讲无关紧要的话题，但是淘宝变了，为了给店家更多的个性化流量，推出了新的规则，在淘宝搜索框内@旺旺名字可以直接到达卖家店铺，举个简单的例子，我们在搜索框输入“@韩都衣舍旗舰店”，单击“搜索”按钮会自动跳转到韩都衣舍的官方旗舰店，如图 5-1、图 5-2 所示。

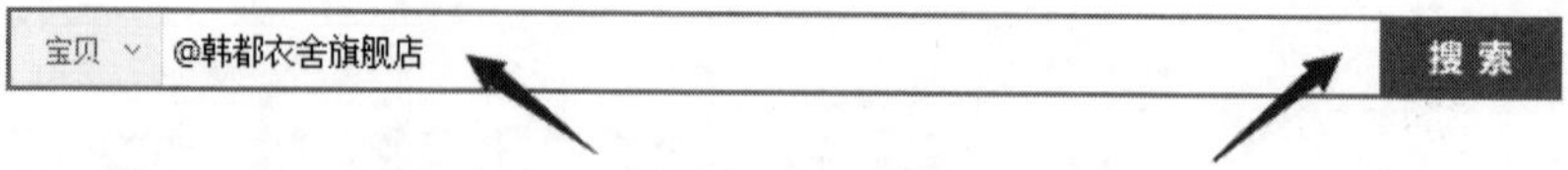

图 5-1　在搜索框中输入“@韩都衣舍旗舰店”，单击“搜索”按钮

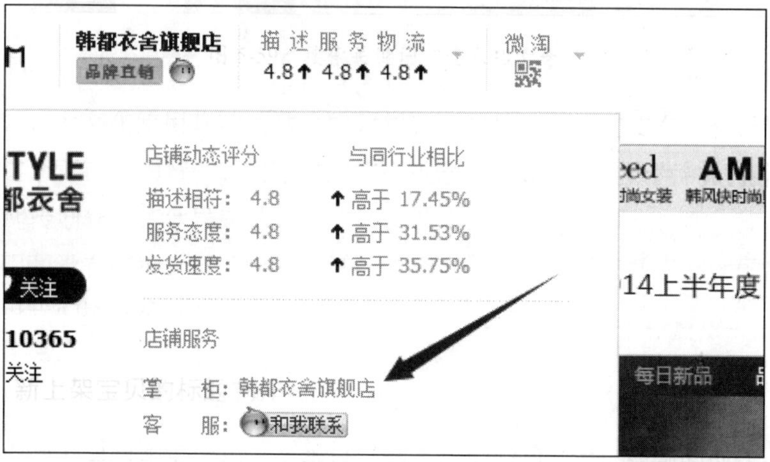

图 5-2　直接跳转到店铺首页，店铺的旺旺号是韩都衣舍旗舰店

所以一个好的旺旺名字，在以前可能是大家可以很方便地记住你，但是在现在，直接可以是一个新的流量渠道！如果你还没有开店，那么可以在旺旺名字上多琢磨琢磨，下面给大家几个思路。

第一，汉字第一、拼音第二、英文次之

大家要知道自己的客户群是我们自己国家的，这样的话，起个中文名字非常重要，我们看到很多朋友起名字都喜欢用一串字母，那样的话基本上很难有客户能一下子记住你，如图 5-3 所示。

图 5-3　起名汉字第一

我们第一眼看过去只有“水煮鱼皇后”这个旺旺 ID 吸引到了我们，简单好记。

图 5-4 这一组，我们第一眼看到的是“布桃子、调调 240”，这两个 ID 是比较好记的，当然如果来个“调调 250”，那么可能更好记。

图 5-4　起名汉字第一、拼音第二、英文次之

第二，下里巴人第一、文艺范第二

互联网网民的心理通常更喜欢简单直接，快餐式文化，“雕爷”大家都知道吧，“百分之一”大家都知道吧，“绿盒子”大家都知道吧。

“如曼卡、洛薇雅、娜荻、蔻莲娜”这些你们知道吗？可能哥几个当中有人连里面的字都不认识，也希望这些大佬看到了不要拍我，大家起旺旺名字也是一样的，首先要考虑下里巴人路线，以草根文化为主，不要上来就玩文艺，以后推自己的旺旺名也不好推，如图 5-5 至图 5-7 所示，展示一些草根文化的店主名字。

图 5-5 姐妹楼

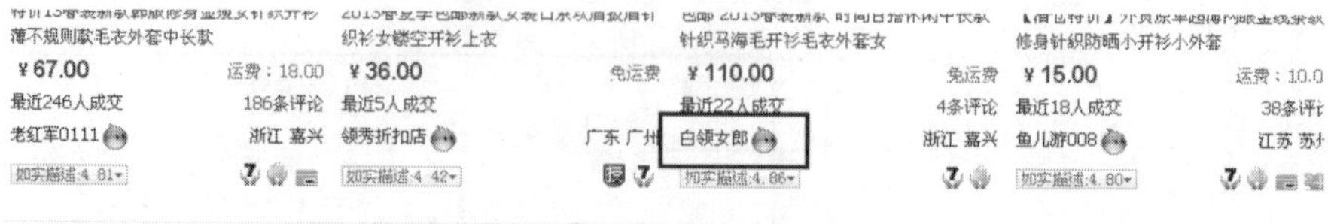

图 5-6 白领女郎

图 5-7 丢丢毛衫和 2010 变形金刚

起一个接地气的旺旺名字，回头做推广，你会发现非常过瘾，就算是去站外推广，我们也可以很自豪地说，大家去淘宝搜索@XXXX，就能找到我们的店铺。

第三，品牌第一，类目第二

如果你是小品牌，那一定要去注册自己的品牌旺旺名，这个就好像网站域名一样十分重要！如果你的品牌旺旺被别人注册了，那么再去问人家要就不是一件容易的事情了，品牌虽小，五脏俱全，要树立品牌意识，旺旺名字就是第一步。

不是品牌的，如果是准备做某个类目的产品，则可以定义类目旺旺名字，举个例子，我们卖童装的，可以起个“童装天地、童装小而美”诸如此类的，但是，这里面有个问题，有的朋友店铺到后面会转型做别的产品，那么这个名字就显得有些唐突了。

所以，我们经常看到旺旺名字明明是“×××话费充值”，结果打开是卖女装，不仅客户觉得唐突，可能店家自己底气都不足了。

旺旺名字一旦注册是不可以更改的，这边主要讲的是 C 店，天猫更多的是品牌的事情，不在此文范围之内。

还有一些做得不是很好的店铺，比如，我们有一个学员的店铺，旺旺名字叫做 shi_yang，旺旺名字虽然是中文全拼，结果还带了下划线，这样去引导买家搜索就显得有点儿力不从心，如图 5-8、图 5-9 所示。

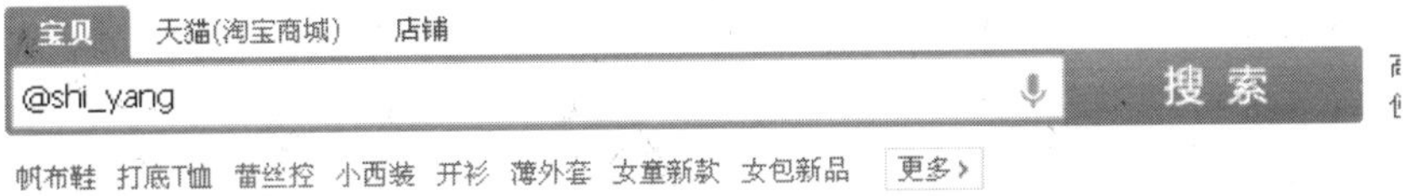

图 5-8　搜索“@shi_yang”

图 5-9　店铺首页

要是买家电脑基础差点的，可能连下划线都不会打，所以，大家赢就要赢在起点上，旺旺名字可能要第一眼就可以吸引到客户，这样我们在宝贝详情页，甚至发货单里面就都可以写，亲们在搜索框里输入@XXX，就可以直接跳转到我们的店铺了。

5.2 店铺基本优化设置

店铺名同样和旺旺名一样，有@店铺名后直达店铺的效果，如图5-10、图5-11所示。

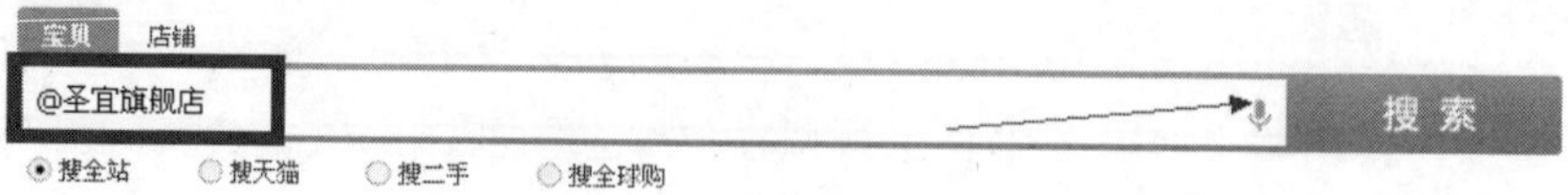

图5-10 @店铺名进行搜索

图5-11 跳转到店铺首页

我们在淘宝搜索框中输入@圣宜旗舰店，单击“搜索”按钮可以直接跳转到他们的店铺首页，这个是店铺名优化的一种，一个简短的店铺名，同样可以获得搜索直达流量，不过，都需要店主引导买家去搜索，店铺名跟旺旺名具有同样的作用。

接下来我们看另外一种店铺取名方式，打开淘宝网，单击店铺搜索“内衣专卖”，如图5-12所示。

我们看到搜索“内衣专卖”店铺名后，带有“内衣专卖”四个字的都展示出来了，之前也有很多店铺借用别人的名字，比如，名字带“韩都衣舍、绿盒子、阿芙精油”等，抢大店铺的流量，如图5-13所示，搜索“阿芙精油”可以看到很多店铺信息都有“阿芙精油”的字眼。

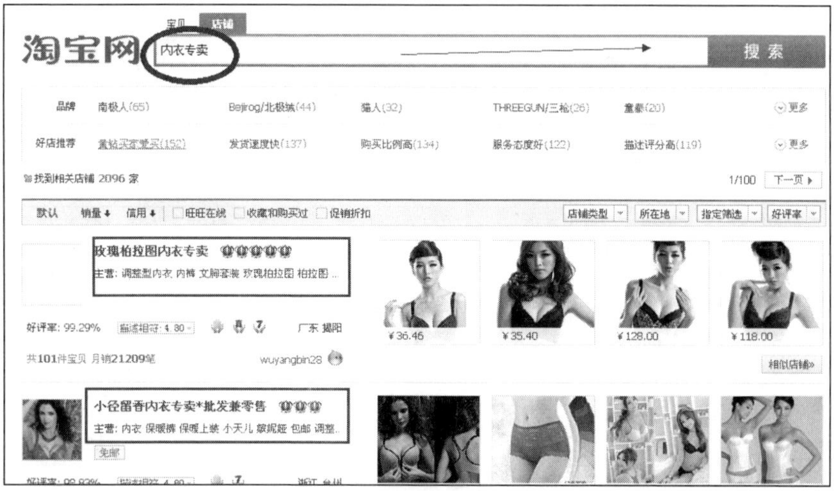

图 5-12　搜索“内衣专卖”后的展示页面

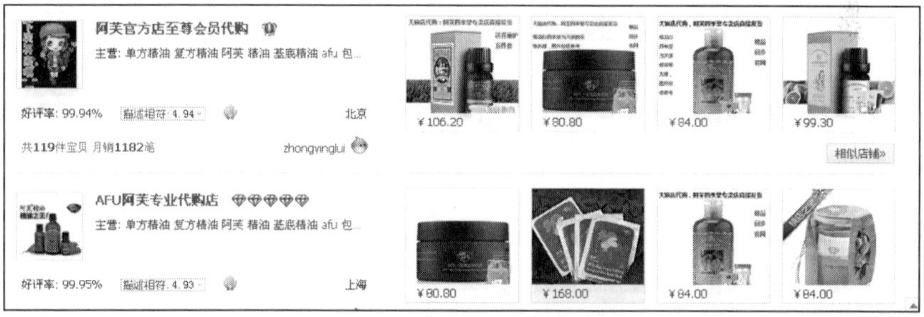

图 5-13　搜索“阿芙精油”后的结果页面

这个就是店铺名比较常见的做法，店铺名包含自己经营的产品，比如，上面的“内衣”，店铺名里面最少要写“内衣”两个字。另外，主营类目布局关键词也是必须包含的，如图 5-14 所示。

在主营宝贝里面我们看到很多和内衣相关的关键词，这个也可以增加我们店铺的展示几率。

另外，还有一些细节性的设置，如掌柜签名、店铺动态、主营宝贝等，这些也需要大家适当布局，如图 5-15 所示。

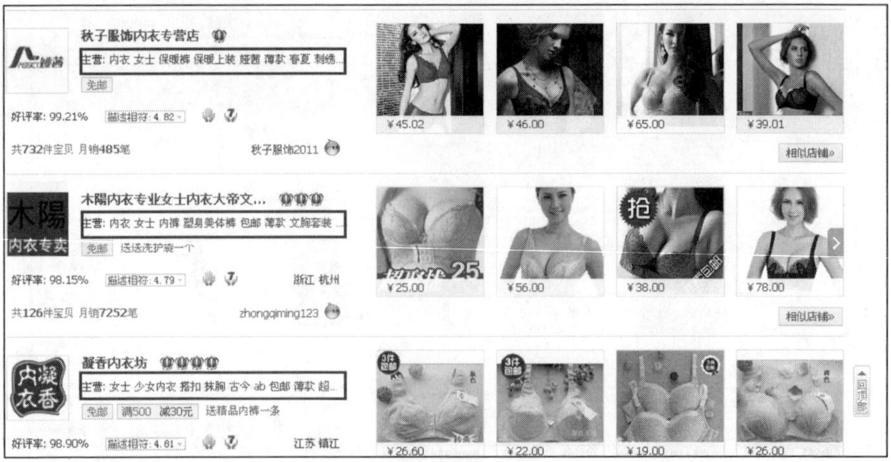

5-14　在店铺搜索中搜索“内衣”的结果页面

图 5-15　在店铺搜索中搜索“时尚女装”的结果页面

左上是主营宝贝，右下第一部分是掌柜签名，第二部分是店铺动态，这些我们都可以自行设置，一方面，可以增加我们自己的店铺点击率，另一方面，可以塑造一个专业形象。具体设置部分，大家可以打开自己的卖家中心→店铺管理→店铺基本设置进行查看，如图 5-16 所示。

大家可以根据上面讲的，来布局自己的店铺名称和店铺简介，有朋友喜欢剑走偏锋玩个性化店铺名称，也是不错的选择，不过，我个人是推崇以流量为第一目的。

最后，大家也可以结合旺旺名和店铺名来引导客户进行搜索。如果旺旺名前面已经做得比较差了，是英文符号加各种乱码注册的旺旺，那么可以起一个简短的店铺名，引导买家记住你的店铺，买家直接到搜索框@店铺名字，将会带来精准流量。如果旺旺名本身就挺好的，那么买家可以很容易地记住，卖家也可以很容易地引导他们从搜索框中输入@旺旺名使买家直接跳转到你的店铺。店铺名可以以主营产品为主，抢夺店铺搜索流量。

图 5-16　卖家中心的“店铺基本设置”

关于店铺的基本设置讲了一大堆，不过，建议大家一定要去做，做淘宝就是在玩细节，也正是这大大小小的细节决定了你店铺的成败。

5.3　宝贝主图的优化

5.3.1　主图优化的意义

在谈主图优化之前，我们还是要把前面的流量公式拿出来：流量=展现量×点击率。互联网所有的流量都不会跳出这个公式，很多朋友做宝贝排名喜欢一而再、再而三的在标题上面做文章，其实，只不过是解决了展现量里面的一个小细节，决定流量同样重要的是点击率。

顾客搜索某个关键词，淘宝搜索系统每页呈现 40 多个宝贝，那是不是每个买家都是挨着第一名、第二名这样点过来的呢？答案是不！决定买家到底点击哪个商品有这么几个因素，具体如图 5-17 所示。

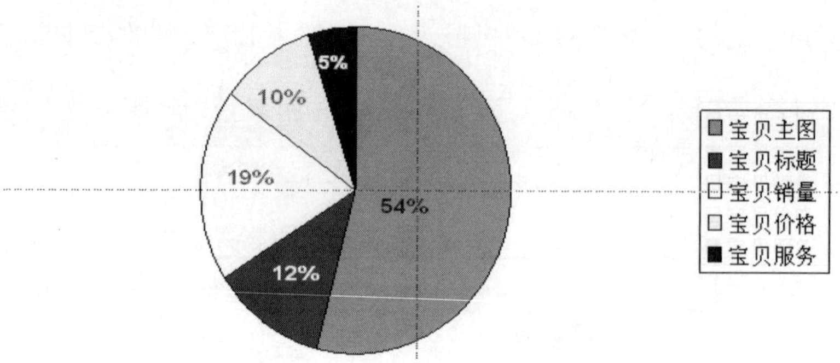

图 5-17　搜索结果影响宝贝点击率的因素占比

从图中我们可以看出，宝贝主图占到 54%，剩下的宝贝销量、宝贝服务、宝贝价格都不是我们短时期随便可以左右的因素，而宝贝标题的影响只有 12%，所以，我们只要做好一个主图，基本上就可以在点击率上有一个质的飞跃了。

这件事情也在我们很多学员的店铺得到了极大的验证，宝贝都没有开始做优化，按照我所讲的方法，把主图做了简单地调整，第二天流量就开始有质的变化了。

5.3.2 主图优化注意事项

在主图优化过程中，大家要牢记以下两点，一个是不可直接更换或者频繁更换主图，另一个是要避免“牛皮癣”图片！

切记不可直接更改或者频繁更换主图，尤其是当你的销量还不错的时候，淘宝有个违规叫做“换宝贝”，换宝贝是以前很多卖家在做的一件事情，比如，我有款衣服卖得不错，大概有 500 笔的销量，但是，昨晚接了厂家一个电话，说因为种种原因，这个衣服没有货了。我因为不舍得放弃这 500 笔的销量，憋了一晚上，憋出一个方法。我觉得把这个宝贝偷偷地换成另外一款有库存的宝贝，比如，先偷偷换几个宝贝属性，再偷偷换宝贝标题，偷偷修改宝贝描述，再把宝贝主图换掉，这样就完成了“偷天换日”的工作。

其实，这个漏洞淘宝系统已经可以很好地识别出来了，都以为神不知鬼不觉地偷偷换成自己的另外一款宝贝，继续依靠高销量带来的高转化出单，结果却被淘宝系统抓个正着。当然系统是自动检测的，这里面经常会碰到有误判的情况。尤其是我们在更换主图的时候，如果直接将大片主图换掉，那么极有可能被系统误判换宝贝。所以，大家一定不要直接就上来换图，接下来我会教大家方法。

1. 如果你的商品还没有上架，那你先把主图优化好，宝贝详情页做好，标题做好，再去上架商品，这个是任何问题没有的，而且还能保证我们的宝贝以全新的状态去和别的宝贝竞争。

2. 如果你的商品已经上架销售，那么首先你要准备好你做好的主图（当然，要按照我们下面的方法来做宝贝主图），先把这张图传到宝贝 5 张图片里面的第二张图的位置上。等到 24 小时以后，淘宝系统更新后，再把第二张图片移动到主图的位置上。因为这样淘宝系统已经默认你后来上传的第二张图片是你这个宝贝的主图了，这样是最安全的方法。

如图 5-18 所示，先把做好的主图放在第二张图的位置上，24 小时以后换到第一张图的位置上。

图 5-18　更换主图

“牛皮癣”图片是淘宝系统 2012 年 8 月加入搜索系统的一项指标，官方明确规定“牛皮癣”图片将会影响到搜索排序结果，在其他因素相同的条件下，“牛皮癣”图片的宝贝排名靠后，有的类目还严重到下架扣分的地步。

我们先简单说一下什么是“牛皮癣”？“牛皮癣”指的是宝贝主图里面加了各种各样文字或者水印，这些东西的覆盖量超过了宝贝主图的五分之一，如图 5-19 所示的宝贝。

图 5-19 “牛皮癣”图片

图 5-19 中两个宝贝主图都是“牛皮癣”图片，其中，“牛皮癣”图片还有一个比较厉害的是直接在宝贝模特图上面写字，结果都是一样，这样的情况我们一定要避免。不过关于牛皮癣的严格程度，在不同的类目是有不同体现的，有的类目特别严格，有的类目相对比较宽松。

比如女装、女包等类目，宝贝主图牛皮癣的限制就比较高，我们搜索连衣裙一类的关键词，在搜索结果第一页是很少看到有牛皮癣宝贝的；不过，如笔记本、鼠标垫等类目，我们看到在搜索结果前几页，大片的宝贝都是牛皮癣主图。所以具体类目要做具体分析，在做主图之前可以先搜索自己经营的类目看看，如果搜索结果显示都是牛皮癣，那么你可以放心大胆地去做奇葩的主图；如果搜索结果前几页都是特别干净的宝贝主图，那就尽量不要在宝贝主图上面加各种水印。

这边跟大家先简单说一下，淘宝系统检索图片是否是牛皮癣的功能也一直在不断提升，今年筛选尤为严格。在第 4 章类目筛选机制里面，有很多类目都是直接过滤掉牛皮癣主图的，如果你发现你的宝贝所在类目对牛皮癣审核特别严格的话，那么尽量不要在主图上面做太多手脚，不然会丢失很多类目流量。如图 5-20 所示的宝贝，在搜索排名中还算可以，但是在类目排名中，都被系统过滤掉了。

图 5-20　以上宝贝被类目过滤掉了

明白了上面的道理，那你在做宝贝主图的时候，就要权衡搜索和类目两边的总体状况。主图上面有水印，主图点击率够高，搜索可以拿到更多的流量，但是拿不到类目流量；主图干净无水印，可以同时参与类目排名和搜索排名，但是可能在点击率上会比较弱。

接下来我就教大家如何来做一个高点击率的主图，根据以往的数据测试和我们自己学员的经验积累，我们木叶火总结了五种主图制作方法，大家只要学会这五招，就可以自由掌控自己宝贝主图的优化，打造全淘宝唯一的一张主图了。

讲方法之前，补充一点，大家看好自己店铺是天猫还是 C 店，主图优化这个课程更多的适用于 C 店，天猫店铺淘宝官方有规定主图做法，纯色背景，而且不能像 C 店一样做成这样花里胡哨的，这是没有办法的事情，如果是天猫店铺，那你的宝贝只能想办法在背景上出彩了。

5.3.3　主图优化第一招：标明宝贝身份

出来混，总是要有个名号的！淘宝号称每天上架 50 多万件宝贝，在这样变态的宝贝数目里面如果想让买家能第一眼看出来我们宝贝的与众不同，产生点击我们宝贝的欲望，那么我们一定要给自己的宝贝一个独特卖点，看下面几个案例。

1. 价格优势写价格

当我们分析市场发现自己的宝贝在同行业竞争里面确实有价格优势时，就可以在主图中体现我们宝贝的价格优势，这样买家在和同类宝贝对比的时候，就会迅速被我们的宝贝吸引过来，从而进入我们的店铺，如图 5-21 所示。这里要注意一点，没有价格优势的就不要乱写，之前我们有学员自己的宝贝卖 198 元，同行大多在 100 元左右，他还在主图里面写到特价 198 包邮，结果，你懂的。

图 5-21 价格优势

2. 质量优势写质量

图 5-22 中的这三款宝贝，我们相信大部分人都会被左边的图片吸引，因为它给了我们一个“加绒加厚”的描述，而且我告诉大家，这个宝贝结果是搜索“加绒加厚打底衫”呈现出来的，那么试想下，买家搜索这样的词，搜索之后宝贝主图又给了他这样的描述，那不仅点击率会飙升，转化率也会有同样的提升。

图 5-22　质量优势

3. 销量优势写销量

图 5-23 中的这三个宝贝，同样我们还是会被左边这个吸引，因为它不仅有独立于别人的背景，而且，底部标明了“热销 30 000 件”，无形中告诉我们这个宝贝已经有 3 万多人购买。当你的销量达到一定程度的时候，也可以参考使用这一招，不过一定要记住，是用文字结合数字来表达，如果你写“热销三万件”，那这样的效果就打折扣了。另外，大家还可以延伸到“好评数已超过 10 000 个”等类似的方法进行展示。

图 5-23　销量优势

虽然，我们在标明宝贝身份里给大家简单列举了三种方法，不过大家也可以根据自己的产品特点，参考同行卖家来选择更好的展示方法。

5.3.4　主图优化第二招：你晒整体，我晒局部；你晒外部，我晒内部

主图优化里面最重要的一个点是要夺人眼球，最大化的吸引客户来点击自己

的宝贝，在这样的原则下，淘宝卖家挖空心思研究点击率，我们也看到过非常变态的招数，下面看案例。

1. 你晒整体，我晒局部

图 5-24 的宝贝是我们搜索“打底裤”的结果，其中左起第三个宝贝主图相当的标新立异，大家都在拼模特图的时候，他直接把一条裤腿的内部展示出来，达到了意想不到的效果，虽然一个营销字都没有，但直接告诉买家，我这个打底裤里面是加绒加厚的，是质量最好的。

图 5-24 局部图

2. 你晒外部，我晒内部

图 5-25 是淘宝雪地靴里面的一个经典案例，卖家直接把雪地靴劈成两半，将内部结构呈现出来，在同行宝贝里面点击率迅速上升。大家操作的时候也可以借鉴此类方法，以博买家青睐。

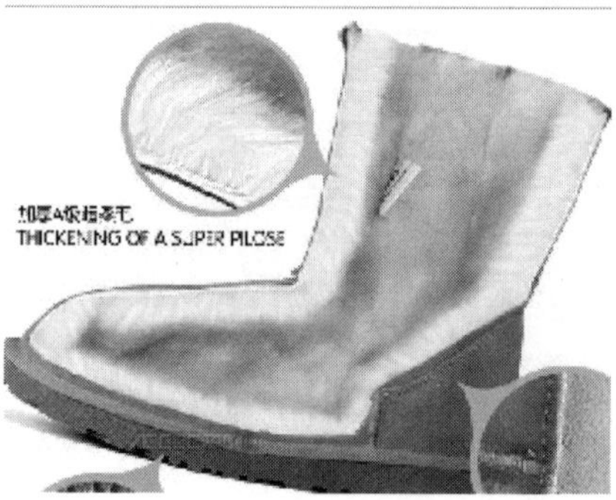

图 5-25 内部展示

5.3.5　主图优化第三招：背景杀人不偿命，哥就是一朵奇葩

有一些朋友是代销别人的产品，通常情况是代理商发给你一个数据包，拿过来以后直接就上架，这个问题是比较致命的。如果你不做任何修改直接上架的话，那最直接的就是同质化严重，如图 5-26 所示，每个宝贝都有一堆跟它一模一样的孪生兄弟，这样的结果是，卖家苦，买家更苦。

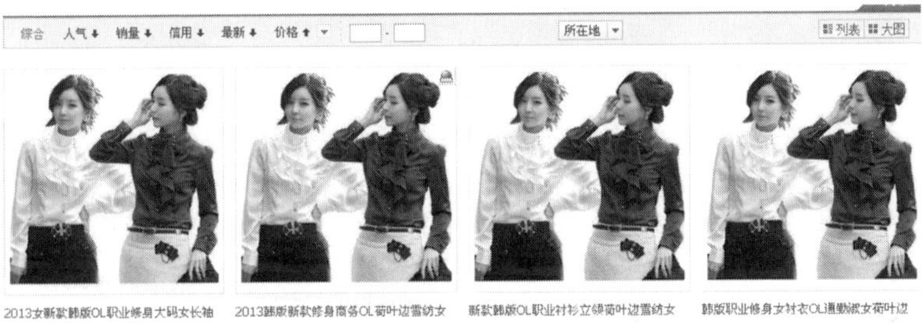

图 5-26　图片一模一样

所以，我一直跟大家讲要做独一无二的主图，代理商的宝贝主图已经泛滥，要坚决重新做主图。

如图 5-27 所示，从这四个宝贝主图中，我们可以明显看到第三张图片是超级吸引人眼球的，用独特的纯黄色背景在同行竞争中脱颖而出，所以，大家要掌握基本的作图方法，如抠图、换背景、加水印，这个可以到我们木叶火论坛相关版块下载学习。

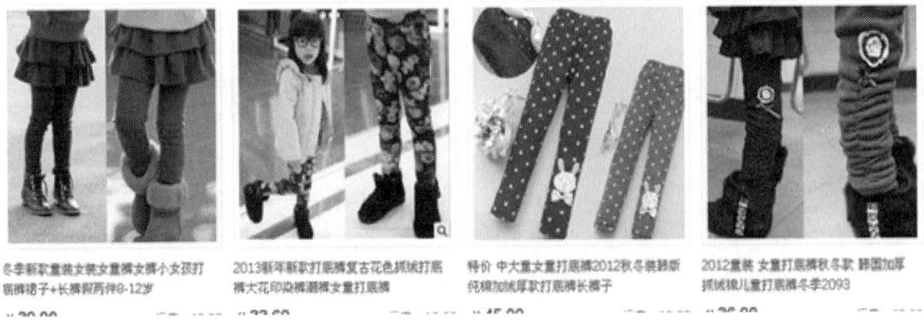

图 5-27　主图优化背景[1]

1　彩图请在彩插中查看。

另外，大家要注意，换背景的时候，一定要结合自己的宝贝来换，比如，你的宝贝颜色是黑色的，那肯定就不要用黑色的背景，宝贝颜色是粉色的，自然也不要用粉色的背景，要和自己宝贝有一个对比，实在不会颜色搭配的，可以参考下同行的背景处理，相信你会找到自己的灵感。

5.3.6 主图优化第四招：光芒万丈闯天下，你不点我你点谁

这个方法是我们目前用到的效果最好的一个方法，当然如果有一天淘宝系统明确指出这个方法不能用了，那大家一定要放弃。

在图 5-28 中我们可以很明显地看到四个宝贝，第二个宝贝加了一个红色的边框，这个是非常吸引人的手段，但是，大家要记住，这张图的营销文字是有问题的，极有可能被淘宝系统判定为“牛皮癣”图片。做营销字一定要按照我们上面教给大家的方法来做，不要想当然。

图 5-28 主图优化边框[1]

主图优化加红色边框，这个要根据自己宝贝的情况来进行操作，不一定非是红颜色的，其他颜色（蓝色、黑色、紫色等）都可以考虑，只不过要从美观的角度来做，我们有学员边框加出来特别粗，看起来不但不美感，反而有反作用。

[1] 彩图请在彩插中查看。

5.3.7　主图优化第五招：长拳短拳组合拳，打遍天下无敌手

不知道亲们有看过星爷的《武状元与苏乞儿》没有，星爷最后的大招就是降龙十八掌的第十八掌。但是，书里面只有十七掌，星爷被人打到快要挂掉的时候，突然悟出来第十八掌的精髓是把前面十七掌结合起来，从而翻盘将对手打败。主图优化的最后一招也就是前面四招的组合体，之所以将这样的招式展示给大家，主要是想说明一件事情，一定要活学活用。我们有学员学完主图优化以后就在那里死磕换背景图，怎么换怎么不好看，累得满头大汗，其实他只需要加边框，做好营销字就足够了。

图 5-29 是搜索“情侣戒指”的结果页面，其中，第二个宝贝主图就是打了组合拳，既有霸气的背景，也有宝贝身份标明，突出了价格优势及热卖程度。其他三个宝贝相比较而言就逊色多了，最后一个宝贝虽然有做加红框的处理，但跟第二个一比，黯然失色。而且还是我讲的一点，他这样做有可能被判为“牛皮癣”图片，因为他的文字直接加在背景上面了，这个是绝对不要做的。

图 5-29　主图优化[1]

基本上，我们只要掌握了这五种方法，就可以做出高点击率的图片，当然大家也可以在淘宝创业的路上，自己总结一些好的方法，补充到兵法里面来，随时备用。关于如何作图，这边我们木叶火论坛里面有一套简单的课程帮助零基础的亲们学习，如果是 PS 高手，那我相信这些小问题，你很轻松就可以搞定的。

1　彩图请在彩插中查看。

5.3.8 另类主图做法

淘宝之大，无奇不有，我们也看到过很多特别有个性的图片，比如，我们都知道宝贝主图有个放大镜的功能，我们的图片做成 800×800 像素就可以实现放大镜的效果，如图 5-30 所示。

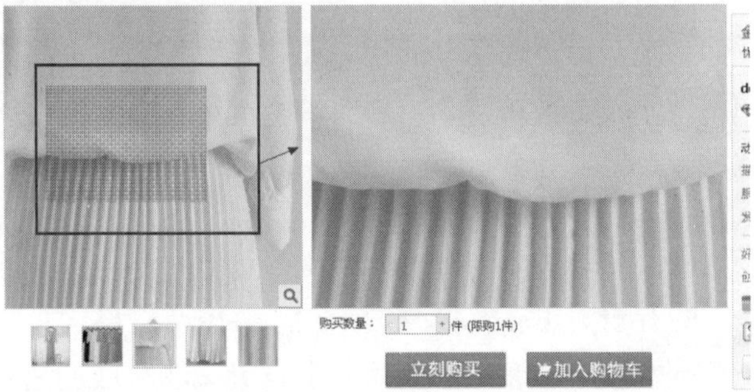

图 5-30 宝贝图片放大镜功能

一般情况下，我们也建议大家用正方形的图做放大镜功能，不过，有时候做成长方形也有意想不到的效果，如图 5-31、图 5-32 所示。

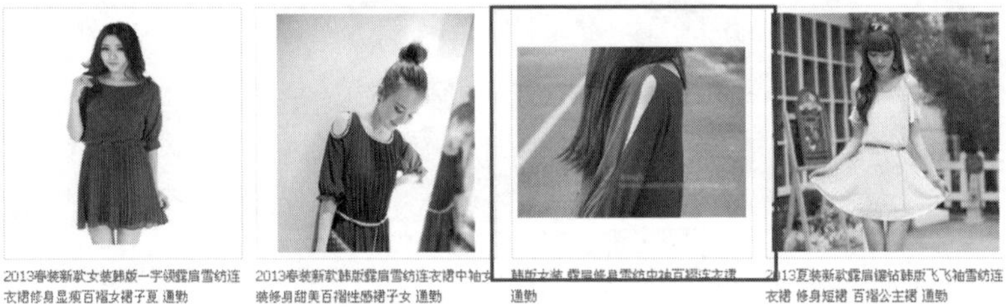

图 5-31 第三张主图做成“长方形的”

图 5-32 第二张和第四张也做成“长方形”

主图做成长方形的好像是比较差了，不过，我们发现在淘宝有些类目的新品馆和风格馆里面，现在的模式是“瀑布流”模式，也就是我们之前讲类目的时候讲到过的类似女装连衣裙风格馆的那种展示方式，如图 5-33 所示。

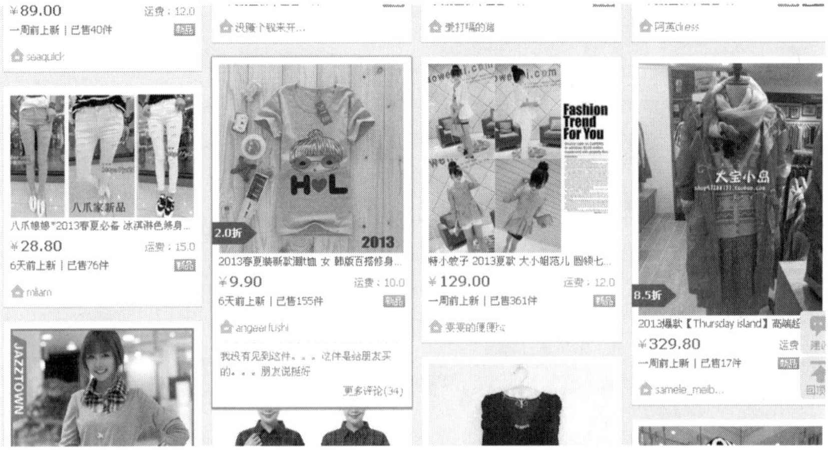

图 5-33　女装“新品馆”

目前看到的是女装里面的中老年服饰，以及各种风格馆、新品馆，这些宝贝的展示都是用的瀑布流模式，就是永远拉不到底部，看不到宝贝页数，在这种排列模式下会出现如下的情况。

我们看到实际展示出来的结果跟搜索结果不一样，淘宝搜索结果是，不管你的主图实际是什么样子，所有的宝贝主图都按照正方形的模式展示，而类目风格馆里面的排列模式是按照实际的主图情况来展示，比如，我们看到图 5-33 右侧的宝贝是长方形的主图，打开看到实际宝贝是如图 5-34 所示的大小。

所以，当我们的宝贝能进入风格馆或者新品馆的话，做个长方形的主图也未尝不可，等新品周期过去了，再换主图，可以最大限度地展示我们宝贝的款式，有朋友会问，我们如何知道自己可以进入新品馆呢？教大家一个简单的方法，自己的宝贝上架以后后面出现“新品”打标的，我们就可以做这种长方形的图片，如图 5-35 所示。

图 5-34　主图大小

图 5-35　“新品”打标

值得注意的是，要看下自己宝贝的款式适合不适合用长方形主图展示，如果宝贝适合用正方形主图展示，去做个长方形的主图，那么就实在是画蛇添足了，一定要活学活用。另外，去看下自己的类目，确实有如我们描述一样的“瀑布流”页面的，可以尝试做一些调整。

5.4　宝贝标题的优化

宝贝标题是 90%的淘宝卖家比较看重的一点，其实整本书看完，大家要清楚标题只不过是淘宝 SEO 里面很小的一部分而已，而且，修改标题不能直接给你带来流量，只能带来展示，具体店铺有没有流量还是要落实到之前的公式里，不仅要有展现量，还要看点击率。

5.4.1　标题和主图的关系

关于标题的优化本来计划安排到最后来讲得，不过，上面讲了主图，那么，紧接着我们就把标题也说一下，因为标题和主图有一定的关联性，所以趁热打铁，把标题讲一下。

大家在做标题的时候要有这样一个意识，不同的关键词对应的是不同的客户，我们在标题中放置每个关键词的时候都要想到这个关键词会带来什么样的客户，举个简单的例子，当买家搜索“白色连衣裙”的时候，那我们的买家肯定是想买白色的连衣裙，这个时候，我们的主图如果也是白色连衣裙，那点击率和转化率就会大大提升。但是相反，如果你只不过是随意写了白色连衣裙，可能你的宝贝是很多颜色的，里面恰好有白色的，主图用的是紫色或者黑色，那当买家搜索“白色连衣裙”时，虽然你的宝贝也能得到展现，但是点击率和转化率可能就要差一些，如图 5-36 所示。

图 5-36　淘宝搜索“白色连衣裙”的结果[1]

如图 5-36 所示，买家搜索“白色连衣裙”的时候第二个宝贝也会得到展示，但是这个主图是蓝色连衣裙，也就是没有匹配到买家的意图，大家做的时候要注意这个方面，标题围绕主图来做，主图围绕标题来做。

1　彩图请在彩插中查看。

当我们搜索“黑白条纹连衣裙”的时候，图 5-37 中的宝贝就是非常好的宝贝，非常精准的匹配到买家的意图，转化率和点击率都要高过同行的宝贝。

2013春款女装新款 黑白条纹连衣裙 韩版
大码修身显瘦长裙连衣裙夏

图 5-37　黑白条纹连衣裙[2]

另外，我们虽然讲的是连衣裙，所有的宝贝都有最匹配自己的关键词，主图和关键词布局一定要去匹配买家意图，再举几个简单的例子。

图 5-38 是我们搜索“内蒙古牛肉干”的宝贝展示，这个宝贝是比较好的主图和标题结合的例子，标题布局了“内蒙古牛肉干”，同样主图也布局了“内蒙古牛肉干”。

图 5-39 是我们搜索“聚拢文胸”的宝贝展示，主图很好地展示了这个功能，不过，唯一值得推敲的是该主图有“牛皮癣”的嫌疑，明显“牛皮癣”覆盖已经超过四分之一，这个大家要谨记。

2　彩图请在彩插中查看。

图 5-38 “内蒙古牛肉干”的宝贝展示

图 5-39 “聚拢文胸”的宝贝展示

图 5-40 是我们搜索“坡跟鱼嘴凉鞋”展示出来的宝贝，我们看到第二张主图明显把这三点展示出来了，坡跟、鱼嘴、凉鞋三个点都有，所以，不一定是要在主图上面写文字，选好拍摄角度把你的宝贝提炼出来也是非常不错的选择。

图 5-40 “坡跟鱼嘴凉鞋”的宝贝展示

5.4.2 关键词的获取

如果把我们的店铺当作一个线下的实体店铺，那么标题里面的每个关键词都是我们的推广员，不同的关键词代表不同的推广员，同时会为我们带来不同的客户。关键词是整个标题的灵魂组件，要做标题，我们必须要挖掘超多的关键词备用。实际上不仅仅是标题优化，包括我们开直通车，对于关键词的挖掘和筛选都是特别重要的。

网上有流传各种各样的关键词挖掘工具，我在这个圈子里面也摸爬滚打这么长时间了，用过的关键词工具没有几百种，也有几十种了。用来用去，还是淘宝官方的数据魔方淘词是最牛的关键词挖掘工具，没有之一！

淘词给出的数据最准确，同时也是最完善的，唯一的缺点是有门槛要求，必须要一钻以上才可以订购。不过，我了解的小道消息是官方会慢慢降低订购数据魔方的门槛，一钻以下的卖家在不久的未来，也可以直接订购数据魔方。淘词需要最少订购数据魔方标准版半年以上，如图 5-41 所示，到卖家服务中心（fuwu.taobao.com），搜索“数据魔方”，选择标准版，订购半年即可获得淘词。

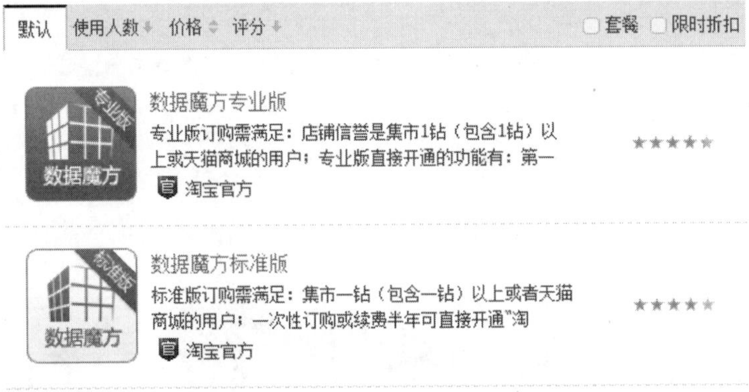

图 5-41 卖家服务中心“数据魔方”搜索结果

目前还不能购买的，可以先借朋友的用下，或者到淘宝搜索看看，有淘词出租的。另外，建议一定要快速突破一钻这个门槛，因为不仅仅是订购数据魔方的限制，很多淘宝官方的活动也是有比较严格的限制的，要求必须在一钻以上才可以参加。

还有，值得注意的是，订购数据魔方标准版的时候，选择类目一定要选择自己经营的类目。订购成功后，打开数据魔方，在左侧的导航栏里面找到“淘词”选项，如图 5-42 所示，我们主要用行业热词榜和全网关键词查询这两个功能来挖掘关键词。

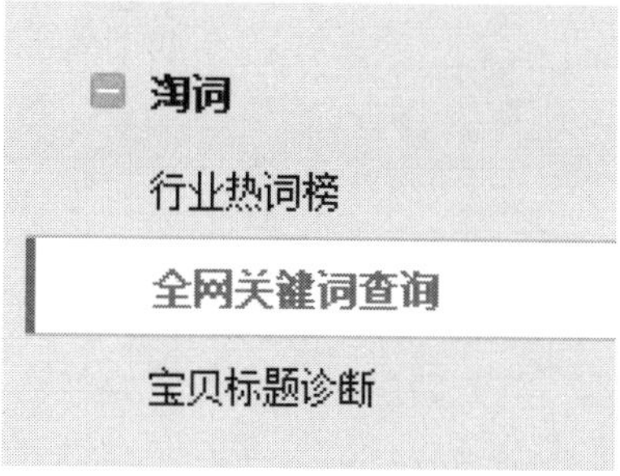

图 5-42　数据魔方淘词工具

关于关键词的挖掘我们分两个步骤，第一，找到 10 到 20 个左右的热搜主关键词，第二，利用这些主关键词和淘词工具，挖到 3 000 以上的关键词，下面我们分别进行详细讲解。

第一，找到 10 到 20 个热搜词

淘词工具里面的行业热词榜，是为了给出宝贝所在类目的行业热搜词 TOP 500，我们在查看行业热搜词的时候，一定要先找到自己宝贝所在的细分类目，如图 5-43 所示，比如我们是卖比基尼的，就要一步步筛选先找到自己所在行业热搜词 TOP 500。

图 5-43　在行业热词榜中选择自己宝贝所在类目

选择好自己的类目之后，我们要选择最近 7 天的数据，同时点击右上角的导

出数据，把这些数据全部导出来存档，如图 5-44 所示步骤。

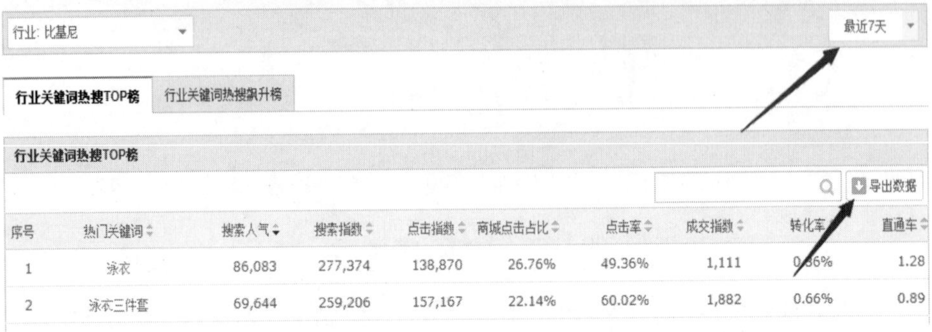

图 5-44 导出宝贝所在类目的行业热词榜

在导出的行业热词榜中，我们按照搜索人气从高到低排序，依次选择跟我们宝贝相关的行业热词，选 10 到 15 个左右，如图 5-45 所示。

7	序号	热门关键词	搜索人气	搜索指数	点击指数	商城点击占	点击率	成交指数	转化率	直通车
8	1	泳衣	86083	277374	138870	26.76%	49.36%	1111	0.36%	1.28
9	2	泳衣三件套	69644	259206	157167	22.14%	60.02%	1882	0.66%	0.89
10	3	泳衣 女	56608	189403	109776	35.22%	57.32%	953	0.45%	1.17
11	4	bikini	43946	171914	112901	26.77%	65.11%	1304	0.69%	0.97
12	5	比基尼 泳衣	22642	80734	48141	24.71%	59%	492	0.55%	0.96
13	6	泳衣 女 小胸 聚拢	20780	60615	37487	18.28%	61.24%	404	0.60%	0.92
14	7	比基尼 三件套	9942	39265	27040	30.86%	68.34%	452	1.05%	1.03
15	8	游泳衣 女	6380	22797	12509	38.36%	54.20%	116	0.45%	1.34
16	9	韩国泳衣	6179	16709	8558	9.40%	50.53%	72	0.38%	0.84
17	10	泳衣 女 小胸 聚拢三件	6073	21377	12367	21.73%	57.21%	114	0.48%	0.71
18	11	泳装韩国性感三件套	5931	19739	11671	9.62%	58.50%	140	0.64%	0.5
19	12	泳衣 女 分体	5914	17308	8938	20.28%	50.95%	93	0.48%	0.89
20	13	比基尼泳衣三件套	5650	21158	13601	26.97%	63.71%	199	0.85%	0.95
21	14	泳衣 钢托	5497	19714	11863	19.44%	59.56%	95	0.43%	1.1
22	15	泳衣 女 三件套	5005	17898	10525	34.42%	58.17%	117	0.59%	0.82
23	16	泳衣 分体	4752	14586	6555	21.14%	44.21%	53	0.32%	1.03
24	17	泳衣四件套	4310	14614	8453	26.52%	57.20%	96	0.59%	0.88
25	18	比基尼泳衣	4014	15964	10543	20.22%	65.49%	107	0.60%	0.96
26	19	泳衣三件套遮肚	3945	11261	6149	15.09%	53.94%	123	0.99%	0.77
27	20	泳衣 三件套 韩国	3900	11642	6094	10.47%	51.66%	73	0.56%	0.78

图 5-45 行业热词榜按照搜索人气从高到低排序

在选择热搜词的时候，一定要选择和自己宝贝相关的，比如我们现在是为一款带钢托的比基尼选择热搜词，那么可以按照表格依次选择泳衣、泳衣 女、bikini、比基尼 泳衣、泳衣 女 小胸 聚拢、游泳衣 女、泳衣 钢托、比基尼泳衣等。和我们宝贝不相关的就不要选择，比如泳衣三件套、韩国泳衣、分体泳衣等，这些关键词和我们的宝贝相关性比较弱，就算放在标题里面，排名也不会靠前。

上面的热搜词选择是极其重要的环节，一定要慎重选择，不然你挖掘到的关键词可用的就特别少。

第二，3 000 关键词获取

我们选好热搜词之后，打开淘词的全网关键词查询，然后依次搜索找到的热搜词，每个热搜词在淘词中都会搜索出 500 个关键词，如图 5-46 所示。这样我们就有了 10 到 15 个热搜词，通过淘词搜索获取之后，基本上可以挖掘到 5 000 到 7 500 左右的备用关键词。

图 5-46　淘词全网关键词查询热搜词

在全网关键词查询的时候，和行业热词榜一样，右上角同样要选择 7 天。不过唯一不好的一点是全网关键词查询没有导出数据的功能，需要手动复制粘贴到 Excel 表格里。不过也可以用谷歌浏览器来操作会相对简单一些，先用鼠标选中全网关键词查询第一页的数据，如图 5-47 所示。然后复制粘贴到 Excel 表格里，接下来只需要依次单击第 2 页，复制粘贴到 Excel 表格中；第 3 页复制粘贴到 Excel 表格中等。

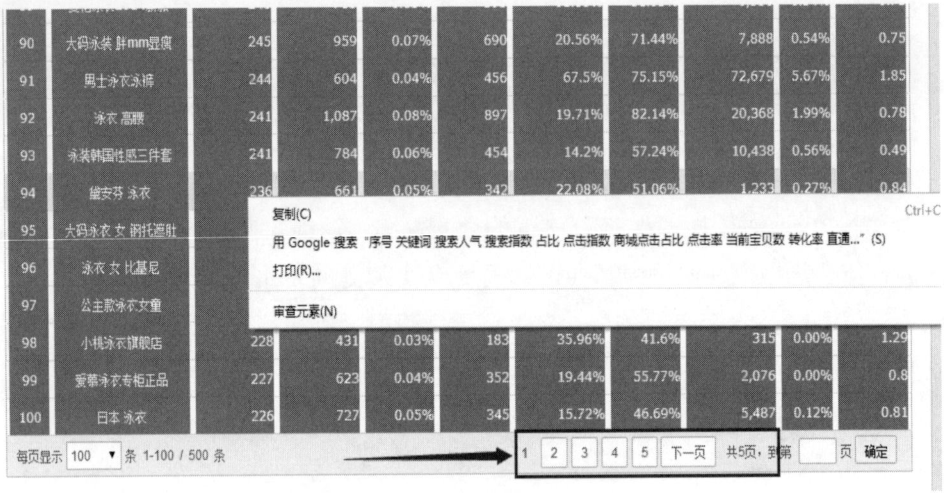

图 5-47 淘词全网关键词查询的数据导出方法

依次把之前找到的热搜词都按照这个步骤来操作，就可以把所有的关键词汇总到 Excel 表格中，如图 5-48 所示。然后我们就可以进一步进行筛选处理了。

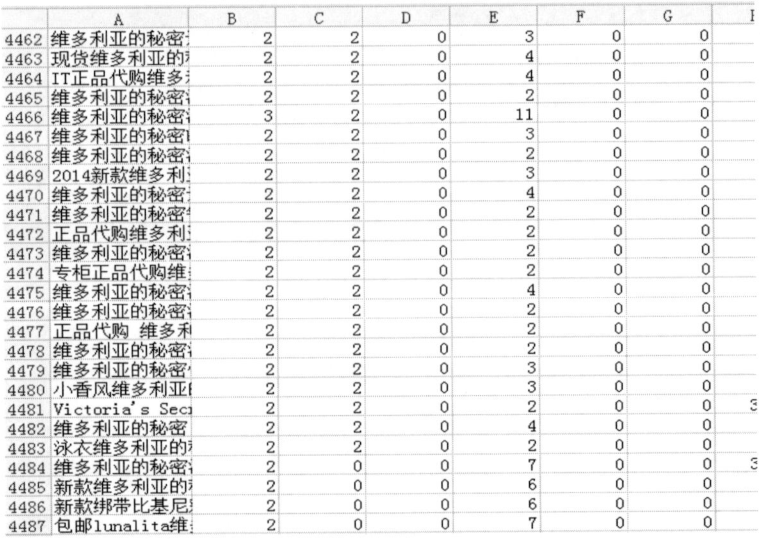

	A	B	C	D	E	F	G
4462	维多利亚的秘密	2	2	0	3	0	0
4463	现货维多利亚的	2	2	0	4	0	0
4464	IT正品代购维多	2	2	0	4	0	0
4465	维多利亚的秘密	2	2	0	2	0	0
4466	维多利亚的秘密	3	2	0	11	0	0
4467	维多利亚的秘密	2	2	0	3	0	0
4468	维多利亚的秘密	2	2	0	2	0	0
4469	2014新款维多利	2	2	0	3	0	0
4470	维多利亚的秘密	2	2	0	4	0	0
4471	维多利亚的秘密	2	2	0	2	0	0
4472	正品代购维多利	2	2	0	2	0	0
4473	维多利亚的秘密	2	2	0	2	0	0
4474	专柜正品代购维	2	2	0	2	0	0
4475	维多利亚的秘密	2	2	0	4	0	0
4476	维多利亚的秘密	2	2	0	2	0	0
4477	正品代购 维多利	2	2	0	2	0	0
4478	维多利亚的秘密	2	2	0	2	0	0
4479	维多利亚的秘密	2	2	0	3	0	0
4480	小香风维多利亚	2	2	0	3	0	0
4481	Victoria's Sec	2	2	0	2	0	0
4482	维多利亚的秘密	2	2	0	4	0	0
4483	泳衣维多利亚的	2	2	0	2	0	0
4484	维多利亚的秘密	2	0	0	7	0	0
4485	新款维多利亚的	2	0	0	6	0	0
4486	新款绑带比基尼	2	0	0	6	0	0
4487	包邮lunalita维	2	0	0	7	0	0

图 5-48 淘词全网关键词查询的数据导出结果

如图 5-48 所示，我们看到大概有 4 400 左右的关键词备用，实际上这些词里面有些关键词是不能用的，需要进一步的进行筛选。

5.4.3　关键词的筛选处理

淘词的全网关键词查询给出的数据比较丰富，涵盖了关键词的搜索人气、搜索指数、占比、点击指数、商城点击占比、点击率、当前宝贝数、转化率、直通车平均点击单价，一共 9 项数据，如图 5-49 所示。

全网关键词排行

序号	关键词	搜索人气	搜索指数	占比	点击指数	商城点击占比	点击率	当前宝贝数	转化率	直通车
1	泳衣	80,396	341,085	27.68%	173,038	41.28%	50.03%	1,358,527	0.62%	1.28

图 5-49　淘词全网关键词查询的关键词数据项

这里要先强调下指数这个概念，比如搜索人气、搜索指数、点击指数这些实际上并不是实际的数据，比如泳衣这个词，如图 5-49 所示，搜索人气是 80 396，并不代表昨天有 80 396 个人搜索该关键词。而是把昨天的实际搜索人数经过处理之后，得出 80 396 这个数据。

因为大家都用一样的工具，我们在实际运用的过程中，可以直接认为昨天的搜索人数就是 80 396；不过心里要清楚实际的搜索人数并不是这么多。另外，淘词统计数据只统计买家登录旺旺号之后的搜索数据，没有登录旺旺账号的搜索是不计入到这个数据里的，所以实际的搜索要比给出的数据更高，这个也要注意。

知道这两个概念之后，我们接下来要对之前的 4 000 多个关键词进行处理，我们首先按点击指数从低到高排序。操作步骤是选中点击指数那一列，然后点击数据、选择升序、选中扩展选定区域、点击排序就可以了，如图 5-50 所示。当然我演示时用的是 WPS 表格，与 Excel 的操作差不多。

然后我们在排序结果中直接删除掉 7 天点击指数在 100 以下的关键词，这些关键词 7 天的点击指数才 100，也就是全网一天的点击才不到 10 次，就算我们排名在第一页，主图按照点击率 100%计算，一天才带来 10 个流量。这种关键词放在标题里面是没有意义的，如图 5-51 所示。

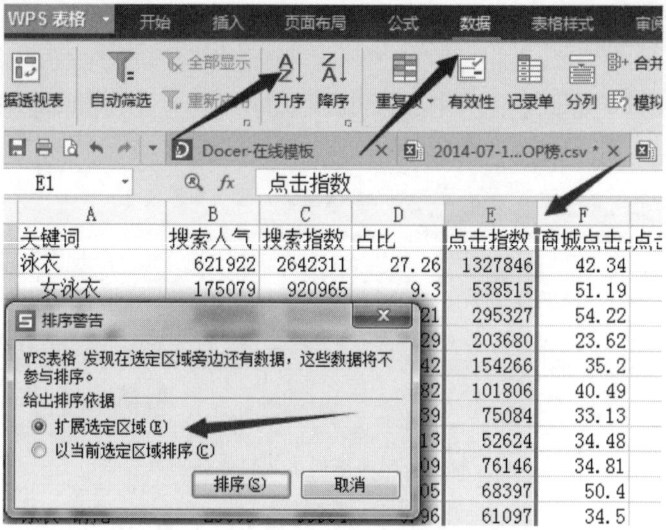

图 5-50　关键词按点击指数从低到高排序

图 5-51　删除点击指数在 100 以下的关键词

然后我们再按照商城点击占比从高到低排序，操作步骤同上，选中商城点击占比这列数据，进行从高到低排序，如图 5-52 所示。

商城点击占比是指买家搜索关键词后，点击进入商城宝贝详情页的百分比。关键词的商城点击占比越高，说明该关键词带来的买家更倾向于购买商城的宝贝。所以如果你是 C 店商家，那么商城点击占比在 80%以上的关键词基本都可以删掉了，因为就算你用了这样的关键词，成交的可能性也比较低。

	A	B	C	D	E	F
1	关键词	搜索人气	搜索指数	占比	点击指数	商城点击占比
2	小胸聚拢钢托泳装2	167	627	0.11	370	97.6
3	泳衣 女 分体 裤裙	393	1137	0.03	478	97.23
4	泳衣钢托 女 连体衤	240	862	0.02	780	97.09
5	泳衣 女 钢托 分体	43	229	0.04	124	97.06
6	小桃泳衣 女 钢托	85	195	0.03	164	96.7
7	比基尼泳衣披纱	266	752	0.65	558	96.54
8	泳衣 女 小胸 钢托	39	145	0.02	101	96.4
9	奢奇泳衣 女 钢托	90	284	0.05	224	95.6
10	泳衣 女小胸 钢托	86	293	0.05	139	94.77
11	泳衣 女 连体 裙式	145	453	0.01	284	93.73
12	女士平角比基尼泳衤	41	159	0.13	131	93.06
13	泳衣 女 平角 连体	285	1204	0.03	880	92.88
14	三点式性感内衣	99	230	0.02	200	92.83
15	i游泳衣 2014新款	785	3245	0.4	914	92.67
16	2014泳装 女 显瘦	126	541	0.01	284	91.85
17	2014比基尼泳衣三件	76	232	0.2	111	91.8

图 5-52　商城点击占比从高到低排序

在实际操作中，我们发现越是品牌类的关键词，天猫商城点击占比就越高。如果你发现你所在的类目挖掘到的关键词，几乎商城点击占比都在 80%以上的话，那么就不要对这一项进行筛选了。不过值得注意的是，你的类目可能做 C 店并不是特别的容易，要考虑是否换类目经营。

这个步骤操作完之后，我们再把转化率这一列从低到高进行排序，如图 5-53 所示，把转化率是 0 的关键词全部删除，这样的关键词在全网都没有成交，我们用也是不会有成交的。

	A	B	C	D	E	F	G	H	I
1	关键词	搜索人	搜索指	占比	点击指	商城点	点击率	当前宝	转化率
2	歌瑞尔 泳衣 女	165	417	0.01	298	72.84	71.13	3435	0
3	游泳衣 女 韩国	68	271	0.03	115	70.63	41.45	16203	0
4	大码钢托显瘦泳	72	271	0.05	208	57.76	76.57	22330	0
5	泳衣女小胸 聚拢	138	185	0.04	138	55.92	73.79	14	0
6	2014比基尼泳衣	65	220	0.19	136	54	61.22	139569	0
7	女式比基尼泳衣	48	133	0.11	110	52.89	82.31	11787	0
8	泳衣 女 聚拢 钅	29	124	0.02	101	47.27	80.88	65211	0
9	三点式比基尼泳	92	222	0.02	111	46.72	49.19	3588	0
10	游泳衣 女 分体	50	200	0.02	114	43.2	56.05	4474	0
11	泳衣小胸钢托保	31	168	0.03	174	39.38	103.8	36796	0
12	游泳衣 女 性感	109	378	0.04	211	38.72	55.04	181926	0
13	浩沙游泳衣 女	54	178	0.02	101	36.94	56.06	4781	0
14	女童游泳衣比基	58	253	0.03	151	36.53	59.01	6614	0

图 5-53　点击率从高到低排序

删除转化率是 0 的关键词之后，我们再结合宝贝的属性和类目进行深度处理，比如我们的泳衣不是中老年风格，也不是儿童类型的，就要删除掉包含中老年和儿童的关键词；比如我们的比基尼是不带钢托的，那么就要删除钢托类的关键词，比如我们的品牌是 VICTORIA'S SECRET，那么就要删除其他品牌的关键词等。

操作步骤比较简单，选中关键词这一列数据，点击表格顶部的数据，选择自动筛选，我们就会看到在关键词这个导航位置上有个三角标，单击就可以进行关键词筛选，如图 5-54 所示。

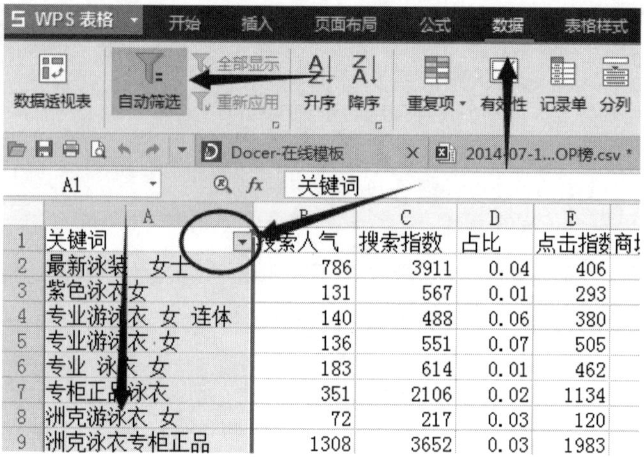

	A	B	C	D	E
1	关键词	搜索人气	搜索指数	占比	点击指数
2	最新泳装 女士	786	3911	0.04	406
3	紫色泳衣女	131	567	0.01	293
4	专业游泳衣 女 连体	140	488	0.06	380
5	专业游泳衣 女	136	551	0.07	505
6	专业 泳衣 女	183	614	0.01	462
7	专柜正品泳衣	351	2106	0.02	1134
8	洲克游泳衣 女	72	217	0.03	120
9	洲克泳衣专柜正品	1308	3652	0.03	1983

图 5-54 关键词数据筛选操作

点击图 5-54 所示的关键词数据右上角的三角标，就可以对关键词进行筛选，如图 5-55 所示，我们搜索“童”这个词，就会把所有包含“童”的关键词筛选出来，然后我们删除全部包含“童”的关键词；再点击三角标，搜索“老年”，再删除全部包含“老年”的关键词；反复操作，把和我们宝贝属性、类目不相关的词全部删除。

这一步是比较烦琐但是又极其重要的工作，熟悉 Excel 的朋友可以直接单击文本筛选，操作会相对容易一些。经过这样层层筛选之后，剩下的关键词就是我们这个宝贝可以用的关键词数据库了，做好备份存档。

图 5-55　搜索“童”，单击“确定”按钮即可把所有包含“童”的关键词筛选出来

4 000 左右的关键词经过上面的步骤详细处理之后，还会剩下几百个或者 1 000 个左右，对于我们宝贝来讲都是特别精准的关键词，在后期我们宝贝标题需要更换关键词的时候，也要用到这个关键词数据库，所以关键词的挖掘和筛选是极其重要的环节。

有的小类目关键词本身比较少，建议多放几个行业热词，同时在筛选的时候，适当放宽筛选条件，比如商城点击占比这一项不做筛选。这样才能保留更多的关键词，不然本来类目关键词就少，筛选过后，几乎就没有了。

最后值得注意的是，在关键词筛选的最后，参考宝贝属性和类目，对关键词进行筛选之前，一定要记得存档。因为不同的宝贝，属性也不相同。这个存档的数据可以用在店里同类目的其他宝贝上，只不过根据不同属性进行筛选，得出的是不同属性的宝贝关键词数据库。

手动处理这些数据相对而言会有点辛苦，我们木叶火论坛正在开发一款特别霸气的关键词筛选工具，预计会在不久的将来和大家见面，书友回头可以直接联系我们网站客服索取，会统一发给大家。

5.4.4 高流量标题打造

1．宝贝标题公式

根据 5.4.3 节的内容，我们可以把找到的大量关键词筛选出来，为我们所用，接下来就是用关键词组合来打造标题，大家应该在各种网站上看到过标题打造公式，这里我要说的是，不要迷恋任何标题公式。

到现在我试验过各种“高手”给出的标题公式，还没有发现哪个公式是最完美的组合，总是各有利弊，甚至不客气地讲，那些高手给出的标题公式，有时候还没有我们随便写的标题带来的展现量多。看了大量的数据，做了大量的测试，关于标题公式，我唯一能给出的，就是一个不是公式的公式。

宝贝标题=营销关键词+宝贝标题

将这个标题公式解释一下，就是要大家把营销关键词放在最前面，关键词按照通顺度为主做成宝贝标题放在后面，这样的目的主要是为了提高宝贝点击率，因为我们的阅读习惯是从左往右，把营销词放在前面，可以增加我们宝贝的点击率，比如图 5-56 中的宝贝。

图 5-56 关键词“连衣裙”人气宝贝排名

我们可以看到所有人气宝贝排名几乎都符合这个规则的，前面都有营销词做铺垫，这里我们把常用的营销词写下来，大家也可以把看到的好的营销词存下来备用。

- 第一类营销词：XXX 年新款、XX（品牌名字）正品、清仓、爆款、热卖、冲 X 钻、冲皇冠、反季特卖、假一赔十等。
- 第二类营销词：包邮、特价、秒杀、促销、新品等。
- 为什么要分成两类来讲，这边解释一下，因为第一类营销词，基本上是大家都可以用的，而第二类营销词就不可以乱用了，我们可以搜一下“连衣裙包邮”。

如图 5-57 所示，我们看到，搜索关键词里面带“包邮”两个字的话，会自动跳转到值得买的免运费纬度，就算你的标题里面没有写运费，但是宝贝实际上是包邮的，搜索免运费也能找到你，反过来，如果你的宝贝本身不是包邮的，标题写了包邮，那么搜索包邮也找不到你，因为淘宝搜索系统会识别“包邮”这个关键词，跳转到“免运费”这个三级导航里面去。

图 5-57　搜索关键词“连衣裙包邮”

同样搜索“促销连衣裙”，也一样会自动跳转到值得买入口，如图 5-58 所示。

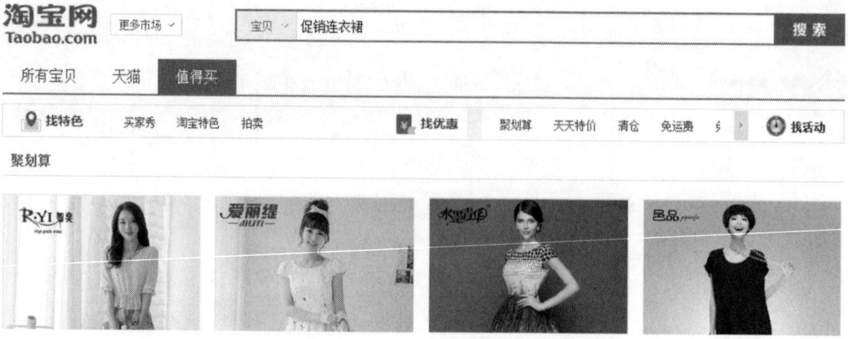

图 5-58 搜索关键词“秒杀连衣裙”

搜索“连衣裙清仓”会跳转到值得买清仓频道，如图 5-59 所示。

图 5-59 搜索关键词“连衣裙清仓”

所以，大家在使用营销关键词的时候，不要乱用，一定要看看自己宝贝符合不符合这个营销词的特性，实际去淘宝上搜索一下，看看这个营销词有没有被淘宝自动跳转划分为其他导航，不然的话，就算用了这样的词也白用。比如，我们的宝贝明明没有打折，宝贝标题写打折促销或者秒杀，买家搜索的时候都找不到你。这里我们把营销词简单地讲了一下，下面就讲关键词组合做标题。

2. 新上架宝贝的标题制作

一个刚上架的新宝贝和一个销量已经很高的宝贝，宝贝标题的做法一定是不一样的。新宝贝自身宝贝权重很低，就算用了很多搜索指数特别高的关键词，也很难拿到流量。因为它的权重特别低，排名特别靠后。销量很高的宝贝，宝贝权重一般都比较高，这样的宝贝如果用的关键词搜索指数特别低，则对于宝贝来讲是特别大的浪费。

所以，我们会分别用两种方法来教大家做标题。一种适合新上架的宝贝，一种适合销量比较高的宝贝。

在为新上架的宝贝做标题的时候，我们要引入一个竞争度的概念。打开之前挖掘到的关键词数据库表格，在表格的右端新建一列数据，命名为竞争度。

竞争度=宝贝搜索指数/当前宝贝数量

如图 5-60 所示，我们按竞争度的公式，在竞争度下面第一个数据中输入“=C2/H2”，C2 代表搜索指数、H2 代表当前宝贝数。输入之后点击回车键就可以算出第一个关键词“泳衣”的竞争度。

A	B	C	D	E	F	G	H	I	J	K
关键词	搜索人气	搜索指数	占比	点击指数	商城点击	点击率	当前宝贝数	转化率	直通车	竞争度
泳衣	621922	2642311	27.26	1327846	42.34	49.55	1358527	0.63	1.28	=C2/H2
女泳衣	175079	[illegible]	9.3	538515	51.19	57.84	909186	0.87	1.21	
泳衣 女	102976	[illegible]	5.21	295327	54.22	55.92	[illegible]	0.77	1.21	
泳衣三件套	83047	332814	3.29	203680	23.62	60.59	[illegible]	0.67	0.93	
游泳衣 女	59547	291815	[illegible]	160365	55.7	54.29	909271	0.97	1.32	
泳衣 女 小胸 聚拢	61922	246531	2.42	154266	35.2	61.98	290280	0.77	0.93	
bikini	45853	184959	21.78	120106	28.22	64.37	98239	0.69	1.01	
泳衣 连体	42093	186234	1.82	101806	40.49	54	505186	0.91	1.57	
大码泳衣	26593	112676	1.09	76146	34.81	67.04	156386	1.04	1.2	
泳衣 女 分体	33436	142944	1.39	75084	33.13	51.84	275091	0.97	0.88	
泳衣女 保守泳装	26868	108590	1.05	68397	50.4	62.4	174648	1.12	1.23	

图 5-60　表格计算“关键词竞争度”

然后我们把鼠标移动到第一个竞争度数据的右下角，会看到一个小十字架的符号，按住鼠标左键向下拖动，即可把所有关键词的竞争度全部算出来，如图 5-61 所示。

G	H	I	J	K
点击率	当前宝贝数	转化率	直通车	竞争度
49.55	1358527	0.63	1.28	1.944982323
57.84	909186	0.87	1.21	1.012955545
55.92	909263	0.77	1.21	[illegible]
60.59	241009	0.67	0.93	[illegible]
54.29	909271	0.97	1.32	0.320932923
61.98	290280	0.77	0.93	0.849286895
64.37	98239	0.69	1.01	1.882745142
54	505186	0.91	1.57	0.36864442
67.04	156386	1.04	1.2	0.720499277
51.84	275091	0.97	0.88	0.519624415
62.4	174648	1.12	1.23	0.621764921
60.51	420092	0.71	1.11	
44.34	367030	0.55	1.02	

图 5-61　批量计算关键词的竞争度

一直拖动鼠标到最后一行数据，就可以全部算出所有关键词的竞争度。然后我们再按照之前讲过的排序方法，把竞争度这一列数据按照从高到低进行排序，排序结果如图 5-62 所示。

A	B	C	D	E	F	G	H	I	J	K
关键词	搜索人气	搜索指数	占比	点击指数	商城点击	点击率	当前宝	转化率	直通车	竞争度
小桃泳衣海波特女大小胸	104	141	0.03	115	46.83	80.77	1	3.21	0	141
奥莉同款泳衣	1150	1547	0.01	1724	4.83	111.69	46	1.61	0.54	33.63
李小璐同款泳衣	3460	5783	0.05	6295	15.51	109.04	223	2.03	0.29	25.93
听浪2014新款裙式连体泳	148	227	0.03	264	76.01	117	14	18.18	0	16.21
比基尼女郎韩版宽松无袖	121	160	0.02	293	0	185.88	12	6.78	0	13.33
泳衣亲子装母女新款	2805	7188	0.07	4106	29.9	56.47	565	0.51	0.56	12.72
小桃泳衣旗舰店	2155	3796	0.03	1443	39.25	37.27	315	0.29	1.29	12.05
大码泳衣 胖mm200斤	4032	15085	0.14	11282	5.71	74.35	1277	1.31	0.83	11.81
比基尼三件套 亮花泳装	39	57	0.03	128	0.71	231.15	5	4.92	0	11.4
女式泳装加大加肥特大	173	762	0.02	598	6.61	78.1	71	1.38	0	10.73
盛夏的樱花树－韩国小胸	178	236	0.03	241	7.81	101.89	25	3.03	0	9.44
韩国性感bikini钢托小胸	49	66	0.08	117	5.47	180.28	7	7.04	0	9.43
爸爸回来了李小璐同款比	117	163	0.14	241	5.95	149.44	18	4.44	0	9.06
小桃泳衣 女 裙式连体游	160	221	0.04	299	53.57	136.59	26	34.55	0	8.5
body pops 泳衣	1177	3691	0.03	2428	8.43	65.22	453	0.32	0.5	8.15
2014新款欧密雅泳衣分体	167	419	0.01	503	1.58	120.46	52	9.28	0	8.06
性感波点时尚大码钢托款	71	120	0.06	155	1.75	129.55	15	11.36	0	8
韩国泳衣分体平角钢托聚	70	112	0.02	125	2.19	111.38	14	9.76	0	8
victoria secret bikini	385	1333	0.14	897	0.39	66.71	170	0.13	0.4	7.84
韩国防晒泳衣女小胸钢托	74	101	0.05	135	8.72	135.45	13	18.18	0	7.77
韩国连体裙式平角游泳衣	127	181	0.02	171	15.26	94.53	24	9.95	0	7.54

图 5-62　关键词数据库按照竞争度从高到低排序

经过这样一系列的处理，我们就会发现一些特别不错的关键词，比如“李小璐同款泳衣”7 天的搜索是 5 000 多次，宝贝数量只有 200 多件，这种词我们用在新宝贝里面，是很容易拿到搜索流量的；再比如“大码泳衣 胖 mm200 斤”这个词大概有 15 000 的搜索指数，宝贝数量只有 1 000 多个。

然后我们依次从数据库中选出适合我们当前宝贝的关键词（这边我们的宝贝是一款大码比基尼），并且放在记事本文件里面，如图 5-63 所示。写的时候一定要一行一个，原样复制粘贴，带空格的还带空格，紧密排列的依然紧密排列。

当然可以从关键词数据库里拿到很多关键词，估计差不多够 30 个字就可以停下来了，不用全部放到记事本文件里。然后我们可以按照一定的方式来对这些关键词进行标题组合，如图 5-64 所示。

文件(F) 编辑(E) 格式(O) 查看(V) 帮助(H)

大码泳衣 胖mm200斤
女式泳装加大加肥特大
victoria secret bikini 2014
大码女式泳衣
大胸泳衣d罩杯
大胸钢托泳衣泳装C罩杯
胖mm大码 比基尼泳衣
品牌泳装专柜正品女

图 5-63 按照竞争度从高到低，获取我们宝贝相关的关键词

关键词	7 天搜索指数
大码泳衣 胖 mm200 斤	15085
女式泳装加大加肥特大	762
victoria secret bikini 2014	1333
大码女式泳衣	42384
=======victoria secret bikini 2014 大码女式泳衣泳装加大加肥特大胖 mm200 斤（超 2 字）	
大胸泳衣 d 罩杯	3154
大胸钢托泳衣泳装 C 罩杯	1339
胖 mm 大码 比基尼泳衣	1618
品牌泳装专柜正品女	3167

图 5-64 关键词合并

我们把记事本文件里面所有的关键词都按照上面的组合方式做一个合并，同时还需要参考 7 天搜索指数的数据，在做组合的时候有几个特别需要注意的事项，要强调一下。

（1）尽量不要打破关键词的原有结构

实际操作证明，如果我们的标题关键词布局形式和买家的搜索关键词相同的时候，那么在其他条件（宝贝权重）相同的情况下，我们的宝贝排名会更靠前。

如图 5-64 所示的关键词“大码女式泳衣”，我们在标题中紧密排列，就比其他分散写在标题中的宝贝排名更靠前，所以尽量不要打乱关键词的原有结构。

不过在实际操作过程中，是不可能做到 100%不打乱所有关键词结构的。那么在做抉择的时候，搜索指数最高的那个关键词的结构一定不要打破，比如上面 8 个关键词里面，“大码女式泳衣”这个关键词的搜索指数最高，那么我们无论怎么做标题，都要保证这个关键词的紧密排列。

我们用前 4 个词组合的标题是“victoria secret bikini 2014 大码女式泳衣泳装加大加肥特大胖 mm200 斤”，实际已经超出标题 30 个字的限制。同时我们发现在后面有更好的关键词备用，所以删除“女式泳装加大加肥特大”这个关键词，选择和后面的关键词来做组合。如下所示。

关键词　7 天搜索指数
大码泳衣 胖 mm200 斤　15085
女式泳装加大加肥特大　762　（放弃不用）
victoria secret bikini 2014　1333
大码女式泳衣　42384
=======victoria secret bikini 2014 大码女式泳衣胖 mm200 斤
大胸泳衣 d 罩杯　3154
=======victoria secret bikini 2014 大码女式泳衣胖 mm200 斤大胸 d 罩杯
大胸钢托泳衣泳装 C 罩杯　1339
胖 mm 大码 比基尼泳衣　1618
品牌泳装专柜正品女　3167

（2）合理删除重复关键词

在保留关键词原有结构的同时，还要删除重复关键词。去除重复关键词的目的是使我们的宝贝标题覆盖更多的关键词，增加被搜索到的几率。还是拿出上面的一组关键词来进行讲解，如下所示。

victoria secret bikini 2014 大码女式泳衣胖 mm200 斤
大胸泳衣 d 罩杯
=======victoria secret bikini 2014 大码女式泳衣胖 mm200 斤大胸 d 罩杯

这两组关键词在组合的时候，“泳衣”这个关键词是重复的，所以需要合并，保留之前紧密排列的“大码女式泳衣”，去掉“大胸泳衣 d 罩杯”中的“泳衣”。

有的朋友听信谣言，把一些主词在标题中重复放置，比如“泳衣”重复 4 次，以为买家搜索“泳衣”的时候，宝贝就排名靠前，实际上在标题中重复某个关键词对宝贝排名是没有任何帮助的。

当然最后，关键词组合除了上面两项，还要追寻我们之前的标题公式：营销词+宝贝标题，这也是为什么我们从始至终都一直把“victoria secret bikini 2014”放在前面的原因，因为这个是我们的品牌词，放在前面可以增加我们宝贝的点击率。

通过上面的步骤，我们就可以为一个新上架的宝贝做出不错的标题。当然，之前我们讲过动销率的概念，对于新上架的宝贝，除去做标题之外，如果能打破 0 销量，则会有更多的机会参与排名。

3．高销量宝贝的标题制作方法

通常高销量宝贝的权重都比较高，如果还是用上面的方法来做，则在流量获取上就会比较吃亏，要尽可能的覆盖更多的热搜词，以便获取更多的流量。我们用一个例子来教大家如何给自己的爆款宝贝做标题，如图 5-65 所示。

图 5-65　需要做标题的宝贝

我们在为这个宝贝做标题的时候，首先要确定一个主关键词，然后借助淘词全网关键词查询工具来做标题。定位宝贝主关键词一定要定位的够准确，比如这个宝贝，我们定位的主关键词是“碎花连衣裙”，如果定义其他关键词，则可能做出来的标题准确性就特别差。下面我们用淘词搜索关键词“碎花连衣裙”，结果如图 5-66 所示。

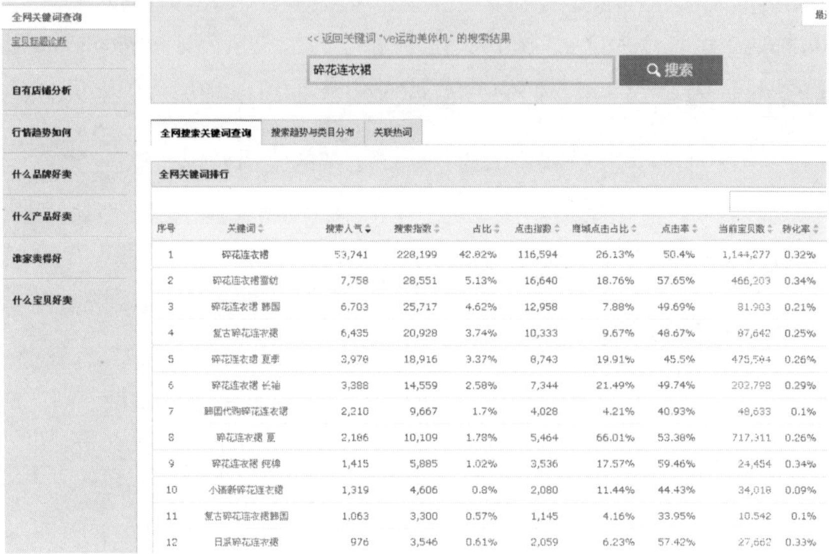

序号	关键词	搜索人气	搜索指数	占比	点击指数	商城点击占比	点击率	当前宝贝数	转化率
1	碎花连衣裙	53,741	228,199	42.82%	116,594	26.13%	50.4%	1,144,277	0.32%
2	碎花连衣裙雪纺	7,758	28,551	5.13%	16,640	18.76%	57.65%	466,203	0.34%
3	碎花连衣裙 韩国	6.703	25,717	4.62%	12,958	7.88%	49.69%	81.903	0.21%
4	复古碎花连衣裙	6,435	20,928	3.74%	10,333	9.67%	48.67%	87,642	0.25%
5	碎花连衣裙 夏季	3,978	18,916	3.37%	8,743	19.91%	45.5%	475,584	0.26%
6	碎花连衣裙 长袖	3,388	14,559	2.58%	7,344	21.49%	49.74%	202,798	0.29%
7	韩国代购碎花连衣裙	2,210	9,667	1.7%	4,028	4.21%	40.93%	48,633	0.1%
8	碎花连衣裙 夏	2,186	10,109	1.78%	5,464	66.01%	53.38%	717,311	0.26%
9	碎花连衣裙 纯棉	1,415	5,885	1.02%	3,536	17.57%	59.46%	24,454	0.34%
10	小清新碎花连衣裙	1,319	4,606	0.8%	2,080	11.44%	44.43%	34,018	0.09%
11	复古碎花连衣裙韩国	1.063	3,300	0.57%	1,145	4.16%	33.95%	10.542	0.1%
12	日系碎花连衣裙	976	3,546	0.61%	2,059	6.23%	57.42%	27,662	0.33%

图 5-66 淘词搜索“碎花连衣裙”（7 天）

记住一定搜索的是“碎花连衣裙”，这个关键词是最能匹配我们宝贝特点的，如果搜索的是“连衣裙”，那么做出来的标题就要打折了。然后，按搜索人气从高到低排序，选择搜索人气在 1 000 以上的关键词，依据我们上面讲的关键词组合方式来进行组合，同时结合我们自己宝贝的属性，可以做出如下标题。

复古小清新日系碎花连衣裙夏季雪纺韩国

这样做了一个简单的标题后，我们可以看到这个标题的字数不够 30 个字，还可以添加很多关键词，刚才我们淘词用的是“全网搜索关键词查询”，接下来我们单击“关联热词”，从这里面再找一些关键词进行补充，如图 5-67 所示。

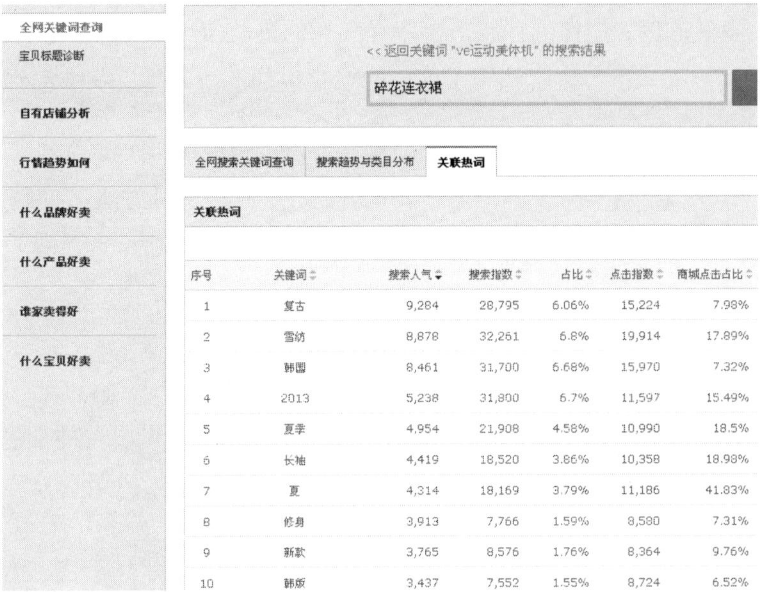

图 5-67　淘词“碎花连衣裙”关联热词（7 天）

关联热词有个特点是只要是关键词关联热词，一般不会有类目错误，肯定会匹配到我们自己的类目里，但是有一个属性的问题，所以还是要瞪大眼睛，挨个分析，比如，我们整个宝贝是短袖的，关联热词里面有“长袖”，这个是不可以乱用的。根据这样的方法我们来提取一些关联热词，也是以搜索人气为基础，比如我们取前 20 名。

“2013 修身 新款 韩版 女 夏装 淑女 包邮 显瘦 印花”

上面是我们找的关联热词，是从左到右，按搜索人气从高到低写出来的，这样结合我们刚才做的标题来进行组合。“复古小清新日系碎花连衣裙夏季雪纺韩国”这个标题一共是 18 个字，那我们再找 12 个字的关联热词就好，这样我们选定“2013 修身 新款 韩版 夏装 淑女”，这里要注意我们把“女”合并到“淑女”里面了。这样把关联热词和刚才的标题组合下做成我们的宝贝标题。

2013 韩版新款夏装复古小清新日系修身淑女碎花连衣裙夏季雪纺韩国

用淘词“全网热搜”和“关联热词”做出来的标题有个特点，就是基本用的都是高搜索量的词，这样的标题适合用在我们的爆款宝贝中。因为这种标题的竞争相对要大一些，新宝贝就算用了这样的标题也是适得其反，获取不到排名。

补充一点，这种高销量宝贝标题的制作方法，也适用于小类目产品，比如貂皮大衣，小类目产品本身关键词搜索流量就比较少，用这种方法可以最大化覆盖自己类目的热词，是很不错的方法。

4．懒人标题制作方法

上面两个方法，第一个标题追求的获取排名的容易程度，通过第一种方法，我们可以做一个相对来讲容易获得排名的标题，适用于我们宝贝前期的推广（0 销量开始到 100 销量左右），第二个标题追求的是搜索热词，适用于宝贝后期（销量比较高）权重比较高的时候使用。

接下来我们讲第三种方法，懒人做标题的方法，这个方法是我们学员里面非常懒的人研究出来的，这个也分享给大家，如果你觉得上面的确实很累，不好掌控，那么可以试试这种方法，不过重点还是希望能掌握上面的两种方法，这个是内功，尽量掌握，现在我们另外一款淘宝 SEO 神器就要登场了，大家打开生 e 经，如图 5-68 所示。

图 5-68 生 e 经行业分析

图 5-68 是我们用生 e 经行业分析功能找到的连衣裙类目的热销宝贝 TOP 100，右上侧有个“点击下载”的链接，大家可以点击进行下载，如图 5-69 所示。

	A	B	C	D	E
1	宝贝	价格	成交量	卖家	位置
2	2013春款连衣裙春夏装新款雪纺裙女装打底裙雪纺五分袖公主连衣裙	138	32378	斯雅娇服饰旗舰店	广东
3	2013夏季装新款　牛奶丝短袖V领 连衣裙 大码女装 沙滩裙子	116	18579	yuyinyong00	北京
4	2013春装沙滩裙波西米亚女大码碎花吊带裙海边度假圆点吊带连衣裙	59	16332	imall中国	广东
5	天猫新风尚2013春夏装新款连衣裙雪纺裙女装打底裙雪纺袖公主连衣	108	13624	qct服饰旗舰店	浙江
6	2013波西米亚吊带长裙 春夏天新款欧美连衣裙莫代尔背心长裙包邮	100	13228	兰色春天旗舰店	浙江
7	2013新款春夏 女装韩版 雪纺条纹背心 两件套　宽松春款连衣裙	58	12214	时尚女装1395	江苏
8	2013春装韩版新款蕾丝控短袖连衣裙夏季长裙修身显瘦打底裙子	99	12174	qct服饰旗舰店	浙江
9	包邮时装周2013女装春装连衣裙新款夏蕾丝打底五分袖雪纺连衣裙	138	11100	旻莎旗舰店	广东
10	2013夏装新款女装韩版大码打底裙夏季新品修身显瘦短袖蕾丝连衣裙	100	10826	遇见镜中的你	广东
11	2013春装新款春款连衣裙韩版女装夏季V领修身百搭时尚打底裙子	29	10700	阳阳今年必发财	辽宁
12	黛媚斯2013夏装新款短袖连衣裙修身显瘦蕾丝连衣裙子夏季连衣裙夏	110	10439	黛媚斯旗舰店	广东
13	爱丽缇 新风尚 女装13春夏装新款蕾丝雪纺连衣裙 韩版打底裙子 夏	198	10334	爱丽缇旗舰店	广东
14	包邮2013春款女装新款两件套春裙 韩版春装条纹长袖雪纺连衣裙 夏	35	9649	weilei魏磊8787	广东
15	2013新款春夏装女装 韩版包臀雪纺裙子 假两件大码修身雪纺连衣裙	213	9648	liugangnew	广东
16	2013春装韩版中袖修身米白色短袖女装夏装新款蕾丝大码连衣裙包邮	108	9029	mini韩国衣柜	上海
17	2013女装新款连衣裙 欧美莫代尔打底裙女吊带工字背心长裙背心裙	39	8870	小美韩国平价店20888	上海
18	包邮2013春装连衣裙条纹背心裙+披肩两件套 开衫长袖 OL气质女装	98	8644	angelyang33_2008	浙江
19	2013夏装新款女装打底裙春装蕾丝雪纺连衣裙夏季韩版裙子两件套	98	8400	艾曦服饰旗舰店	广东
20	2013春装韩版春款女装美丽小A字型修身配腰带打底长袖雪纺连衣裙	68	8141	唐朝七公主	广东

图 5-69　生 e 经行业 TOP 100 宝贝导出数据

首先，对 TOP 100 的宝贝做一个简单地讲解，一个宝贝能做到 TOP 100，不一定是这个店主的淘宝 SEO 优化技巧厉害，他们有的是靠活动做起来的，有的是靠直通车、钻展等付费活动做起来的，所以，我们有时候打开 TOP 100 的宝贝，看到很多宝贝几乎都不做优化，还可以卖得那么好，就是因为他们其他地方的流量做得很厉害。用一句比较接地气的话来讲，就是“猫有猫道、狗有狗道”！

TOP 100 里面有很多宝贝标题做得很不错，懒人做标题，可以直接从 TOP 100 里面找出跟我们款式差不多的宝贝，把它们的标题拿过来直接替换修改下，比如，把品牌词去掉，把属性词换掉，这样直接用成我们的标题，做个例子给大家看看，如图 5-70 所示。

这个是我们在 TOP 100 里找出来的，跟我们宝贝款式差不多，我们看到他的标题还挺不错的，做个简单的更改用到我们的标题里面来。

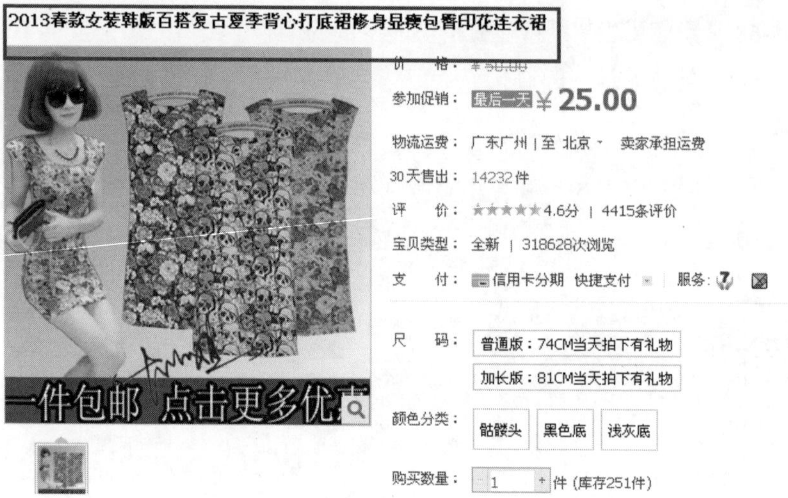

图 5-70 宝贝标题

2013 春款女装韩版百搭复古夏季背心打底裙修身显瘦包臀印花连衣裙

我们看到这个标题里面有几个词跟我们之前做的宝贝是不搭边的，比如“修身显瘦包臀”、“背心打底裙”这几个词是不太符合我们宝贝的，我们用几个自己宝贝的属性词替换掉，这样写出来的标题如下。

2013 春款女装韩版百搭复古夏季中长款森系碎花印花短袖连衣裙

我们学员里面有个做皮鞋的，就靠这种方法改了标题，单款宝贝流量涨了一倍多，还出单了，不过，应该有运气的成分，大家如果宝贝比较多，则可以这样来做，毕竟简单直接，不过，一定要把不符合自己宝贝属性的词替换掉，不然，有可能出现搜索违规的情况，切记！

补充内容：

标题本身就是一个反复调整优化的东西，不可能一次就成功做特别完美的标题。所以，第一次的标题固然重要，但是不要特别纠结，有朋友私底下很认真地给我发邮件。“三代老师，您好，这个是我花费了 2 天时间辛苦做出来的标题，帮我看看怎么样哦！”看到这样的邮件，我只能“呵呵”了，标题的真正考验是在搜索端的实际展示，需要观察大概 1 到 2 周之后才知道你的标题实际状况到低如何，另外还有其他一些综合因素需要考虑，才能看出一个标题的优劣。我们会在第 7 章跟大家分享如何对标题进行二次优化及数据分析。

最后，补充一点，请不要有事没事老调整你的标题，尤其是下架当天，我们有太多血的教训，下架当天改标题，排名直接从第一页掉到第 50 页。标题的调整微调最好，不要动不动上来就把整个标题换掉，可能之前积累的关键词权重瞬间就没有了。

5.5　上下架时间的两种安排策略

上下架时间是排名优化里面非常重要的工作，我曾经在 2013 年 4 月份录制过一节专门讲上下架时间的课程，名字叫做《宝贝上下架时间的合理安排》。一度霸占淘宝大学课程排行榜前 3 名的位置，接近 30 万左右的淘宝卖家学习了此课程，其中详细讲解了上下架时间的几种安排策略，有兴趣的可以去木叶火论坛找客服索取，到现在都还是特别经典的课程，目前几乎整个淘宝大学关于上下架时间安排的课程，都跳不出这节课的圈子。

我们先把淘宝宝贝上下架的一些基础点说下，淘宝现在默认的是自动上下架，周期是 7 天，比如，我们安排到星期一的中午 12 点上架，那么到下个星期一的中午 12 点，系统会自动把宝贝下架再自动上架，如果你以后不修改上架时间，那么这个宝贝就一直是到周一中午 12 点自动下架再上架，如图 5-71 所示，在发布宝贝的时候可以设置上架时间，可以精确到分。

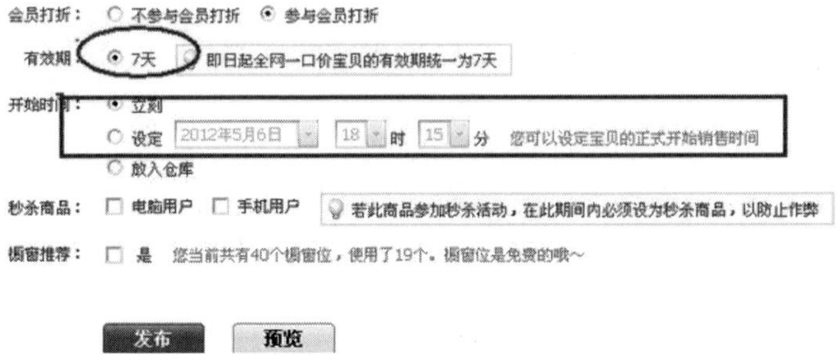

图 5-71　时间设置

新手卖家开淘宝店铺，最常做的一种方法就是从商家那里拿数据包过来，用淘宝助理一次性批量上架宝贝，这个是最差的做法，这种野蛮性质的上架方法，基本不会获得很好的搜索排名，更不要谈什么流量的问题了。这边我们教大家两种上架方法，第一种是全店普通宝贝的上架设置，第二种是店铺主推款宝贝的上架设置，这边还是要用到生 e 经这个工具。

1. 第一种宝贝下架安排

这种方法是对我们店铺普通宝贝做的安排，举个简单的例子，我们店里一共有 60 个宝贝，其中有 3 款宝贝是我们店铺的主打款，那么除了这三款以外，剩下的 57 个宝贝就是我们店铺的普通宝贝，这些宝贝的下架安排就用我们这种方法来进行。有朋友会讲，我都不知道自己店里面哪个是主推款啊？这个是淘宝店铺定位和营销策略里面的内容，不在此书的讨论范围。

从流量和转化率的角度来看，普通款的宝贝最大的一个作用就是给主推款输入流量，比如上面的例子，我们剩下的 57 款宝贝，每个宝贝的详情页顶部都关联我们的 3 款全店主推款宝贝，这样可以保证每个来我们店铺的买家都能看到我们的主推款宝贝。

所以，我们布局普通宝贝的上架时间，就要尽量布局到买家访问的高峰时期，这样在我们宝贝的下架时间就是买家访问的峰值，就可以在下架的时候获取到更多的流量，同时可以把流量引导到我们的主推款里面来。

图 5-72 所示，是生 e 经里面行业分析中的上下架时间分布，大家可以根据自己的类目，按照图示找到上下架时间分布，从图 5-72 中我们可以看出，成交量高峰期一共是三个时段：早 10 时左右、中午 14 时到 15 时、晚上 21 时左右。

图 5-73 所示，我们可以看出，这三个高峰时段的成交量差不多要占据到当天总成交的一半左右，所以，在这三个时段下架无疑是获取流量最多的方法。

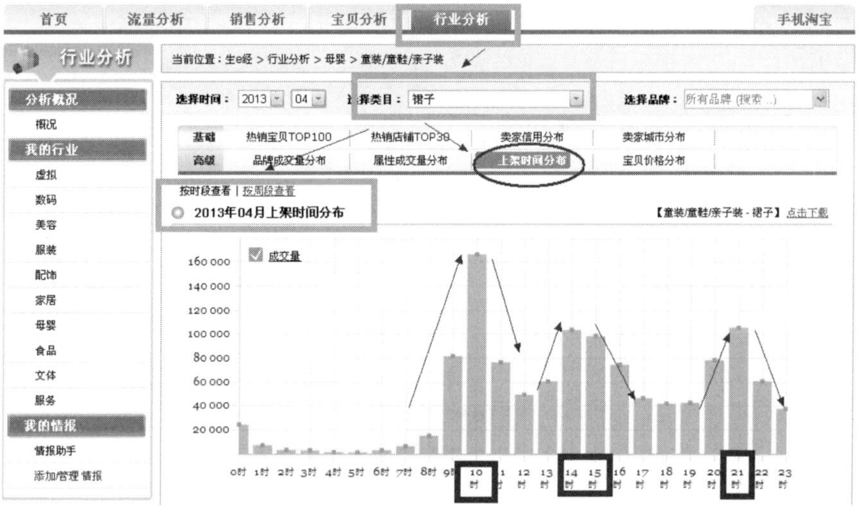

图 5-72　生 e 经行业分析（下架时间安排）

上架时段	成交量	销售额	高质宝贝数
8时	14960	1164461	329
9时	81728	6950961	1484
10时	166808	14930009	2768
11时	76619	5181001	1701
12时	49496	3488227	1158
13时	60522	4419077	1483
14时	103688	8086570	1976
15时	98378	8029870	2053
16时	74633	5944289	1662
17时	46716	3306756	1138
18时	41983	3748887	876
19时	42708	2730744	1015
20时	78354	5743597	1662
21时	105448	8902216	1696
22时	60696	4405478	1414
23时	37846	2951977	777

图 5-73　高峰时段成交量明细

所以在安排我们的普通宝贝的时候，就要把这些宝贝平均分配到一个星期的每天的这三个时段，举个例子，比如，我们一共有 70 个普通宝贝，那么，我们每天就要上架 10 个宝贝，其中上午 10 时到 11 时安排 3 个宝贝，下午 14 时到 16 时安排 4 个宝贝，晚上 21 时到 22 时安排 3 个宝贝。有人会问下午为什么安排 4

个宝贝之类的问题，主要原因就是下午有两个峰值，我们可以适当多布局一些宝贝。具体操作的话，就不细讲了，有很多工具都可以实现，大家也可以直接用生e经，上面有视频介绍如何安排上下架宝贝，如图5-74所示。

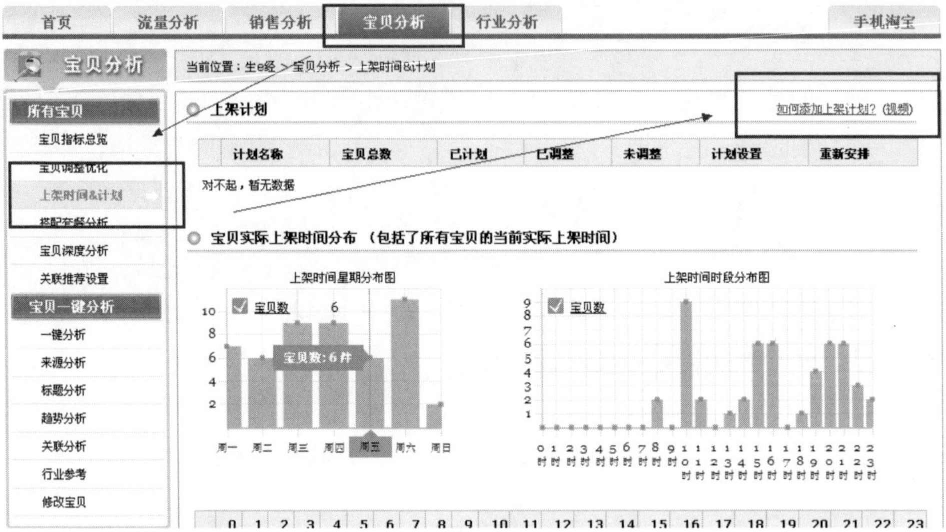

图5-74 生e经上架计划设定

大家可以按照这个路径去找，宝贝分析→上架时间&计划→如何添加上架计划，按照我们刚才讲的“平均上架时间”去安排你店铺中的宝贝就好。

2. 第二种宝贝下架安排

第一种宝贝下架安排应该是很多卖家都在做的事情，不怪大家，因为基本所有的上下架软件视频教学都会教大家放在流量高峰期去抢下架时间流量，确实也很有道理，流量高峰期嘛，来的人多，自己分到的流量就多，其实这个问题忽略了一点，就是因为这些视频、软件的影响，高峰期上架的宝贝也非常多，竞争就比较激烈了。

而且，这里有个特别重要的点，如果我们的宝贝人气和店铺权重都比较低的话，那我们宝贝就算是快下架了也是排不进首页的，所以，我们要做的一个工作是，为我们自己的新手宝贝选择一个合适的切入点，避开那些销量比我们好，人气值比我们高，店铺权重比我们高的宝贝。这样我们把宝贝核心关键词的人气宝贝排名的下架时间做一个表格出来，具体操作步骤如下。

第一步：搜索宝贝的意向关键词，找到人气宝贝排名。

这个意向关键词，大家也可以理解成最适合做我们宝贝代号的那个词。比如，我们之前用的是“碎花连衣裙”，就还用“碎花连衣裙”举例子，记得布局主推款宝贝的下架时间一定是要分阶段操作，第一阶段，我们搜索的关键词是和我们宝贝最相关的词，比如第一阶段我们搜索“碎花连衣裙”；第二阶段，我们搜索的关键词是我们宝贝的主关键词，比如我们第二阶段搜索“连衣裙”。

有人会问如何区分宝贝的第一阶段和第二阶段。这边我们给大家介绍一个简单的方法，第一阶段就是我们宝贝零销量起步到搜索意向关键词（比如上面的碎花连衣裙）我们宝贝能排到人气宝贝第一页，第二阶段就是我们宝贝搜索主关键词（比如刚才的连衣裙）能排名到人气宝贝前 2 页的时候。当然这个具体人气排名多少页，要看你的宝贝竞争度。如图 5-75 所示。

图 5-75　搜索“碎花连衣裙”按人气排名

这边有人会问，为什么非要按照人气排名，按销量排名不行吗？销量高的宝贝竞争度也非常高，这个问题还是要回归到之前综合宝贝排名的漏斗模型上，人气宝贝的人气分和店铺权重好的话，通常在下架的时候进首页的概率特别高。这些宝贝才是我们宝贝强有力的竞争对手，而销量高的宝贝，它的人气分就不一定高了，所以要去分析人气宝贝的下架。

第二步：提取人气排名每个宝贝的下架时间

这种网站特别多，大家去百度搜索下“宝贝下架时间查询”，就可以找到很多网站，都是可以查询宝贝下架时间的。不过，目前都不支持批量查询，我们相信在未来的日子，肯定会实现这个功能的，我们把人气宝贝排名第一页的宝贝下架时间都查出来，并且按照星期几分好类，如图 5-76 所示。

	A	B	C
1	碎花连衣裙人气排名第一页前40个下架时间		
2	2013年03月09日 12:13:48	周六	
3	2013年03月09日 17:58:09		
4	2013年03月09日 18:18:04		
5	2013年03月09日 21:12:10		
6	2013年03月10日 11:59:56	周日	
7	2013年03月10日 13:12:06		
8	2013年03月10日 16:27:47		
9	2013年03月10日 19:21:00		
10	2013年03月11日 00:19:29	周一	
11	2013年03月11日 09:58:43		
12	2013年03月11日 14:07:09		
13	2013年03月11日 16:33:40		
14	2013年03月11日 21:31:50		
15	2013年03月11日 21:32:25		
16	2013年03月11日 21:32:52		
17	2013年03月11日 21:58:10		
18	2013年03月11日 22:00:03		
19	2013年03月11日 22:30:46		
20	2013年03月12日 09:23:17	周二	
21	2013年03月12日 13:25:29		

图 5-76 “碎花连衣裙”人气宝贝排名的下架时间整理

这样的数据对我们来讲没有意义，我们把这些数据做个简单的处理，如图 5-77 所示。

这是我们为上面的人气宝贝分布做的系统整理，横轴是一周 7 天，这个也是根据之前的宝贝上架周期是 7 天处理的。纵轴是从早晨 8 点到晚上 1 点，中间的 7 个小时没有写，因为这个时间段，大家都在休息，基本上不会在线，你的宝贝安排到这个时间去下架是没有意义的，就算给你排名到第一页，到你店里的人也不会很多。

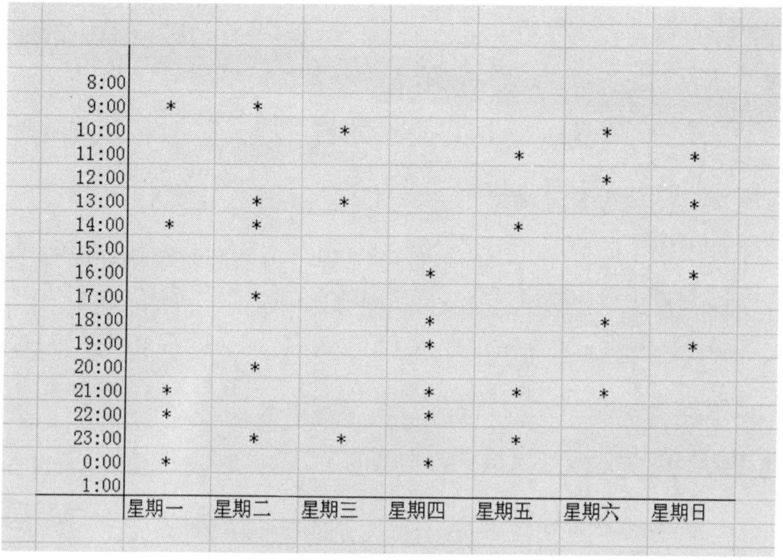

图 5-77　“碎花连衣裙”人气宝贝下架时间布局

我们来分析下可以看到，在周三下架的人气宝贝最少只有三个，我们如果选择让自己的主推款宝贝在周三这天下架，那么竞争会非常少，如图 5-78 所示。

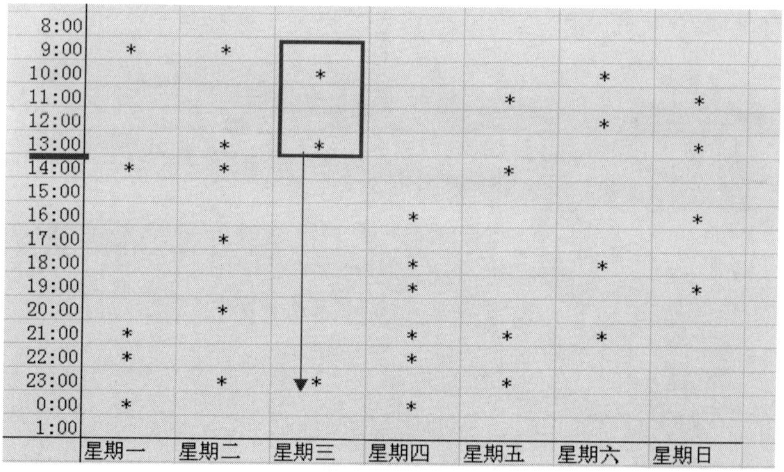

图 5-78　选择下架时间

周三的下午 13 点一过，13 点之前的两个人气宝贝就会掉出排名的第一页，从 13 点一直到晚上 12 点，只有一个人气宝贝下架，这就是我们的一个最佳切入点，我们把宝贝安排在周三的晚上 11 点下架，只要我们的宝贝内功做得够好，我们就能在这一天冲进首页，把权重做起来，甚至可以在下午 13 点到晚上 23 点这段时间一直排名在首页。

我们有学员是做童装店铺的，晚上 11 点下架的一个宝贝，中午 12 点很多关键词都排名到了首页的位置，上午 10 点已经出现在类目排名的首页，整整待了一天，当天的流量是 3 000 多 UV，遗憾的是宝贝详情页内功不够，转化率只有 0.5%成交了 15 单。所以一个好的下架切入点，对于我们店铺培养的主推款来讲是非常重要的。

上面讲的手动做下架时间是比较辛苦的，另外也可以借助生 e 经的“情报助手”功能，也可以合理的找到下架时间切入点。具体路径是生 e 经→行业分析→情报助手，如图 5-79 所示。

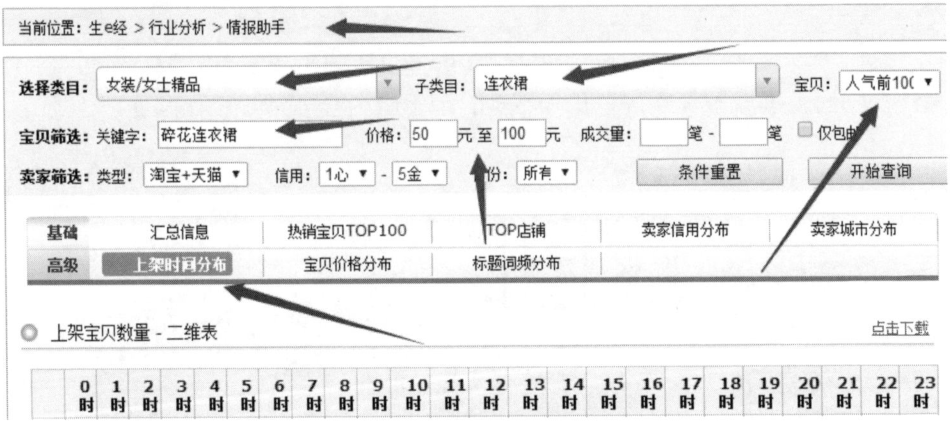

图 5-79 生 e 经情报助手分析

如图 5-80 所示是生 e 经批量查询出来的结果，和我们手动做的表格位置相反，纵轴是星期，横轴是时间，不过还是挺方便理解的，下面还有完整的表格模式，可以明显看到周二、周五都有不错的空档机会，有比较明显的竞争最弱的时段。

生 e 经情报助手做下架时间分析的时候，如图 5-79 所示，一定要记得卡位搜索关键词、宝贝价位、宝贝人气前 100 名这三个数据，这样做出来的下架时间分析才是最完美、最有效的。

上架宝贝数量 - 二维表　　　　点击下载

	0时	1时	2时	3时	4时	5时	6时	7时	8时	9时	10时	11时	12时	13时	14时	15时	16时	17时	18时	19时	20时	21时	22时	23时
周一	0	0	0	0	0	0	0	0	0	0	3	1	0	2	0	1	0	0	0	1	3	2	3	2
周二	0	0	0	0	0	0	0	0	0	0	2	0	0	0	0	0	0	0	0	0	4	3	2	0
周三	0	0	0	0	0	0	0	0	0	1	3	0	1	0	1	1	1	1	0	1	0	6	1	1
周四	1	0	0	0	0	0	0	0	0	2	0	0	1	1	2	1	0	1	0	0	2	4	3	0
周五	0	0	0	0	0	0	0	0	0	0	2	0	1	1	1	0	1	2	1	0	0	1	0	[illegible]
周六	0	0	0	0	0	0	0	0	0	0	0	0	0	1	1	1	0	0	0	0	4	0	3	0
周日	0	0	0	0	0	0	0	0	0	0	1	0	0	0	1	1	0	1	1	1	5	3	0	1

图 5-80　下架时间分布

最后补充一点，比如，我们的宝贝原先是周四下架的，今天是周一，我们用软件调整下架时间调整到周三下架，那这里面大家要注意，这个周三你是没有下架流量的，只有到下个星期三，你才有下架流量，因为这个周三，工具才帮你调整了上架时间。

有朋友会问，我已经调整好下架时间了，为什么到周三的时候没有排名靠前呢？这个就是周期还没有到的缘故，其实到下个周三你的下架时间才开始生效，补充这个点，算是给大家扫盲吧。

5.6　宝贝详情页的优化

宝贝详情页最大的作用是提高宝贝的转化率，我们论坛也有总结各行各业优秀的宝贝详情页，做了压缩包给大家，大家可以去下载。不过，我们这本书重点是从淘宝 SEO 的角度来讲宝贝详情页的优化。

1. 关联营销

宝贝详情页的好坏是宝贝质量分的一个指标，首先，详情页的顶部关联营销要注意，一定不要超过三屏！什么叫“屏”呢，就是我们的电脑屏幕大小就算一屏，如果你的宝贝详情页打开以后，鼠标滚动了三次，或者向下拉了三屏，才看到宝贝实际的描述，那么这个就会影响到排名。

另外，关联营销设置在顶部的，最好不要超过 8 个宝贝，这个也是会拉低宝贝质量分的，如果把关联营销放置在详情页底部，那么是没有关系的。如图 5-81 所示关联营销布局都会影响到宝贝质量分，进一步影响宝贝排名。

图 5-81 关联营销展示

图 5-81、图 5-82 就是我们从一个宝贝的详情页里面截取出来的，这个宝贝团购模版用了 5 次，下面接着关联了 12 个宝贝，这种是会严重影响买家体验的，我整整向下拉了 5 屏还没有看到它的详情页。

图 5-82 宝贝详情页靠后

图 5-83 是我们从另外一个宝贝里面截图的宝贝详情页顶部关联营销图片，可以看到卖家控制得非常好，只有 8 个宝贝，不过，这边有个比较大的问题，如果买家看到我们宝贝详情页，则会被某一个关联营销的宝贝吸引走，如果那款的宝贝描述做得不是很好，那么很大的概率会造成买家流失，对我们来讲就损失了一个客户，所以，我们建议大家做关联营销按照套餐形式来做，如图 5-84 所示。

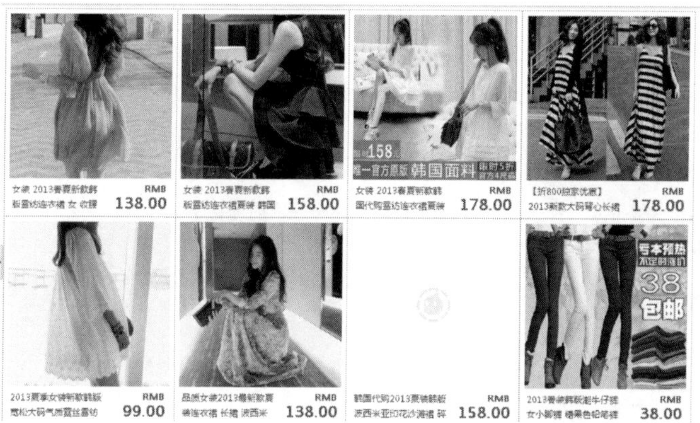

图 5-83　宝贝详情页位置适中

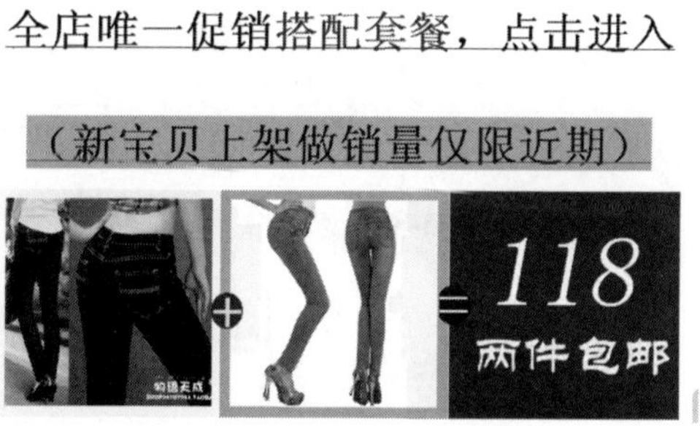

图 5-84　搭配套餐

这个宝贝只有这一个关联营销，就在顶部布局这种搭配套餐就好，有 1 到 3 个搭配套餐是最好的，一方面可以提高我们的客户访问深度，另一方面可以提高客单价，提高店铺转化率，而且不会影响到我们的宝贝质量分。

当然还有前面讲到的大家也要注意，全店普通宝贝关联主推款的宝贝，为它注入更多的流量，这个是店铺流量布局的重中之重。

2. 引导买家

谈到引导消费者就要提到乔布斯了，虽然，我们远远做不到“活着就要改变世界”，但是，一定要记得在写宝贝详情页的时候要“引导买家”，记住每一个旺旺后面都是活生生的人，所以，我们看到有的宝贝详情页会直接就放模特图、细节图等，这个是不太合理的，做详情页要做引导型的详情页。我们用一个案例来进行简单地说明，如图 5-85 所示。

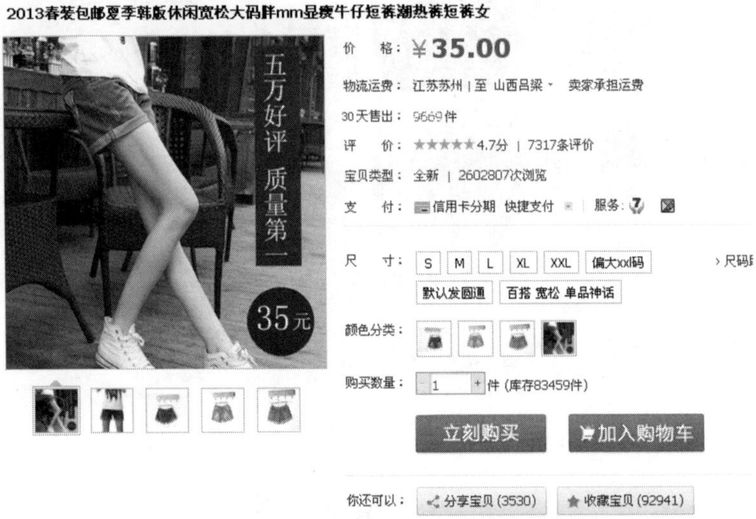

图 5-85　宝贝展示

我们来对这个宝贝的详情页进行分析，我们可以看到它的标题是有细心做过的，主图不是很好，背景太花，这个结合我们前面讲过的主图课程，重新布局，效果应该比现在要好。但是这个宝贝的详情页很厉害，我们来挨个分析一下，如图 5-86 所示。

宝贝最顶部有两个搭配套餐，再没有多余的任何东西，有人经常问我做关联营销用什么工具比较好，说实话，美工做个上面的图片，详情页直接插入图片，然后图片链接到我们的搭配套餐足矣。有人会选择在详情页的顶部布局视频（宝贝前面放视频是收费的，大家到卖家中心搜索就可以了），这个也是不错的引导方法，这边就不摊开来讲了。

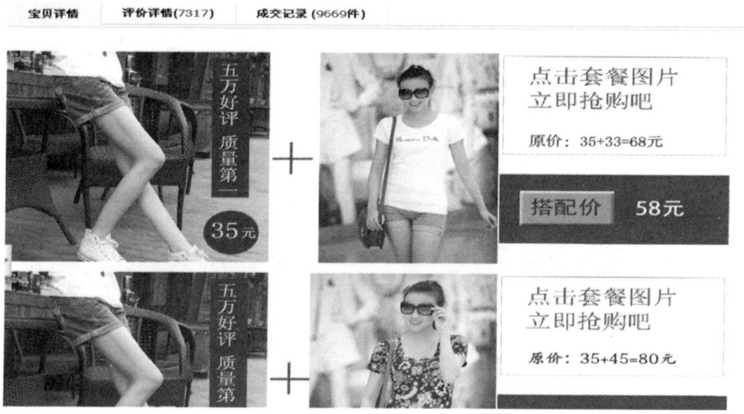

图 5-86　宝贝详情页

除去搭配套餐，接下来，卖家做了很多文字营销的工作，阐述了一个观点，我们家的是全淘宝唯一一家在卖这个短裤的，别人都是盗图的！这种营销我们把它叫做对比价值塑造，或者比较通俗地讲是，长我们的志气，灭他人的威风！如图 5-87 所示。这里除去文字营销以外，大家也可以引导买家收藏宝贝，比如在宝贝详情页里面放一个收藏的按钮，文字说明可以写“收藏截图给客服，可以领取 X 元优惠券”之类的内容，这个是提高我们宝贝收藏比率很好的方法，大家一定要注意！接下来还做了产品比对，如图 5-88 至图 5-90 所示。

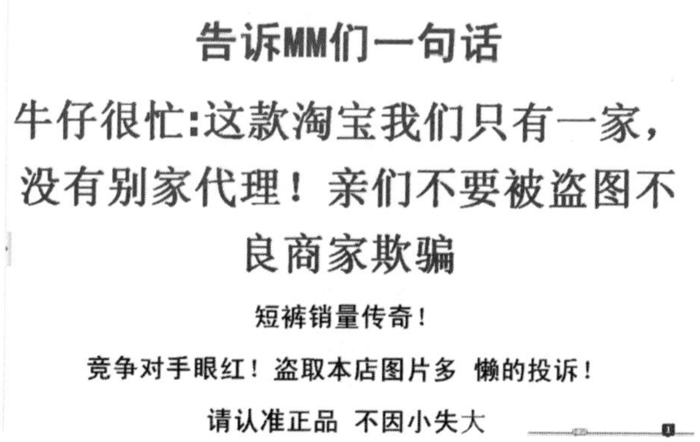

图 5-87　文字营销

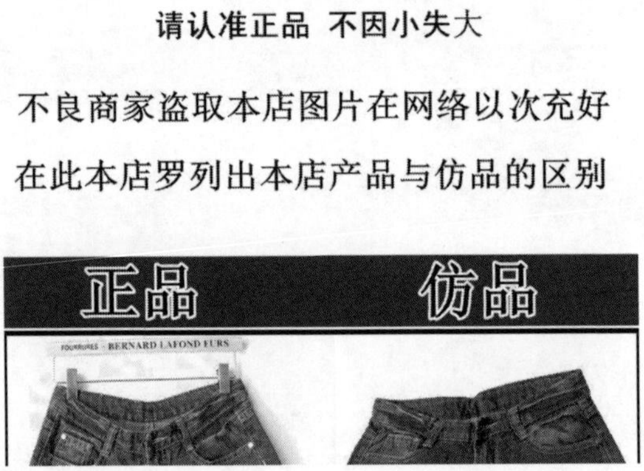

图 5-88　产品对比 1

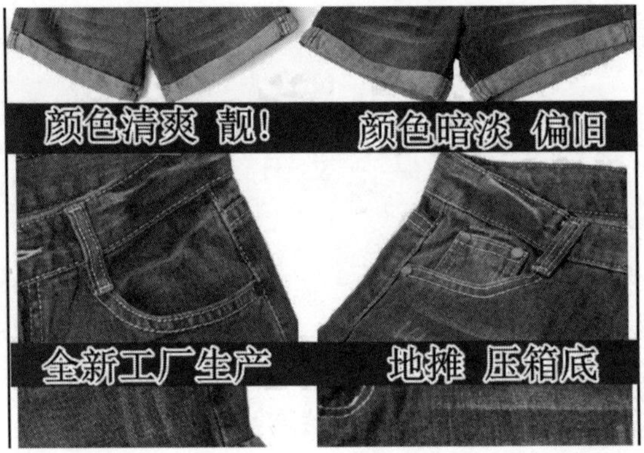

图 5-89　产品对比 2

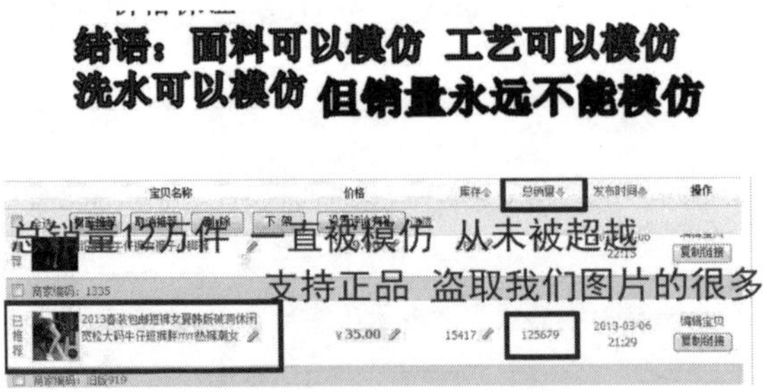

图 5-90　产品对比 3

产品对比这个工作很多详情页都有做，还有人会拿出质检证书传到详情页里面去，当然也有把自己实体店拍照放上去的，都是类似的效果，塑造价值信任感。

产品对比完以后又抛出销量优势，有的卖家还会在详情页写自己的好评优势（动态评分高于同行、好评率高等），还有的会写回头客优势，多少回头客购买，有的新手朋友说，这些都没有我写什么？不可能一点都没有的，用心去挖掘总能挖到的，有的人就写收藏数（上架短短 5 天，收藏数已经超过 XXX），上面这个工作相当于“造势”。每一个宝贝都有自己的亮点，一定要用心挖掘，总能找到属于自己宝贝的东西。

接下来又做了一个水洗测试，如图 5-91 所示，证明自己的宝贝不褪色，这个测试工作也可以看到很多，比如有的卖家为了证明自己箱子拉杆结实，自己站在箱子的拉杆上面，有的为了证明箱子轻，用一个 4 岁的小孩子抱起来 1 米多高的箱子，这个也是塑造品质的一种方法。

[redacted]
第一步：盛一盆清水
第二步：放入一点洗衣粉，第一次洗最好是用肥皂
第三步：把裤子放入盛有洗衣服的盆中，洗搓

图 5-91　水洗测试

测试完水洗以后再次“造势”，如图 5-92、图 5-93 所示，到这里可能有的买家忍耐度比较差的就直接下单了，30 多块钱，这么多人买，质量这么好又不退色。整个宝贝详情页一直到这里往下才开始有模特图、细节图、客户须知等内容。

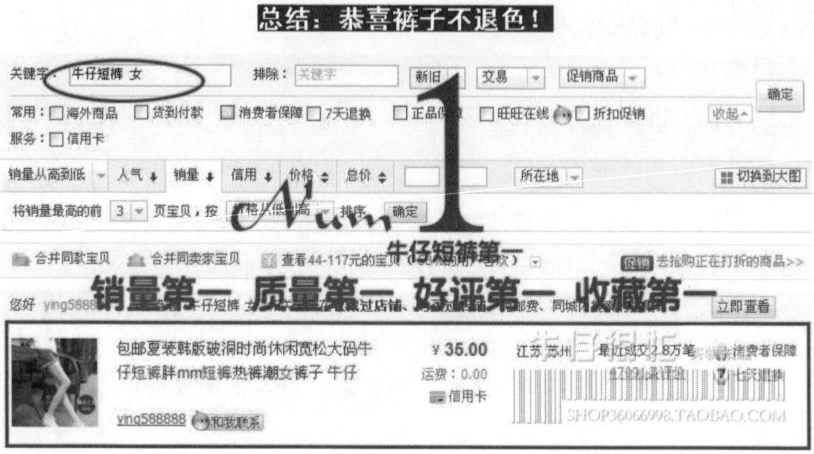

图 5-92　造势 1

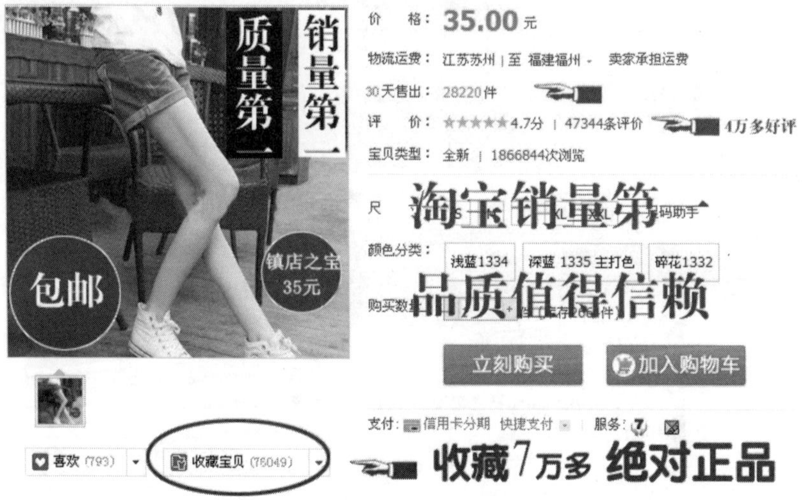

图 5-93　造势 2

所以，上面布局的所有宝贝详情页内容目的就是引导买家消费，证明我们宝贝比别人的好，你要买就要买我们的宝贝！这个工作是宝贝转化率里面非常重要的，所以大家写详情页，一定要布局引导买家的工作，从价值塑造、客户见证、造势、卖点体现这些方面去挖掘引导，这里只是拿一个案例来讲解，更多的还要大家平时多观察，很多大店都做得非常厉害，关注你的同行，挖掘自己的卖点！

3. 其他优化

另外，买家在宝贝详情页的停留时间也是有利于宝贝排名的，这里面主要跟大家说的是图片问题，有的供货商给买家的数据包，宝贝详情页的图片不是放在淘宝空间的，是放在他们自己的服务器或者别的图片空间里面的，这样有的时候买家打开我们的宝贝，图片显示很慢或者直接挂掉，如图 5-94 所示。

图 5-94　图片显示不出来

类似这种图片不是放在淘宝空间的，用我们 8M 的网速做测试，1 分钟还只显示半个图片，据专家统计，网友如果打开一个网页，7 秒之内这个网页没有展示出来，那么 90%的人都会关掉网页离开。

所以，一定要注意，如果你的代理商给你的数据包中的宝贝图片不是放在淘宝空间的，那么一定要换到淘宝空间来，不要因小失大。详情页图片打不开，对于我们来讲会有两个致命点，一个是买家停留时间差，跳失率高；另外一个是转化率差，这个主要跟做代理的朋友说下。目前淘宝应该已经禁止掉外网图片的链接了，选择淘宝自己的图片空间，也是一件必须要做的事情。

5.7 宝贝属性优化深度讲解

属性优化主要是针对我们第 4 章的淘宝首页流量获取的内容进行补充，是我们淘宝类目排名的重中之重。想获得类目排名，除了前面第 4 章提到的内容要做到位之外，属性优化也是其中必做的工作。

我们接下来会用到两个工具，一个是生 e 经，一个是 Excel 表格，如果大家对 Excel 比较了解，那么跟着我做就好，如果不是很熟悉的，则建议去百度搜索 WPS，下载这个工具，因为我是用这个工具做演示的，即便是零基础，看完这个内容也会做了，照猫画虎就好。

宝贝属性填写直接影响到类目的筛选机制，越是买家喜欢的属性，淘宝给的流量就越多。所以我们要分析整个属性的走势，才能预测我们宝贝的类目流量走势，以及我们应该设置什么样的属性，或者说我们应该把哪种属性的宝贝作为主推款，才会有类目推荐流量，这个才是重中之重！

我们来分析下男装（T 恤）这个类目的属性，现在打开生 e 经。

如图 5-95 所示，找到生 e 经行业分析，男装 T 恤类目，点开属性成交量分布，我们看到有很多属性，但是没有必要全部分析，我们从淘宝首页打开男装 T 恤这个类目看看，如图 5-96 所示。

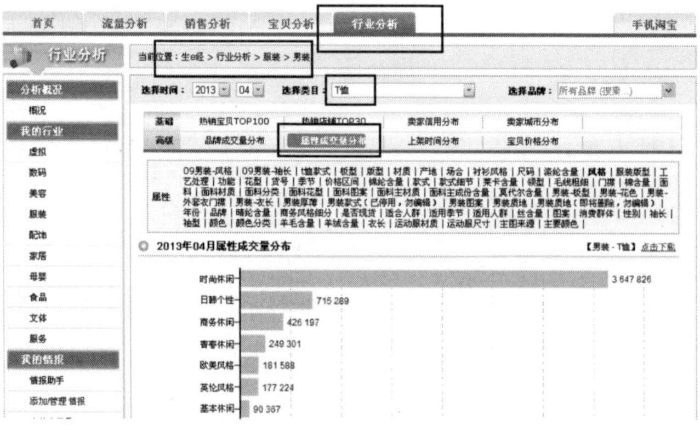

图 5-95 属性成交量分布

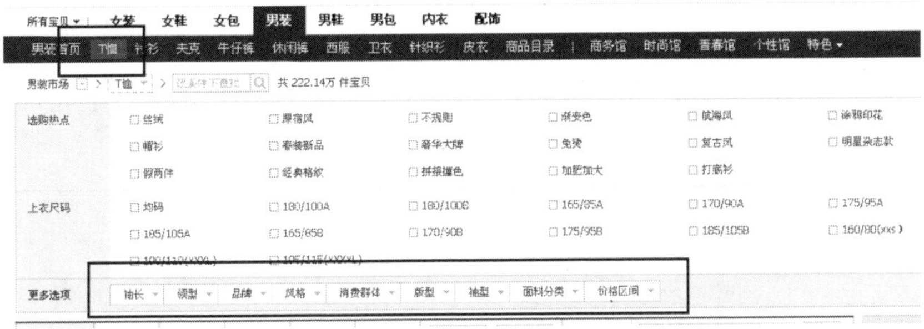

图 5-96　男装 T 恤类目

我们看到淘宝类目前台给出买家选择的只有袖长、领型、品牌、风格、消费群体、版型、袖型、面料分类、价格区间这几个选项，所以，我们着重分析这几个就好，没有必要挨个去分析生 e 经后台所有的属性。

我们来分析里面的一个属性数据“风格”，如图 5-97 所示。

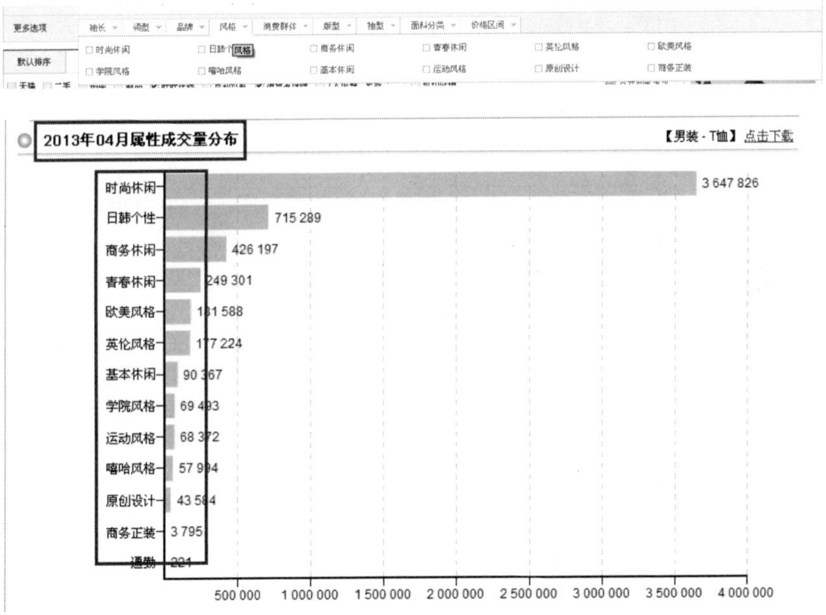

图 5-97　“风格”属性数据

我们看到这个是 2013 年 4 月份的数据，我们 T 恤这个产品要一直卖到 6 月份，假设目前无法看到未来的属性数据走势，怎么办？一般情况下，没有突发因素，每年的热推款变动都不是很大，我们用2012年同期4月、5月、6月三个月的属性走势来分析下，把每个月的数据复制出来粘贴到Excel表格里面，如图5-98至图5-101所示。

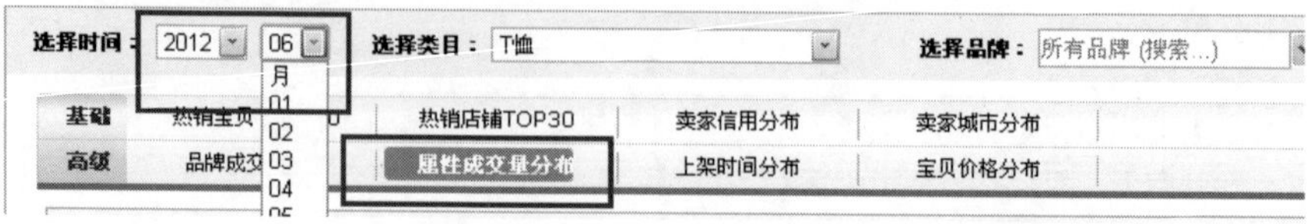

图5-98　选择时间

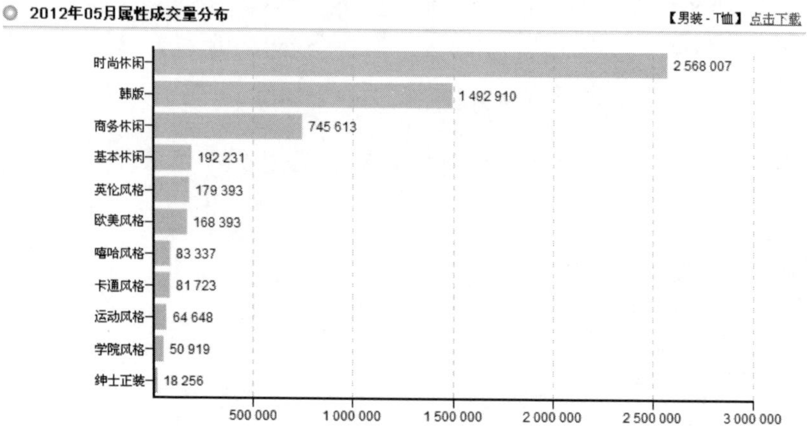

图5-99　2012年5月（男装T恤）

属性值	↓成交量	销售额	高质宝贝数
时尚休闲	2568007	232383019	29590
韩版	1492910	93105120	11041
商务休闲	745613	114698058	14517
基本休闲	192231	11794670	1832
英伦风格	179393	19070569	1825
欧美风格	168393	17972830	2681
嘻哈风格	83337	3903053	1091
卡通风格	81723	4508842	780
运动风格	64648	4030654	801
学院风格	50919	3094247	883
绅士正装	18256	2167077	236

图5-100　数据表

2012年4月

属性值	成交量	销售额	高质宝贝数
时尚休闲	1718164	148416011	24332
韩版	1151942	68213419	10076
商务休闲	427632	64047804	10936
基本休闲	151435	8673168	1382
欧美风格	135378	10665518	2169
英伦风格	115155	11121330	1564
嘻哈风格	69339	3187582	1031
卡通风格	54610	3123631	626
运动风格	50974	2941544	678
学院风格	40535	2357423	851
绅士正装	7583	945188	178

2012年5月

属性值	成交量	销售额	高质宝贝数
时尚休闲	2568007	232383019	29590
韩版	1492910	93105120	11041
商务休闲	745613	114698058	14517
基本休闲	192231	11794670	1832
英伦风格	179393	19070569	1825
欧美风格	168393	17972830	2681
嘻哈风格	83337	3903053	1091
卡通风格	81723	4508842	780
运动风格	64648	4030654	801
学院风格	50919	3094247	883
绅士正装	18256	2167077	236

2012年6月

属性值	成交量	销售额	高质宝贝数
时尚休闲	1782797	160951528	30344
韩版	927815	60539785	8281
商务休闲	606751	88189150	13331
基本休闲	149605	9825092	1348
欧美风格	136807	16632721	2780
英伦风格	128270	13985226	2103
日韩个性	93982	5059933	3486
卡通风格	64558	4019850	549
运动风格	52079	3446353	870
学院风格	41562	2473702	903
嘻哈风格	41154	1989606	1114
绅士正装	15529	1890158	149
青春休闲	13807	1020915	434

图 5-101　Excel 图表

大家按照我上面的步骤，选择好对应的月份和属性，分别把 2012 年 4 月、5 月、6 月三个月的数据拿出来放到 Excel 表格里面，我们来做进一步分析，如图 5-102 所示。

2012年4月到6月男装T恤成交量分布

属性值	4月	5月	6月
时尚休闲	1718164	2568007	1782797
韩版	1151942	1492910	927815
商务休闲	427632	745613	606751
基本休闲	151435	192231	149605
欧美风格	135378	168393	136807
英伦风格	115155	179393	128270
日韩个性	0	0	93982
卡通风格	54610	81723	64558
运动风格	50974	64648	52079
学院风格	40535	50919	41562
嘻哈风格	69339	83337	41154
绅士正装	7583	18256	15529
青春休闲	0	0	13807

图 5-102　3 个月“风格”属性分布

我们可以看到随着时间推移淘宝会补充一些属性出来，比如，上面的日韩个性和青春休闲，在 4 月和 5 月都是没有的，6 月的时候才添加了这两个属性，如果碰到这个情况，那就把前面的销量写 0 就好了，我们需要把这个数据进一步分析，来看下属性走势，如图 5-103 至图 5-107 所示。

2012年4月到6月男装T恤成交量分布			
属性值	4月	5月	6月
时尚休闲	1718164	2568007	1782797
韩版	1151942	1492910	927815
商务休闲	427632	745613	606751
基本休闲	151435	192231	149605
欧美风格	135378	168393	136807
英伦风格	115155	179393	128270
日韩个性	0	0	93982
卡通风格	54610	81723	64558
运动风格	50974	64648	52079
学院风格	40535	50919	41562
嘻哈风格	69339	83337	41154
绅士正装	7583	18256	15529
青春休闲	0	0	13807

图 5-103　第一步“全选表格”

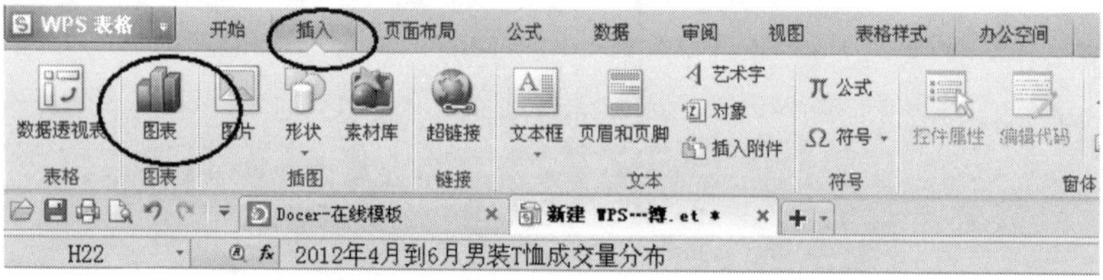

图 5-104　第二步点击“插入→图表”

第三步，点击插入图表以后，会弹出如图 5-105 所示的对话框，我们选择左侧的折线图，折线图里面默认选择第一个图，然后点击下一步就好了。

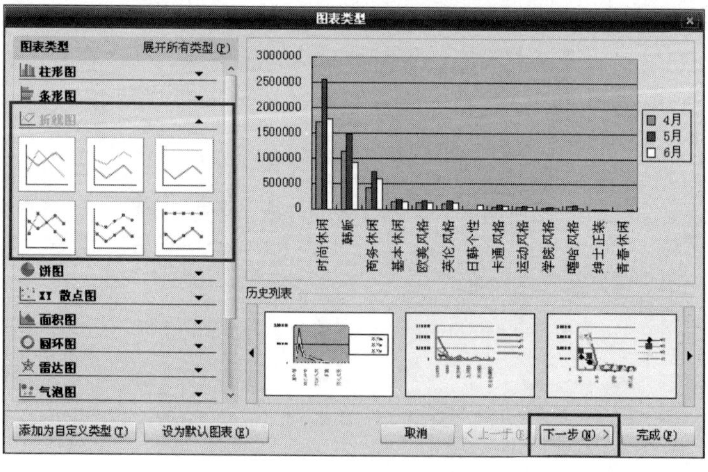

图 5-105　第三步“选择折线图”

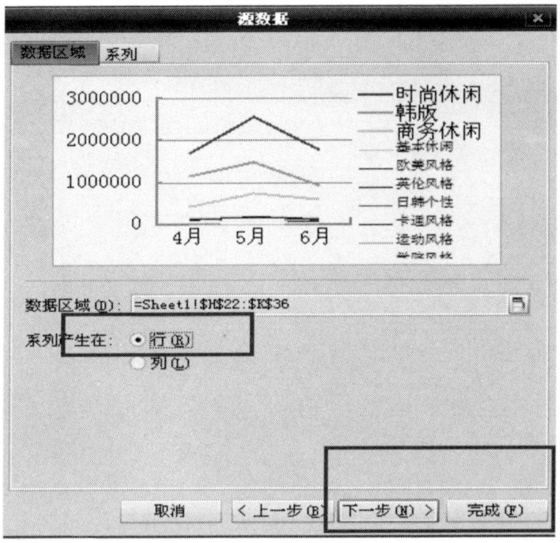

图 5-106　第四步"生成图表"

进入图表设置以后，记住要选择系列产生在"行"，然后点击完成，出现如图 5-107 所示的效果。

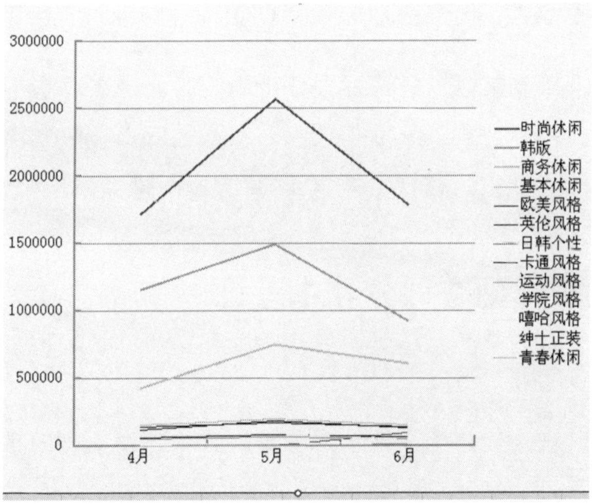

图 5-107　2012 年 4 月到 6 月属性成交走势图

我们看到男装 T 恤风格里面最热卖的属性是"时尚休闲、韩版、商务休闲"这三个，而淘宝首页男装 T 恤类目最优先推荐的就是这三个属性下面的宝贝，如果你不幸的填写了别的属性，那么很可能会丢掉类目流量这块肥肉。我们还看到，去年 5 月是这三个属性热卖的小高峰，从 5 月一开始就走下坡路，所以，在 4 月到 5 月这两个月中要抓紧时间推广这几个属性的宝贝，等到开始走下坡路的时候，就赶紧甩货清仓。

当然，我们只是分析了 3 个月的走势，如果有朋友有兴趣，则可以分析去年一整年的走势，看看各种属性的走势图。

同样，我们也要把淘宝网首页男装 T 恤类目剩下的尺码、袖长、领型、品牌、消费群体、版型、面料分类、价格区间这 8 个属性进行分析，做表格统计。

这样，在我们发布宝贝的时候，选择填写类目热推的属性，迎合买家需求，才能获得很大的类目流量。

最后，要补充一个重点，如果你的宝贝本身不是某个热推属性，那么一定不要去乱写，我们学员有听完课程以后去乱写属性，比如，分析 T 恤领型，热推的是圆领，他自己宝贝本身是立领，却填写圆领，结果被人举报下架，还受到了相应处罚。所以，不要为了流量去做流量，欺骗顾客的同时也会带来无妄之灾。

生 e 经这个工具非常强大，好好去分析研究，会带来意想不到的收获，我们讲这个属性分析，并不是要大家欺骗买家，恶意去发布虚假属性，而是想让大家在备货的时候就选好款式，这样才能真正拿到属于你自己宝贝的流量。

5.8 售后维护：动态评分和中差评

1. 中差评

淘宝官方说好评率已经解绑了，不会影响到宝贝排名，但是，通过我们对数据筛选发现，综合排名前 3 页的宝贝，95%的宝贝好评率基本都在 97%以上，好评率终究是卖家服务质量的一个体现，所以，我们还是要做好售后，尽量避免中差评。

完全避免中差评肯定是做不到的，因为客户服务是贯穿整个交易过程的，买家进店，看到宝贝详情页，和客服沟通，快递发货，买家收货，使用效果反馈等任何一个环节有纰漏，都可能会带来中差评，所以，做淘宝其实是挺辛苦的事情，接下来我们把一些重点的环节跟大家说一下，尽可能避免中差评。

准备宝贝详情页要注意不要过于夸大产品，尽可能使用宝贝实拍图片，很多买家之所以给中差评，是因为收到货发现颜色和宝贝描述完全不一样，或者明明承诺的赠品没有兑现，或者使用以后没有效果。所以，宝贝详情页的内容一定要如实描述，不要给买家太高的期望，期望带来失望的无限循环就是这个道理。

客服沟通是影响转化率很重要的环节，同样也是影响中差评的重要环节，体现在沟通过程和售后处理两个方面。在和买家的沟通中，要多用表情。总结是客服里面最重要的环节，我们 2012 年做一款产品，会要求客服每个星期把自己所有的聊天记录导出来，哪些客户成交了，哪些客户没有成交，都要从里面分析出原因来，有针对性地去分析，以便提高我们的客服水平，大家也可以用这种方法来提高自己的客服效率，效果很好。

2．动态评分

动态评分即 DSR 评分可以说是一个店铺的灵魂，尤其是天猫店铺，动态评分掉下来意味着流失掉很多机会。不过，淘宝已经在 2013 年 4 月 1 日起，解绑了 DSR 评分和退款率的影响，既放宽了其参加淘宝营销活动的要求，也在搜索上给予了展示机会。但是，动态评分依然是影响店铺权重的一个重要因素，通常 DSR 评分飘红的宝贝排名会很容易，如果 DSR 评分变绿，那么很多工作做起来就很吃力了，我们来教大家如何提高自己的动态评分。

退换货单号引导买家好评 5 星截图，不过要学会用“神图”，这个是我找到目前为止最棒的提高动态评分的图片，如图 5-108 所示。

退换货单号的下面或者背面会有类似提示的，大家要合理利用退换货单，在这上面做文章的大有人在，比如，有店主在退换货单上面写买家可以在搜索框中输入“@旺旺名字”直达我们店铺，有店主在退换货单上面提前预报自己的活动，有店主在退换货单上面推销自己店铺的其他宝贝，总之，大家不要浪费任何一个可以推广自己店铺的机会。

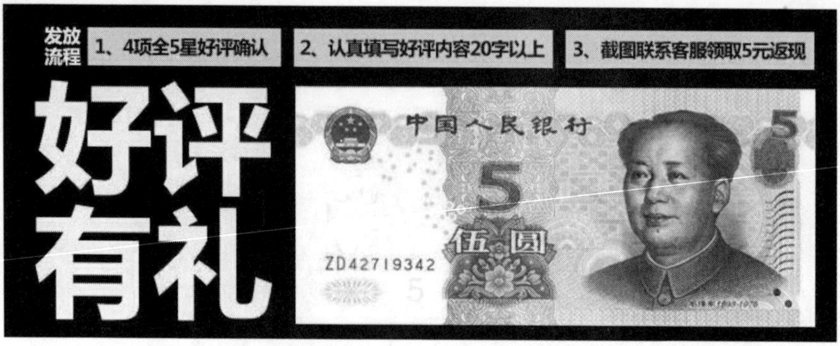

图 5-108　引导买家好评 5 星截图

我们前一段时间看到一个店铺从绿色动态评分转变成红色动态评分的全过程，就是靠返利客户做出来的，当给客户发货以后，会发短信通知客户，内容如下。

> 尊敬的客户，您好，您在×××××专
> 营店购买的宝贝已经发货，顺丰快
> 递，单号××××××，请及时注意查收，
> 有问题可以联系在线客服，满意给
> 我们打 5 分好评哦！
> 当客户签收以后，他们会再次追加发送短信，内容如下。
> 亲，宝贝收到您还满意吗？
> 凭借 5 分好评截图找客服立
> 即返现金 5 元，每天限 100
> 名，有问题联系售后旺旺或
> 者致电×××××××。

就是靠这样的短信，把一个动态评分濒临死亡的店铺又救了回来，而且还因为返现金这个事情，带来了一些口碑营销，有的买家还会介绍自己朋友过来，实在是一件划算的事情。

有的朋友一旦动态评分低了，就总是想着去刷单，除了刷单好像完全没有别的方法，其实，刷单的成本和风险在当下的淘宝经营环境中，已经是相当高的了，与其冒着高风险去做这样欺骗客户的事情，为什么不能让利给老客户呢？有些问题，想透了，离成功就不远了！

5.9　其他优化细节

基本上我们到这里，一个宝贝的淘宝排名优化工作已经完成，全店其他宝贝优化工作流程都是如此，剩下就是一些细节问题，我补充三个细节，大家平时多注意就好。

第一个：旺旺在线时间和响应速度

旺旺在线时间目前指的是电脑旺旺在线，手机的不计入在线时间，所以必须要保证足够的电脑在线时间，有的卖家喜欢隐身，这样的话，会丢失掉很多类目流量，兼职卖家也最好电脑挂旺旺，不过随着无线端越来越壮大，可能这个在线时间会有所调整。

旺旺响应速度是反应客服服务水平的指标，一般我们都要求学员设定旺旺自动回复，自动回复也算旺旺响应速度，大家可以到旺旺软件中自行设置，如图 5-109 所示。

在卖家版旺旺的系统设置里，找到客服设置→自动回复设置，勾选“当天第一次收到买家消息时自动回复”复选框，添加自动回复内容。

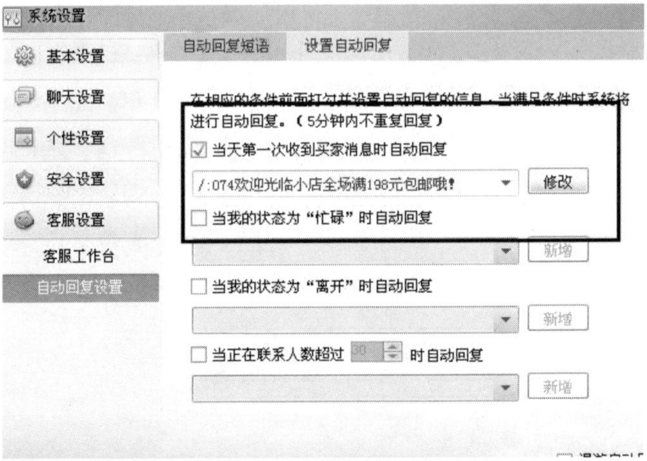

图 5-109　旺旺自动回复设置

第二个：转化率

转化率是淘宝排名里面一个非常重要的因素，我们除了通过提高详情页质量和客服水平以外，还要注意一件特别重要的事情，不要把自己的宝贝链接拿出来到处乱发，我们测试过，把一个销量比较少的宝贝的链接发到 1 000 多人的 QQ 群里，结果宝贝直接从某个关键词的人气排名前三页掉到第 40 页。

所以，不要轻易地到高流量平台去发自己的宝贝，还有的卖家居然会去买流量来刷自己的宝贝，有的还用流量精灵等小软件来刷宝贝流量，以为刷的越多，排名越靠前，这根本就是完全没有依据的事情，刷流量只会导致你的转化率越来越低，降低你的人气排名。

第三个：宝贝一口价不要随意修改

有的卖家抱有这样的心理，我先低价卖，等到销量起来的时候再去卖高价，但是大家要注意，这样卖本身是无可厚非的，调价一定是要通过调整折扣来进行，比如，我们一个宝贝一口价定价 1 000 元，前面 4 折（400 元）卖了 100 件，调整折扣到 5 折（500 元）继续卖了 100 件，再调整折扣 8 折（800 元）卖了 100 件，这样在提价的过程中，我们始终没有动一口价 1 000 元，调整的只不过是折扣而已，如果你调整的不是折扣，而是一口价，那麻烦就来了。

举个例子，我们一口价是 500 元卖了 100 件，1 件如果增加 1 个人气分的话，那么我们一共有 500 人气分。如果我们提高一口价至 1 000 元，只要卖 1 件，那么原先 500 元卖出去的 500 个人气分，就会在我们现在价格的基础上同样打个折扣，变成 250 个人气分。这样我们宝贝的人气排名就不是按照 501 排名人气分（1 000 元卖出去的那个算 1 人气分），而是按照 251 个人气分排名，人气排名就会往下掉，所以一定要注意，不要乱调一口价，切记！

第 6 章

手机端淘宝排名实战

6.1 手机淘宝：一个被逼着走向强大的产品

6.1.1 无线战场的“巨头之争”

无线端的重要性在整个互联网界被喊了很多年，去年微信爆发之后，算是彻底拉开了无线互联网的序幕。于是百度狂掷 19 亿美元，收购了 91 无线所有股份。阿里巴巴牺牲了首页钻展的位置，疯狂的推广“来往”，6 月份又完成了最近几年中国互联网史上最大的并购，收购 UC 等。我们看到一系列的新闻，确实证明移动互联网正在疯狂的爆发。

无论新闻怎么讲，事实证明，腾讯的微信确实强大到让其他巨头心惊胆战。即便是阿里疯狂的推广“来往”，马云常驻“来往”拉人等一系列疯狂举动，依然无法撼动微信江湖老大的地位。目前已有消息传言，“来往”已经放弃和微信竞争，转型其他思路。

为什么阿里如此庞大的公司会因为“微信”这样一款小小的工具，整个公司人心惶惶？实际上归根结底是对流量的掌控！我们来盘点历史上，阿里做过的一些比较“狠”的事情。都是在流量上面有巨大影响的时候，毫不犹豫的一刀砍死。

第一，淘宝屏蔽百度收录

大家都知道淘宝屏蔽了百度收录，但是很多人都理解不了其中的原因，认为百度收录会给淘宝带来更多的搜索流量。实际上阿里是想把用户习惯牢牢地控制在自己手中，要大家养成来淘宝购物的习惯，而不是一买东西就想到百度搜索。

第二，“封杀”美丽说等导购网站

当你很小的时候，关注你的人是不多的，但是你做到美丽说和蘑菇街这样的层次，阿里出手了。它不愿意看到用户买淘宝的东西，养成去美丽说这样的导购平台选好下单，尤其是大批量的用户养成这样的习惯。阿里“很没有节操”地封杀了它们的淘宝联盟，不久又屏蔽了它们和淘宝的通道。

第三，“屏蔽”行业巨头微信

当移动互联网疯狂发展，微信很潇洒地在前面领跑的时候，阿里坐不住了。先是在微信上屏蔽淘宝链接，紧接着又切断支付宝付款通道，有很多在微信上面运作淘宝店铺的商家苦不堪言。归根结底还是用户习惯，阿里担心用户在移动端养成微信逛街购物的习惯，所以直接在还是萌芽的状态就一刀砍死。

但是即便是屏蔽掉微信，阿里的“来往”依然举步维艰，又是送红包，又是送流量，风风火火好几个月之后，还是归于平静。原因也是只有一个：用户已经在微信落脚，习惯在微信和朋友沟通。

那么“来往”发展势头不好，在移动互联网这么彪悍的发展下，阿里应该如何应对呢？手机淘宝就在这样的环境下，被推到了风口浪尖！

6.1.2 阿里强推手机淘宝

手机淘宝是阿里无线端竞争的武器，但是确实有点手忙脚乱上战场的感觉。比如很多程序设计上的不完美，到目前为止，手机淘宝还是不能实现搭配套餐购买；甚至今年 4 月份之前，手机淘宝还无法实现关联营销。

为了手机淘宝的发展，阿里堪称是用心良苦，因为它的用心良苦，造就了手机淘宝目前数据上的“虚假繁荣”。

我们调取了很多店铺 2014 年 5 月、6 月、7 月三个月的数据，大部分店铺的手机淘宝流量已经占到总流量的 60%以上。

如图 6-1 所示，手机淘宝甚至占到整个店铺流量的 70%左右，8 万多访客里手机端的访客就接近 5 万 6 千多。而且几乎现在只要有做无线手机端的买家都会看到自己店铺的手机流量占比超过 50%，有的甚至还会到 80%以上。

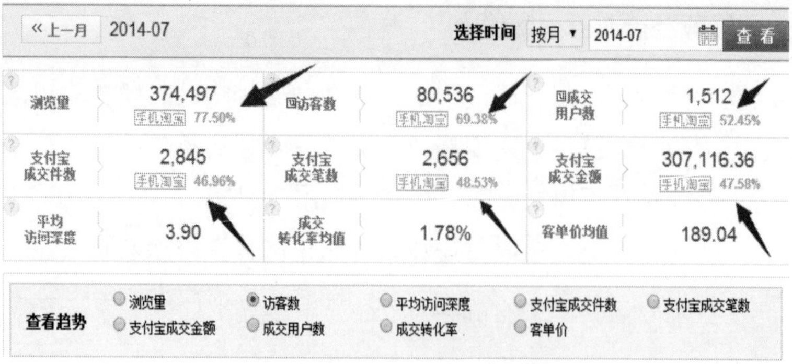

图 6-1　店铺手机流量占比

看似特别华丽的数据，为什么我说它是“虚假繁荣”呢？因为现在的状况是两个原因导致的。

第一，手机端流量虚高

阿里为了推广手机淘宝，推出了一部手机专享价的功能，大部分店铺都有开通手机专享价。买家用手机付款比电脑端总要便宜一些，这样一部分买家养成了很有意思的习惯，在电脑端看好商品之后加入购物车，然后在手机端用手机淘宝付款。

尤其是天猫店铺，宝贝详情页顶部导航栏直接给出手机扫码的绿色通道，如图 6-2 所示，更加方便了此类买家。

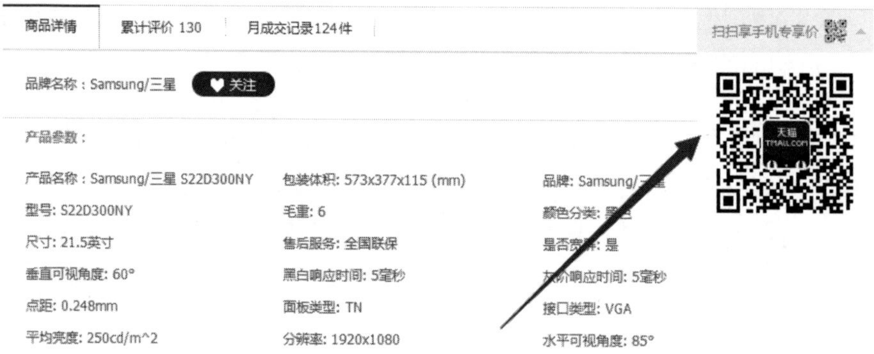

图 6-2　手机淘宝专享价扫码

这部分流量是先在电脑端看好宝贝，之后又到手机端享受专享价，同时会算做手机端的流量，实际上本身手机端并没有那么多流量直接引入这个宝贝，这是手机端流量虚高的主要原因。

第二，手机端宝贝转化率虚高

因为手机屏幕相比电脑端显示器较小、手机网速相对较差等一些刚性限制，卖家没有更多空间布局很好的宝贝详情页，所以手机端的转化率一直都很低，但是整体手机的淘宝转化率并不低，这也是虚高的数据。

一方面是因为买家电脑端扫码，手机端付款，促成了手机端的转化率数据。实际上这部分买家并不是在手机上面完成全部的交易流程，他们下单跟手机端的宝贝详情页描述几乎没有任何关系。如果真正是从手机端搜索过来，那么看到宝贝详情页最后下单的概率是很低的。

另一方面官方“战略性”规则制定，导致手机转化率数据虚高，比如我们可以看看目前手机专享价的获取资格，如图 6-3 所示。

【手机专享价】面向 集市 卖家是按梯度开放的：

- **2月20日**，已开放钻级以上（截止到2月15日前使用）“一阳指”的集市卖家！
- **3月7日**，已对 直通车（且在2014年1月1日-3月6日内有1个以上有效点击）卖家开放；
- **3月12日**，新开 **开通直通车**（且在3月7日-3月11日内有1个以上有效点击）卖家开放（开通直通车，默认对无线做投放，关闭无线投放不开哦）直通车如何获得有效点击>> 还未开通直通车 立即开通>>
- **3月20日**，新开面向钻级以上（截止到3月15日前使用）“一阳指”的集市钻级卖家！
- **4月19日，已开通集市钻级及以上，近30天内有无线成交（日均大于5单）的卖家权限**
- **5月29日，已开通集市钻级及以上，近30天内有无线成交（日均大于5单）的卖家权限**
- **6月，凡是符合集市钻级及以上，近30天内有无线成交（日均大于5单）的卖家，我们会在固定时间内，统一开通权限。（6月名单已开通）**
- **7月底之后，满足以上条件的卖家，将实现自动开通，敬请关注！**

图 6-3 手机淘宝专享价获取资格

如图 6-3 所示，我们看到集市 C 店获取手机专享价的资格，从 4 月份开始，添加了一条不成文的规定——“近 30 天内有无线成交（日均大于 5 单）”，潜意识就是要求 C 店卖家手机端月成交单数在 150 单以上，才有拿到手机专享价的资格。

实际上，小卖家是很难做到无线端月销 150 单的，尤其是在没有开通手机专享价资格的情况下，更难做到。所以除了报名手机端的官方活动，大部分都会选择去手机端刷单。这样的官方战略性要求，导致手机端华丽的数据，又多了很多水分。

虽然手机淘宝数据有虚假成分，但是现在的手机淘宝对于广大卖家来讲，已经是必须要去做的一项工作了。从店铺装修，到宝贝详情页，再到营销策划，都要制定详细的策略，不然在未来的日子，很容易被淘汰掉。

6.2 “无节操无底线”的手机排名现状

有印象的应该记得，我们在讲新版淘宝首页的时候提到了一个大背景：阿里上市！基于这个大背景淘宝做了很多调整，手机淘宝也无可避免地受到比较大的影响。我们先随便搜索几个关键词，看看该关键词在手机端的排名情况，做个基本了解。

关键词一：连衣裙，如图 6-4 所示，我们看到显示的都是相比较而言价格特别低的宝贝，同时又有比较大的销量，第一个宝贝的销量虽然不高，但是它快到下架时间了，所以权重比较高。

图 6-4 手机淘宝搜索“连衣裙”的综合排序

关键词二：女包，如图 6-5 所示，女包这个关键词呈现的宝贝几乎使我们大跌眼镜，9 块 9 包邮、11 块 9 包邮的宝贝堂而皇之的排在前两位，剩下两个宝贝的价格也是很低的，同时 4 款宝贝的销量都是比较凶猛的。

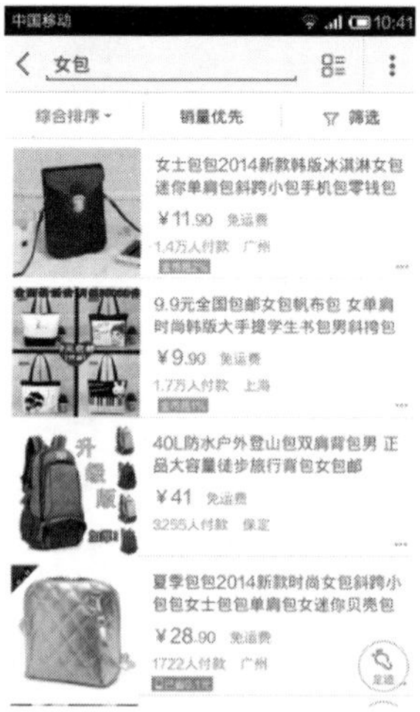

图 6-5　手机淘宝搜索“女包”的综合排序

关键词三：智能手机，如图 6-6 所示，智能手机这个关键词呈现的宝贝也都保持了不错的销量和价格优势。如果搜索“手机”这个关键词，那么结果几乎可以和“女包”媲美了。

图 6-6　手机淘宝搜索“智能手机”的综合排序

从上面的例子中，我们可以看到手机淘宝的排序结果和 PC 端的搜索排序完全是两个概念，价格和销量占据了很大的成分，价格都是较为低端的，销量都很凶猛，有点类似于 2010 年之前淘宝搜索的人气排序，这一切的目的实际上就是为了提升手机端的转化率。

业界有个传了很久的小笑话，“爆款怎么做？一块钱包邮疯狂做一个月！”看似可笑，实际上说到底价格和销量是影响转化率最重要的因素，这也是为什么譬如折 800、卷皮等一些低价导购平台会做的特别火。

手机淘宝的流量如果想得到很好的利用，想能够为阿里带来更彪悍的数据，那么转化率是要必须解决的问题，所以价格和销量都有优势的宝贝，就很容易在手机端拿到很好的排名，我们测试一款 29 块钱包邮的连衣裙，在手机端优化 2 个星期可以拿到接近 50 000UV 的免费流量，如图 6-7 所示。

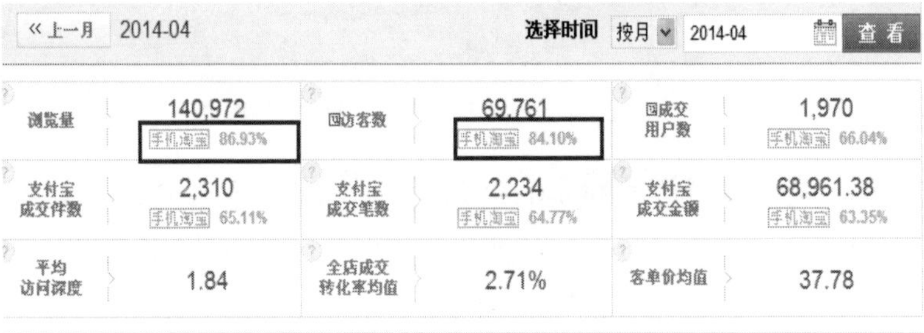

图 6-7　低价宝贝两周获取接近 50 000UV 的手机淘宝流量

所以，有时候我们会分析在淘宝平台，技术和资源这两项指标到底哪个更重要？我们学员里面实际上有很多人的技术确实是够强悍的，淘宝 SEO、直通车等各种技术都掌握得很好，但是碰到强大的资源团队，有很牛的货源横空杀出来拼价格战的时候，往往是不战而退或者一败涂地。

如果你有好的货源，直接可以秒杀任何技术类难题，则无节操的低价可以让你迅速获得手机淘宝的流量，当然能不能把流量都转化掉，以及售后服务等因素也直接决定你是否能继续生存下去。

面对手机淘宝如此“无底线无节操”的排名现状，如果想快速大量的拿到手机淘宝的流量，那么专门设计一款为手机淘宝流量而生的宝贝是最佳选择。而不是牺牲现有宝贝的利润来抢占手机端的流量，操作不当不仅抢不到手机淘宝的流量，同时也会损失 PC 端的流量。

实际上整个淘宝运营里面也是如此，因为每个渠道的流量规则不同，你是很难做到一款宝贝的搜索流量、类目流量、手机流量、淘宝客流量都非常厉害的。不同渠道的流量要设计不同的宝贝来获取，才是一个优秀运营该做的事情。

6.3　手机淘宝搜索排名大揭秘

6.3.1　手机淘宝特殊的“多维度”排序

因为手机界面很小，所以不能和 PC 端搜索排序一样，它没有更多的位置展示搜索排序的各种入口，如图 6-8 所示，目前一级入口只有综合排序、销量排序、筛选三个选项。

图 6-8　手机淘宝多维度排序

从图 6-8 中可以看出，实际上淘宝程序员是特别聪明的，综合排序是综合考虑了买家、卖家和淘宝平台三者的利益，这个入口必须为默认排序；销量排序是考虑买家的刚性需求，同时也兼顾到手机端转化率（销量越高，转化率越高），而且在 PC 端的多维度排序里面，销量排序也是流量分配很多的入口，买家比较喜欢点击这个地方；筛选这个选项算是手机淘宝特有的流量分配入口，目的是刺激更多的卖家参与到手机淘宝里面来。

在没有更多位置的情况下，这三个入口无疑是当前手机淘宝最好的排序模式。我们点开综合排序的下拉框，如图6-9所示。下拉框呈现的是综合排序、价格从低到高、价格从高到低、信用排序四项排序机制。

图6-9　手机淘宝综合排序下拉

信用排序实际上关注的买家都是新手级别的，能用到手机淘宝购物付款的买家一般都是比较成熟的买家体系，实际上这个排序机制的存在只启到了微乎其微的作用，刻意保留下算是对老卖家的一些扶持吧。

价格排序也算是刚性需求里面比较重要的环节，有人是只买便宜的，有人是只买最贵的，这些环节也是有优化的价值。举个简单的例子，如果我们是卖貂皮大衣的，则可以按照价格从高到低排序，看看最高价格，直接发布一件比最高价格还高的宝贝，虽然点进来不一定会买，但是做好关联营销，也是可以出单的。至于低价，你也可以自己研究看看，我们不做深入探讨。

除去综合排序和销量排序之外，筛选入口也暗藏玄机，如图6-10所示。我们看到筛选按钮几乎是把PC端的搜索纬度细节都包含进来，可以进行单选或者多选，其中最低价格、最高价格、天猫、促销、免运费、消费者保障、全球购等纬度和PC端的是一样的模式。我们重点说下淘金币抵现和手机专享价，这两个PC端没有专门入口的选项。

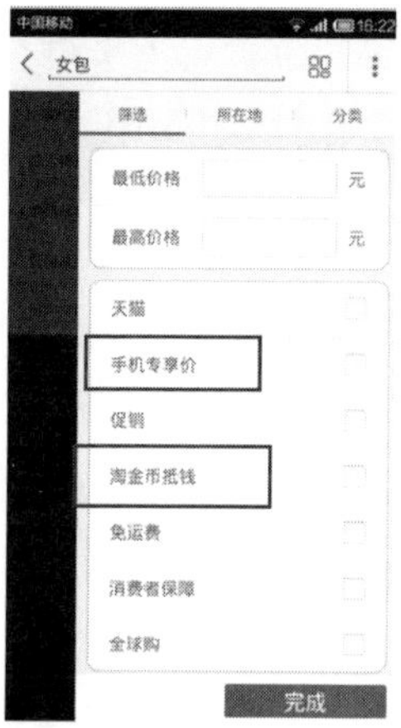

图 6-10　手机淘宝筛选选项

手机专享价和淘金币抵现是手机淘宝特有的筛选机制，如果我们同时勾选再进行搜索就会看到搜索结果，如图 6-11 所示，那么所有宝贝的右侧都会有两个标签“已省 XX 元金币抵现 X%”。实际上就算你没有勾选这两个选项，在综合排序搜索宝贝的时候，已经设置了淘金币抵现和手机专享价的宝贝的右侧也会出现这个标签。

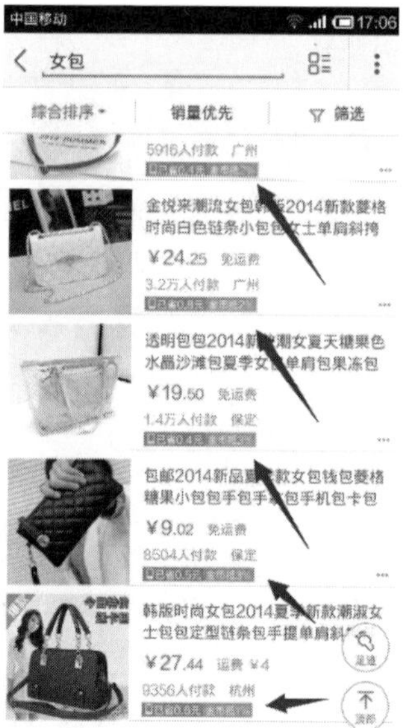

图 6-11　手机淘宝勾选淘金币抵现和手机专享价之后的搜索结果

这两个标签对于我们手机端的宝贝流量来讲有三个作用，第一是增加宝贝点击率，增加流量；第二是提高宝贝的手机转化率，提高手机端的宝贝排名；第三是增加宝贝权重，提升宝贝排名。

淘金币抵现和手机专享价是手机淘宝排名里面特别重要的权重因子，后面会在 6.3.2 节里面详细讲解手机淘宝宝贝排名的权重因子。了解手机淘宝的多维度排序因素，可以加深我们对手机淘宝流量入口的认识，在做宝贝排名优化的时候更有针对性。

6.3.2 影响手机淘宝宝贝排名权重的几大因子

综合排序无疑是手机淘宝流量分配的最大入口，如果有朋友还记得 2010 年的淘宝搜索结果，那么会发现现阶段的手机淘宝和那个时候的 PC 搜索结果有惊人的相似之处，都是以转化率为第一要素，人气排名流量和综合排序流量交替进行。

现阶段手机淘宝的综合排序是以 PC 端的人气排序为模型，同时加进去下架时间、手机专享价、手机店铺装修、手机宝贝详情页设计等权重因子，最后把结果呈现给手机淘宝客户端的用户。

下面我们把影响手机淘宝宝贝排名的主要权重因子列出来，当然前面我们有说过手机淘宝是被阿里强行推上来的，目前手机淘宝还是一个非常不成熟的产品，各种权重因子比例还在不断调整中，比如说之前淘金币抵现的权重是没有现在高的，之前的手机店铺装修比现阶段的店铺装修权重要高等。

所以我们列出来的权重因子不分占比大小，大家可以根据官方规则变动和实际店铺流量来评估哪项权重又做了调整。

第一，手机店铺装修和手机淘宝详情页

我们先看数据，做了手机店铺装修和手机店铺装修的宝贝在手机淘宝中的搜索流量表现，如图 6-12 所示。

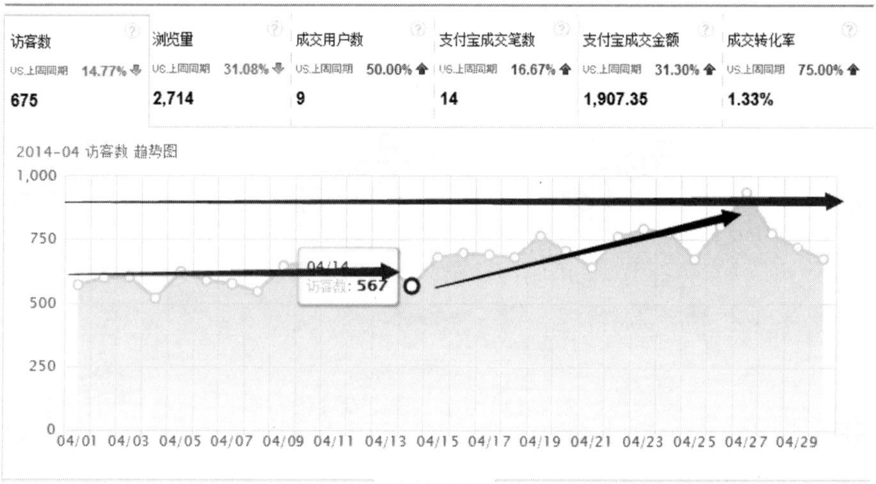

图 6-12　店铺设置手机淘宝店铺装修前后流量对比

如图 6-12 所示，这个店铺在 4 月 14 日完成了手机淘宝店铺装修的工作，在没有做其他任何优化的情况下，手机淘宝带来的流量就开始慢慢提升。然后从 4 月 14 日到 4 月 30 日，美工陆续完成宝贝无线端的详情页设计，流量也一直不断上涨，流量上涨幅度大约是 50%左右。

从图中的数据可以看出，做好手机端的店铺装修和宝贝详情页，对于宝贝在手机淘宝搜索端的排名权重是有很大帮助的。4 月份的时候，基本上只要去做手机无线端店铺装修这个工作，手机淘宝的流量都会有比较明显的提升。现在去做，效果没有当时那么好，但是你不做，手机流量永远做不起来。

手机淘宝店铺装修比 PC 端要简单得多，说得直白一点，只要你会玩 QQ 空间装扮，就可以百分百搞定手机端的店铺装修，具体入口为卖家中心→店铺管理→手机淘宝店铺，如图 6-13 所示，点击立即装修即可，限于篇幅，我们不做详述，有兴趣的可以去木叶火论坛学习基础课程。

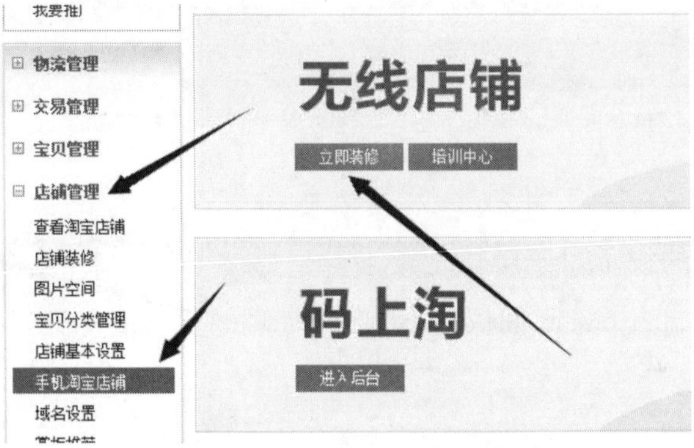

图 6-13　手机淘宝店铺装修

第二，永恒的相关性

之前讲解 PC 端宝贝排序的时候，筛选宝贝最主要的一个因素就是相关性，宝贝标题相关、类目相关、属性相关等，同样手机淘宝的宝贝排序规则中，相关性一样是非常重要的内容。

譬如我们搜索“笔记本”这个关键词，手机端给出的结果是笔记本电脑，并非写字用的笔记本；搜索“苹果”手机端给出的结果是苹果手机，并非是吃的苹果，如图 6-14 所示，这就是根据类目相关决定的。

图 6-14　类目相关决定手机淘宝搜索结果

所以相关性无论是 PC 端的还是手机端的在排名优化的过程中都是特别重要的排序规则，要第一考虑相关性的优化，前面已经说得很详细，在此不做详述。

第三，微弱的下架时间权重

下架时间的权重对于中小卖家来讲是最公平的，这个对手机端有同样的影响，不过手机端的下架时间权重影响比 PC 端的要小很多。

我们在 7 月 27 日下午 15 点 30 分搜索“连衣裙”这个关键词的排名，并且把手机端排名前 20 名的下架时间提取出来，结果如图 6-15 所示。我们看到下架时间虽然大部分靠近 7 月 27 日，但是并不是特别规律，当然第一个宝贝差的比较离谱，8 月 2 日下架的宝贝，提前 5 天就排第一名了，因为这个宝贝是直通车推广的，所以不受下架时间影响。

	A	B	C
1	排名	宝贝标题	下架时间
2	1	秦晨2014秋装	2014-8-2 12:06
3	2	正品2014夏季	2014-7-31 16:57
4	3	欧州站2014夏	2014-7-27 20:00
5	4	夏装新款女装	2014-7-27 20:16
6	5	韩版气质修身	2014-7-29 17:00
7	6	2014秋装新款	2014-7-27 18:00
8	7	夏季条纹修身	2014-7-28 10:07
9	8	韩版气质修身	2014-7-27 21:49
10	9	夏2014新款女	2014-7-29 22:07
11	10	版女系带短袖	2014-7-27 20:00
12	11	碎花雪纺修身	2014-7-28 17:18
13	12	复古心型红色	2014-7-29 22:18
14	13	韩国2014夏装	2014-7-28 13:00
15	14	新款韩版修身	2014-7-27 23:11
16	15	显瘦棉麻连衣	2014-8-2 9:00
17	16	甜美蝴蝶结系	2014-7-29 20:00
18	17	嘉蓓爱尔2014	2014-7-31 22:19
19	18	夏装新款女装	2014-7-28 16:17
20	19	女装无袖棉麻	2014-7-27 20:19
21	20	连衣裙韩版宽	2014-7-28 14:10

图 6-15　手机淘宝宝贝排名前 20 名下架时间

同时我们去分析单款宝贝手机端流量的时候，发现手机端的宝贝流量和下架时间的关系也是很微小的，如图 6-16 所示。该宝贝的下架时间是 7 月 24 日晚上 20 点，我们看到流量并没有在当天达到最高峰。

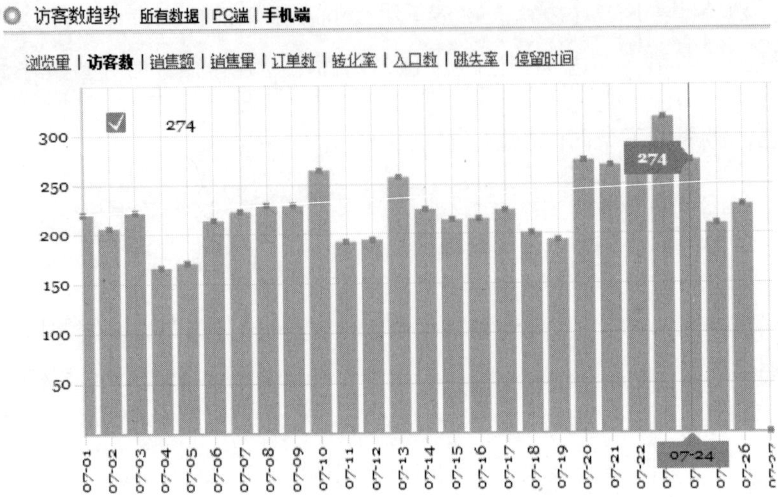

图 6-16 单款宝贝手机端宝贝流量数据

上面的数据表明在现阶段的手机淘宝排序规则中下架时间的权重是很微小的，只要做好 PC 端的下架时间安排即可，没有必要专做手机端的宝贝下架时间安排。

第四，强悍的手机专享价和淘金币权重

手机专享价的作用类似于 PC 端的橱窗推荐，对宝贝权重有很大帮助。手机专享价是手机淘宝区别于电脑端的主要权重因子，这个功能一方面是为了激励广大卖家重视手机淘宝的重要性，积极参与进来；另一方面可以提升手机淘宝的流量转化率，所以优化手机端的排名，必须要拿到手机专享价的资格，我们看下一款设置手机专享价的店铺前后手机淘宝流量的变化，如图 6-17 所示。

如图 6-17 所示，该店铺在没有做任何其他推广工作的情况下，5 月 17 日拿到手机专享价的资格，设置好之后，手机流量在半个月之内从日均 800UV 变成日均 1300UV。

淘金币抵现不同于手机专享价，几乎是 0 门槛就可以设置的，设置宝贝淘金币抵现不仅可以获得手机端的权重，同样还会增加 PC 端的淘金币活动流量，后面章节会讲到如何设置淘金币抵现。

图 6-17　店铺设置手机专享价前后流量变化

值得注意的是，在我们的实际测试中，手机专享价对于手机淘宝的权重只是有和没有的区别，不会因为手机专享价的力度不同权重不同；淘金币却是抵现比例越高，宝贝加权越高。

第五，销量！还是销量

从我们之前看到的手机淘宝各种关键词的排名可以看出，销量是手机端最主要的权重，截至目前，我几乎从来没有在手机淘宝搜索看到过 0 销量的宝贝，同时销量权重里面要注意两点。

1. 手机端的销量权重比 PC 端的销量权重高

我们发现，在同样的销量基础下，报名手机活动或者通过手机搜索刷单的宝贝在手机端的排名会相对靠前，换言之，宝贝获得手机端的成交量越高，排名就越好。甚至包括在电脑端拍下手机端付款的成交，对于手机排名都是有帮助的。

2. 7 天销量权重占比最高

手机端的销量权重以最近 7 天宝贝的销量权重占比最高，一个 30 天销量是 500 的宝贝无线端的流量一直平平无奇。我们用放大无线端直通车的广告费用测试，第一天投放 100 元广告费、第二天投放 200 元、第三天投放 300 元依次类推，连续投放一个星期，会惊奇地发现宝贝手机淘宝搜索流量随着销量不断积累，越来越大。

所以，如果有意提高宝贝最近 7 天的手机端成交量，则会增加宝贝的权重。

提高手机端的宝贝成交量目前看到有 4 种方法，第一是报名手机淘宝官方的活动（参考 6.4.2 节），通过手机活动提升手机端的成交量；第二是电脑端详情页诱导买家试用手机淘宝扫码支付，牺牲 PC 端的成交来提升手机端的成交量；第三是投放手机端的直通车或者钻展推广，通过付费流量提升手机淘宝的成交量；第四是手机搜索关键词刷单，目前看到手机刷单淘宝监控的力度还是很小的，效果也很明显。

不过，还是推荐大家用更加诚信的方法来获取手机淘宝的流量，以免淘宝秋后算账。

第六，手机端的点击率和转化率

因为手机的版面限制，流量显得更为珍贵，点击率越高的宝贝相对而言手机端的宝贝权重就越好；同时手机淘宝转化率是最重要的宝贝权重因子，如果一个宝贝在某个搜索关键词的搜索结果里面一直维持比较高的转化率，那排名一定是靠前的。

点击转化率不仅仅是在手机淘宝搜索，在 PC 端搜索也是一项特别重要的宝贝权重值，淘宝搜索系统经过层层筛选把你的宝贝展现给买家之后，会判断你的宝贝是否值得给予更多流量，而这个判断指标最重要的点就是点击率和转化率。

点击率高代表在搜索结果展示的宝贝里面，买家对你的宝贝更有意向，如果排名很好的宝贝点击率超低，那么系统就会判定该宝贝不受买家欢迎，下次排名的时候就会把该宝贝排名靠后，因为它浪费了淘宝的良苦用心，浪费了展示位。

转化率高代表该宝贝对于流量的利用率高，是淘宝、买家和卖家三者皆大欢喜的事情，这样的宝贝官方就愿意给它更多流量的。当然我不是叫大家为了提高转化率就去做没有下限的事情，比如刷转化率一直刷到 100%，这样不仅排名没有提上来，还有可能被系统判定刷单，得不偿失。更多的要从宝贝手机详情页、关键词布局、性价比上面下功夫。

提高手机端宝贝点击率目前可以操作的方法只有两种，一是设置宝贝手机专享价和淘金币抵现，二是优化宝贝主图，如图 6-18 所示。手机淘宝主图默认显示是 100×100，和 PC 端的宝贝共用一套主图，PC 端的主图做好之后要在手机端实际搜索下看看，是否也能显示的清晰明了，以免影响点击率。

图 6-18　手机淘宝宝贝点击率的影响因素

第七，其他

上面六项权重是影响手机淘宝排名的主要因素，剩下还有一些细节，比如个性化搜索，手机端用不同的淘宝账号搜索相同的关键词，结果会略有不同；用不同的系统（安卓系统、IOS 系统）搜索，结果会略有不同；甚至不同的流量搜索（Wi-Fi、3G、4G），结果也会各不相同。

还有人说手机端的直通车广告费用投放越多，流量越多；手机流量占店铺流量的占比越高，手机端的流量就越多；还有人说宝贝价格折扣力度越大，价格越低，手机端的流量就越多等。

这些没有依据或者说我们没有实际测试过的，就不做详细介绍了，大家只要做好前面六大权重，基本上就可以拿到不错的手机淘宝搜索流量了，没有必要在其他一些小细节上面死磕，下面我们把一些重要的环节再讲下。

6.3.3 “辛酸”的手机专享价获取之路

淘宝所有的新规则，基本上都会追寻开始容易，慢慢加大难度，到后来设置稳定的门槛，手机专享价也是如此，如图 6-19 所示，是 C 店获取手机专享价的门槛。天猫卖家，除虚拟类目、航旅、酒店、门票、医药馆医药类目商品外，其他类目商品均可通过特价宝设置手机专享价，无其他门槛要求。

【手机专享价】面向 集市 卖家是按梯度开放的：

- **2月20日**，已开放钻级以上（截止到2月15日前使用）“一阳指”的集市卖家！
- **3月7日**，已对 **直通车**（且在2014年1月1日-3月6日内有1个以上有效点击）卖家开放；
- **3月12日**，新开 **开通直通车**（且在3月7日-3月11日内有1个以上有效点击）**卖家开放（开通直通车，默认对无线做投放，关闭无线投放不开哦）** 直通车如何获得有效点击>>　　还未开通直通车 立即开通>>
- **3月20日**，新开面向钻级以上（截止到3月15日前使用）“一阳指”的集市钻级卖家！
- **4月19日，已开通集市钻级及以上，近30天内有无线成交（日均大于5单）的卖家权限**
- **5月29日，已开通集市钻级及以上，近30天内有无线成交（日均大于5单）的卖家权限**
- **6月，凡是符合集市钻级及以上，近30天内有无线成交（日均大于5单）的卖家，我们会在固定时间内，统一开通权限。（6月名单已开通）**
- **7月底之后，满足以上条件的卖家，将实现自动开通，敬请关注！**

图 6-19　C 店获取手机专享价的门槛

如图 6-19 所示，我们看到集市卖家手机专享价的获取刚开始是很简单的，只要完成手机店铺装修和手机宝贝详情页设置，并且信用级别在一钻以上即可获得手机专享价的资格。后面只需开通无线直通车，并且获取 1 个以上的有效点击即可，再往后就加入了无线成交的因子，要求一钻以上，并且日均无线成交大于 5 单的卖家即可自动开通。

由此我们看出淘宝官方是在不断加大手机专享价的获取难度，所以中小卖家一方面要关注官方消息，有新的玩法上线的时候，抓紧去体验；另一方面无论通过什么方法，尽快获得手机专享价的资格，因为我们无法判定到底后面还会不会加大难度。

另外，值得注意的是，手机专享价是有宝贝数量限制的，根据店铺无线端成交量日均订单分配不同的宝贝数量，如图 6-20 所示，当然后面可能这个规则还会有调整，大家关注官方消息即可。

上月日均订单量	集市店专享价款数设置上限
0-10	10
11-25	15
26-50	20
51-100	25
101-300	50
301-500	75
大于500	100

图 6-20　C 店手机专享价数量和无线端的订单量

已经获得手机专享价的集市卖家可以点击我是卖家→营销中心→手机营销专区，创建手机专享价活动，如图 6-21 所示。

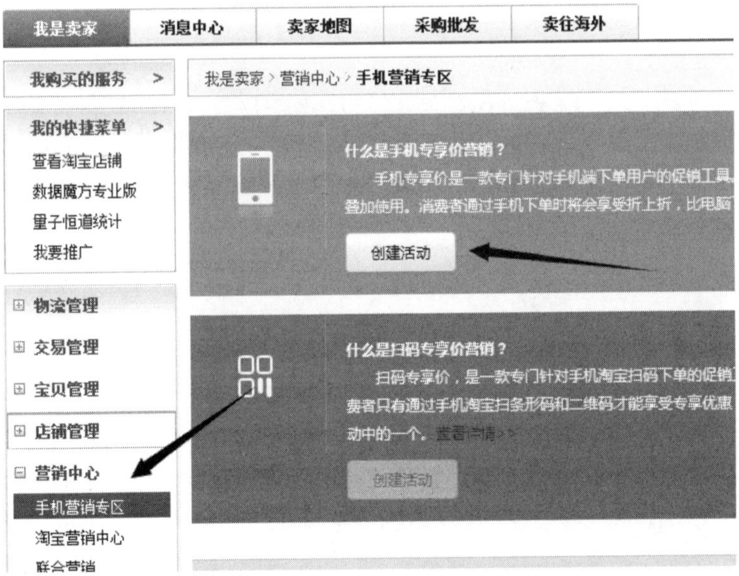

图 6-21　集市店铺手机专享价活动创建

创建活动的流程比较简单，我们不做详细讲解，这里重点说下手机专享价折上折的概念。我们有个天猫的学员因为忽略了折上折的概念，一个小时亏损了大概 3000 多元。折上折即卖家如果已对该宝贝在其他营销设置中（如官方的限时折扣、聚划算等，或三方的软件如美折、欢乐逛等）设置了折扣，那么在手机专享价中，设置的折扣将和前面已设置的折扣叠加。

如某宝贝一口价为 100 元，当前时间设置了 8 折的限时折扣，又在此处设置了 8 折的手机专享折扣，则买家在手机客户端下单时价格显示为 100×0.8×0.8=64 元。所以一定要谨慎，记住手机专享价是在宝贝现有实际销售价格上面再进行打折的，而不是直接在一口价基础上打折。

6.3.4 C店福利——“简单易得”的淘金币抵现权重

淘金币抵现是为集市卖家量身定制的工具，天猫没有资格，而且门槛很低，设置教程也比较简单，看到本书之后一定要马上去操作，如图 6-22 所示，找到卖家中心→营销中心→淘金营销中心。

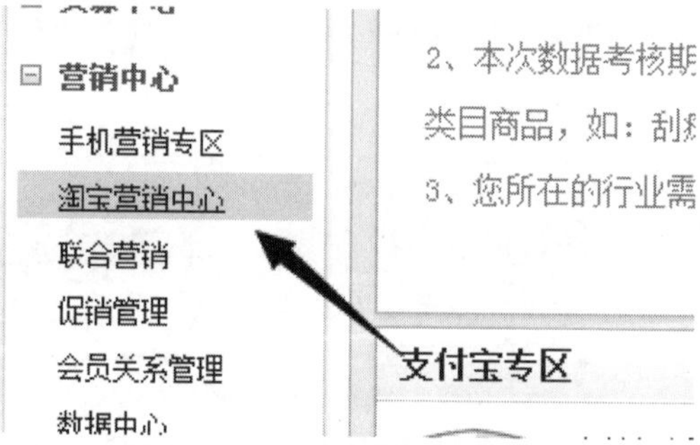

图 6-22 淘金营销中心入口

进入淘金营销中心之后，需要开通淘金币账户，我们已经开通过的就不做演示了，开通淘金币账户之后，如图 6-23 所示，即可在淘金币账户→淘金币抵钱创建活动，该活动对全店商品有效，也是卖家唯一一种赚淘金币的方法。

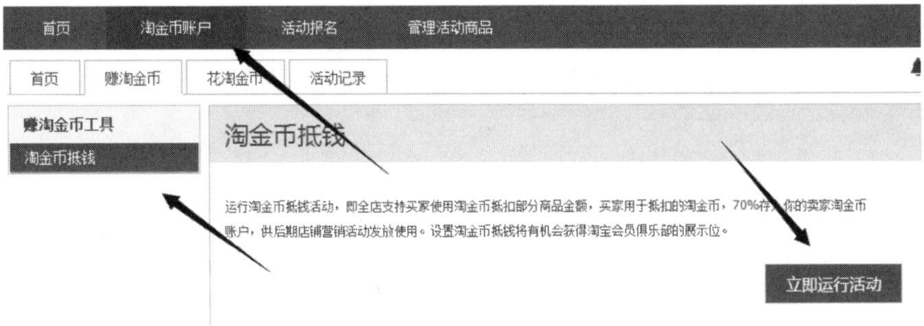

图 6-23　淘金币营销中心入口

设置好全店淘金币抵钱之后，也可以设置单品淘金币抵现，具体详细设置流程，卖家可以打开淘金币官方主页面（taojinbi.taobao.com），点击页面底部“如何开通淘金币抵”链接，都有详细的官方教程，如图 6-24 所示。

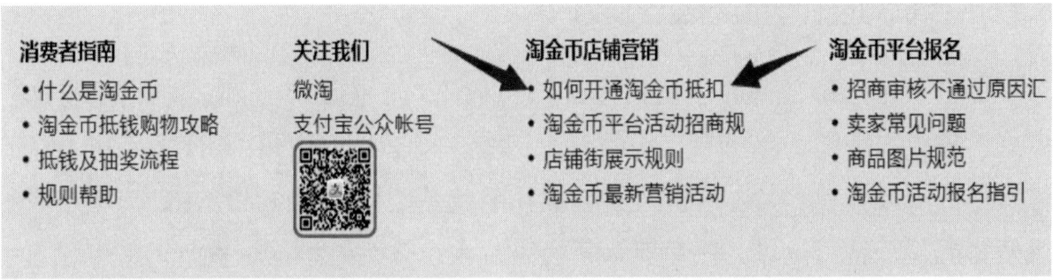

图 6-24　淘金币官方页面底部“如何开通淘金币抵扣”链接

关于淘金币抵钱，我们也补充四个重点。

第一，卖家赚淘金币的唯一方法就是买家购物抵钱的淘金币，买家账户里面的淘金币和卖家账户淘金币是分开的。有朋友自己想把自己买东西领的淘金币用到店铺的淘金币营销里面来，这是不可以的，后续大家也可以关注淘金币官方论坛，或许也会有更多赚淘金币的玩法。

第二，宝贝设置淘金币抵钱也是折上抵钱，和手机专享价类似，即买家在享受了店铺宝贝的折扣价之后，还可以在折扣价的基础上用淘金币抵钱，所以要根据自己的宝贝利润设置合理的淘金币抵钱比例，以免出现亏损。

第三，买家抵钱的淘金币，退货淘金币也自动退还，买家确认收货之后，卖家才能收到淘金币，另外只能收回来 70%。举个简单的例子，商品原价 100 元，折扣价 90 元，买家用淘金币抵钱 10%，确认收货之后，卖家收到的现金和淘金币分别如下。

卖家收到的现金=90 ÷ 90×10%=81 元

卖家收到的淘金币数量=900×70%=630 个

第四，淘金币抵钱的比例和宝贝在手机端的权重有关系，抵钱比例越大，宝贝排名越好。这个是我们测试数据反馈回来的结果，大家没有必要为了设置高比例的淘金币抵钱，就去虚标宝贝价格，后面官方或许会调整淘金币占比权重，只需顺其自然即可。

6.3.5 手机淘宝详情页的设计技巧

手机淘宝店铺装修和手机淘宝详情页编辑对于宝贝手机端排名也是有加权重的，曾经一度作为手机专享价的获取门槛。和 PC 端的操作相比，手机端两者的操作都比较简单，其中手机店铺装修几乎就是堆积木一样的玩法，一块一块的模型搭配起来就可以了，在之前章节已经给大家介绍过，现在我们来重点说下手机淘宝详情页的设计。

如果你是大卖家，配有特别霸气的美工，那么你可以去严格按照手机淘宝详情页的图片尺寸来设计精美的手机端详情页；如果你只是一个小卖家，没有大把的精力和时间来重新设计手机详情页，那么只需要按照如下的操作步骤即可。

第一，请到淘宝助理官方地址（http://zhuli.taobao.com/）下载淘宝助理最新版，只有最新版淘宝助理才有手机详情页的功能。

第二，打开淘宝助理的宝贝管理界面，选中任意想编辑的宝贝，点击下面的手机详情页导航，如图 6-25 所示。

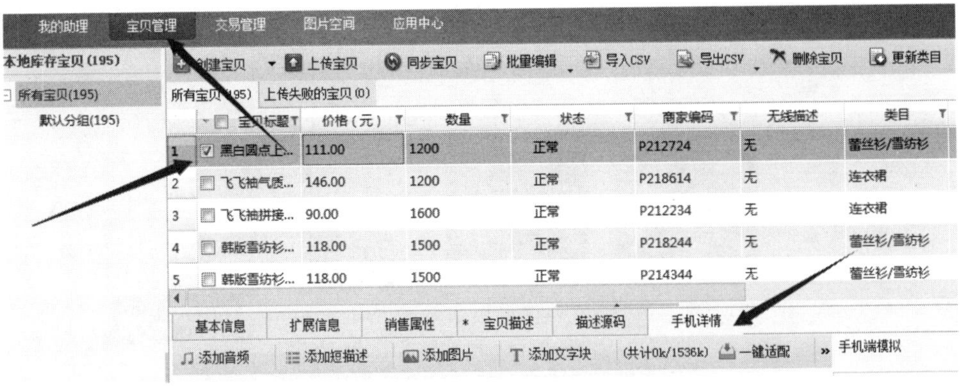

图 6-25　淘宝助理找到要编辑的宝贝

第三，在手机详情页的底部导航栏处点击“一键适配”右侧的小箭头，再点击“导入”，选择“导入页面版详情页”，在弹出的窗口中选择“是”，然后等待片刻，就会自动把你宝贝电脑端的详情页转化成手机端的宝贝详情页，如图 6-26 至 6-28 所示。

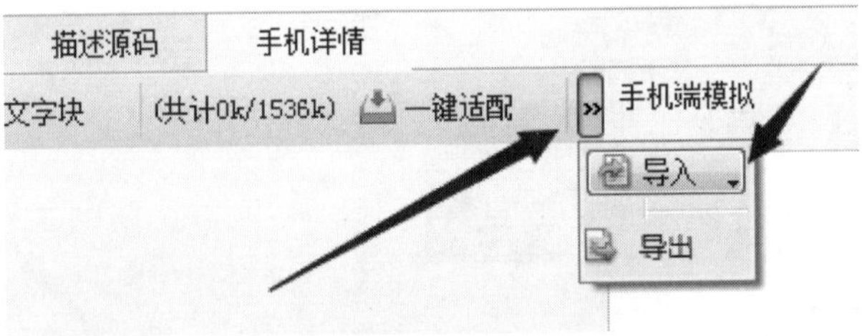

图 6-26　导入页面版详情页

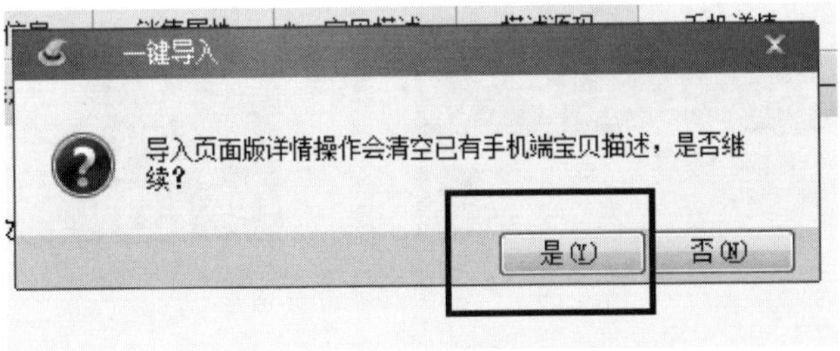

图 6-27　清空已有手机宝贝描述

图 6-28 手机宝贝详情页初步生成

第四，一键适配完美手机详情页，在生成的手机淘宝详情页中我们看到图片的尺寸和大小有超标的状况，我们再点击右侧的小箭头，选择“一键适配”即可解决这个问题，然后点击右侧的“预览”，即可看到我们的手机淘宝详情页预览，如图 6-29 所示。

图 6-29 手机宝贝详情页预览

第五，删除无效图片和多余的图片，在生成的图片中我们看到有一些图片是没有适配成功的，直接删除即可，如图 6-30 所示。同时我们发现总图片大小超出系统规定的 1.5M 的时候，也要在不影响整个手机宝贝详情页重要信息展示的情况下，酌情删除一些图片，把总大小控制在 1.5M 之内。

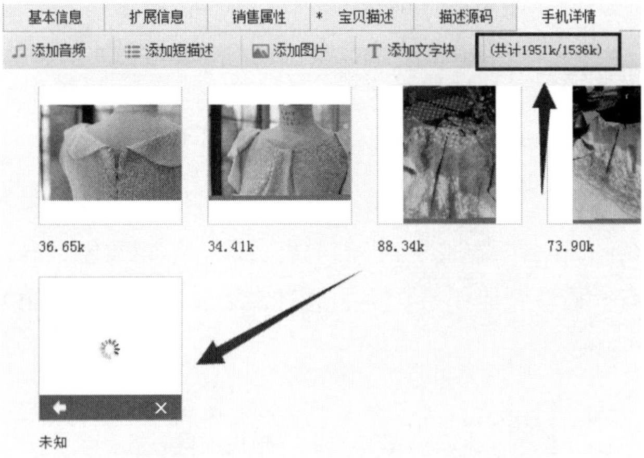

图 6-30　删除无效图片、控制详情页不超过 1.5M

第六，最后点击底部的验证，验证成功后可以预览一下，预览没有问题之后，保存上传即可，如图 6-31 所示。

图 6-31　保存上传

经过上面一系列的操作，就可以完美的把 PC 端的宝贝详情页一键转化成手机端的宝贝详情页，当然你也可以加进去文字和音频，如图 6-32 所示，在此不做详述。

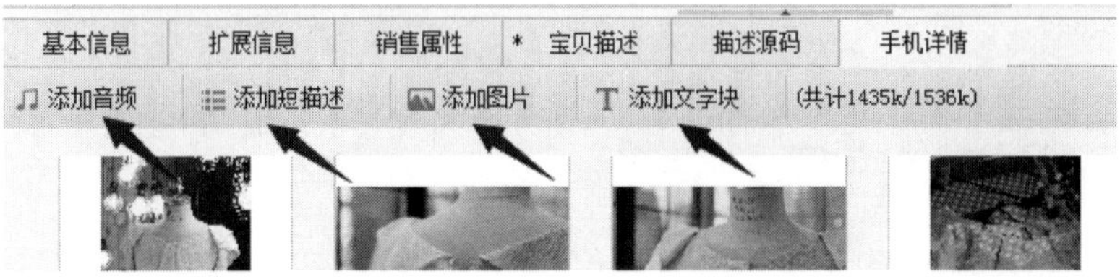

图 6-32　其他内容添加

上面讲到的手机详情页制作属于比较粗糙的做法，因为手机屏幕和电脑屏幕是不同的概念，所以在详情页的设计上面也不能完全等同于 PC 端的详情页内容，这边要抓住几个手机详情页制作的重点。

第一，手机详情页设计请直奔主题

我们在 PC 端设计详情页的时候经常先放大片的营销内容，比如“全网销量第一、宝贝质检报告、宝贝评价详情页”等图片，但是手机端首先要展示的是买家最想看到的东西，比如直接把宝贝的对应尺码、不同颜色、不同款式的图片放上来，让买家第一眼看到他们想看到的信息，然后再布局不同的细节图、侧面图等，如图 6-33 所示。

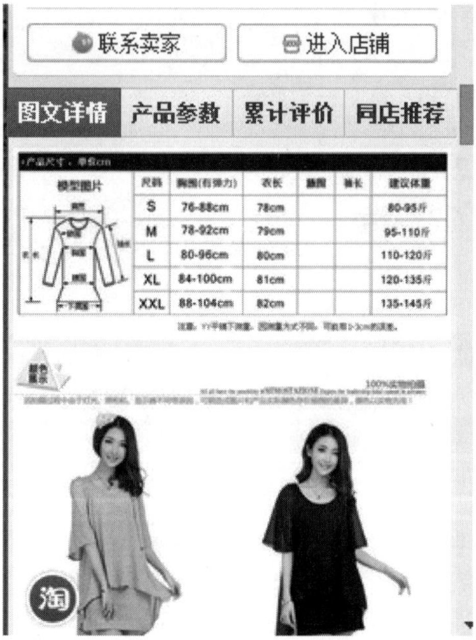

图 6-33　直奔主题的手机淘宝宝贝详情页

第二，充分利用宝贝的 5 张主图

买家在手机淘宝浏览宝贝的时候，要看到宝贝详情页实际上要滑动 3 次屏幕，第一次看到的是宝贝的 5 张主图和宝贝参加的服务等，如图 6-34 所示。

图 6-34　手机淘宝宝贝第一屏

而且根据官方统计的数据显示，买家在手机淘宝端浏览宝贝的平均停留时间不到 30 秒，几乎有 80%的买家连手机详情页都没有来得及看就关掉了，所以第一屏的 5 张主图一定要合理利用。

目前，我们看到的最好的 5 张主图设计思路是第一张放模特图（宝贝主图）、第二张放营销图（图片上可以放大片的促销文字或者宝贝卖点文字）、第三张、第四张、第五张可以选择放置不同的细节图（细节点要呈现买家最关注的细节）、也可以放不同的宝贝颜色款式图。

通过对宝贝 5 张主图的设计，可以弥补买家看不到宝贝详情页就跳失的损失，提高宝贝的转化率。

总之，现阶段手机端宝贝详情页设计的重要性几乎和宝贝标题的重要性一致，所以一定要把这些工作落实下去，你会发现自己的手机淘宝流量比之前要好很多。

6.3.6 手机淘宝宝贝标题设计技巧

谈到手机淘宝宝贝标题的时候，大家一定要明白几个被业界一些不负责任的撰稿人混淆的误区。

第一，手机淘宝中宝贝的标题和 PC 端的一致

有人说看到手机淘宝宝贝标题和 PC 端的不一样，而且给出了实际的案例，如图 6-35 所示，宝贝的手机淘宝宝贝标题是“仅限今天 100%真皮女包 限量抢购 99 个包邮”，电脑端的标题是“真皮女包 2014 新款欧美时尚复古潮流链条小包邮 牛皮女士包包特价”，如图 6-36 所示。

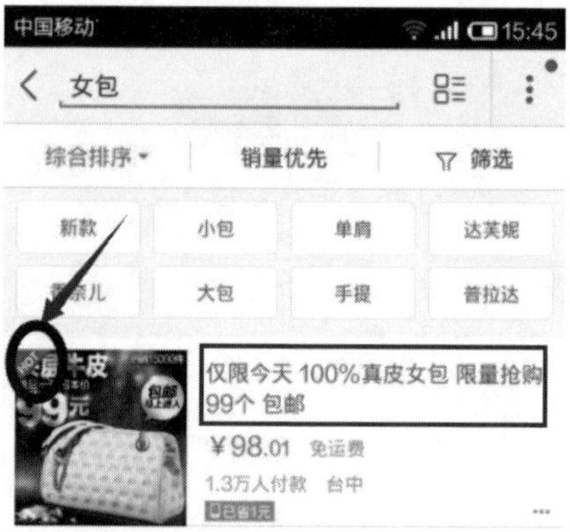

图 6-35 手机淘宝宝贝标题

图 6-36 PC 端宝贝标题

实际上如果仔细观察那么就会看到，这种宝贝是投放了无线端的直通车广告，在宝贝的左上角会有个 HOT 的标签，它们显示的是直通车推广标题，并非宝贝的真实标题。目前没有专门的手机淘宝宝贝标题编辑入口，手机淘宝的宝贝显示标题和电脑端是一模一样的，共用一套标题。

第二，手机下拉框的关键词和 PC 端一样

手机淘宝流量越来越多之后，有很多朋友认为手机淘宝的下拉框关键词和 PC 端不一样，有的软件商开发了手机淘宝下拉框关键词获取工具，而且貌似还很火的样子，实际上手机下拉框和 PC 端的搜索下拉框关键词一模一样，如图 6-37 所示。

图 6-37　手机淘宝下拉框和 PC 淘宝下拉框的关键词一样

我们看到搜索“连衣裙”这个关键词的时候，手机端下拉框和 PC 端下拉框的关键词展示是一模一样的，所以没有必要专门来寻找手机下拉框的关键词做标题。

不过值得一提的是，手机下拉框的关键词用在无线直通车投放上面点击率会很好，可以合理地利用下，因为手机淘宝限于手机屏幕的问题，第一个位置就是直通车，所以很容易拉高点击率。

大家在投放无线端直通车的时候可以多关注下拉框的关键词，操作得当会拿到不错的手机端流量。

第三，手机淘宝二级导航关键词是优化的主要方向

除去上面两个误区之外，手机淘宝宝贝标题和 PC 端不一样的主要位置就是二级导航呈现的关键词，如图 6-38 所示。这些关键词的点击率是非常高的，我们要想获得更多手机端的流量，宝贝标题就要尽可能覆盖更多的二级导航关键词，这也是手机淘宝标题最主要的优化方向。

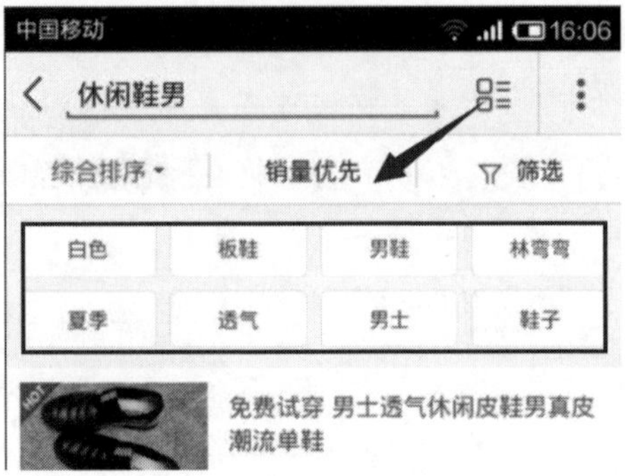

图 6-38　手机淘宝二级导航关键词

如图 6-38 所示，我们在手机淘宝端搜索“休闲鞋男”可以看到二级导航栏下方默认显示了很多关键词，我们在布局宝贝标题的时候要尽可能覆盖到这些关键词，另外还可以进一步深挖，比如我们鞋子是透气类型的，可以点击透气，显示结果如图 6-39 所示。

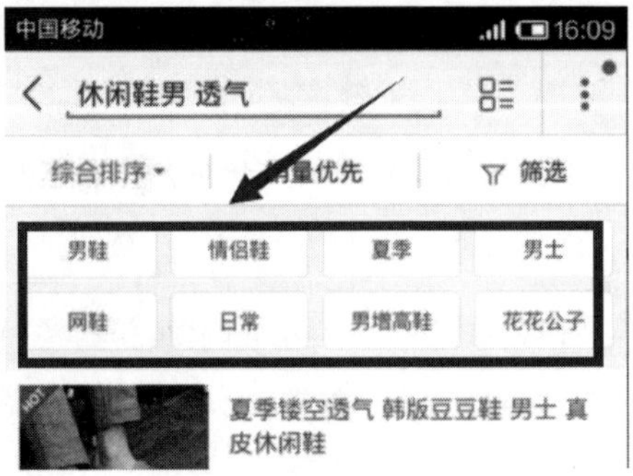

图 6-39　手机淘宝二级导航关键词

值得注意的是，在选择这些关键词的时候一定要选择跟自己宝贝相关的关键词，不要为了关键词热度覆盖就选择跟自己宝贝不相关的关键词。另外，如果手机端关键词的获取不是很容易的话，那么可以通过电脑端的触屏版网页获取，百度搜索“手机淘宝”，选择手机淘宝触屏版，如图 6-40 所示。

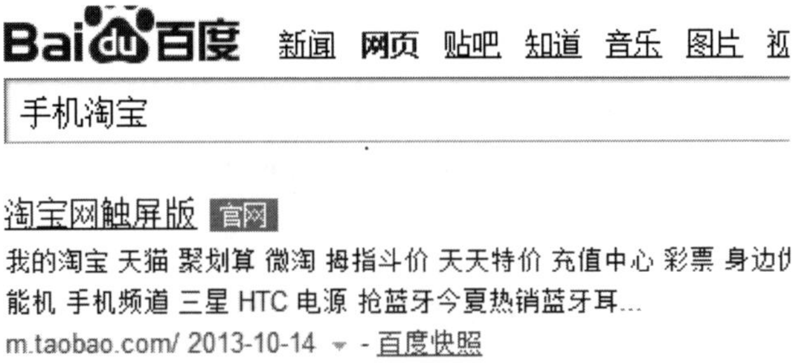

图 6-40　手机淘宝触屏版

我们发现手机淘宝触屏版和手机淘宝呈现的关键词是一模一样的，如图 6-41 所示，这样可以在电脑端直接搜索关键词查看二级词，不用捧着手机研究。

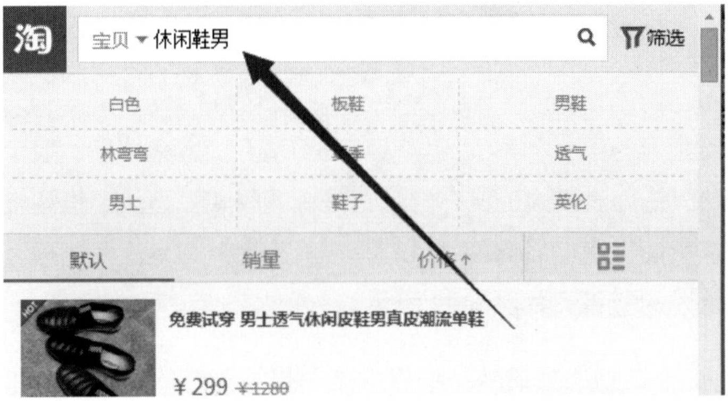

图 6-41　手机淘宝触屏版关键词搜索结果

手机淘宝宝贝标题优化只要死磕这些二级词就可以覆盖到大部分买家需求，不过无论你设计再完美的标题，它的目的也只是提高你的宝贝展示机会，至于能不能带来流量还是要归功于宝贝的点击率，另外改标题是不能提升宝贝权重的，一定要记住这一点。

目前手机淘宝的默认展示页面也是分两种的，一种是图 6-41 的列表模式，还有一种是大图模式，如图 6-42 所示，右上角有个切换按钮，可以切换不同的模式，在大图模式展示的情况下，基本上主图就是决定点击率最主要的因素。

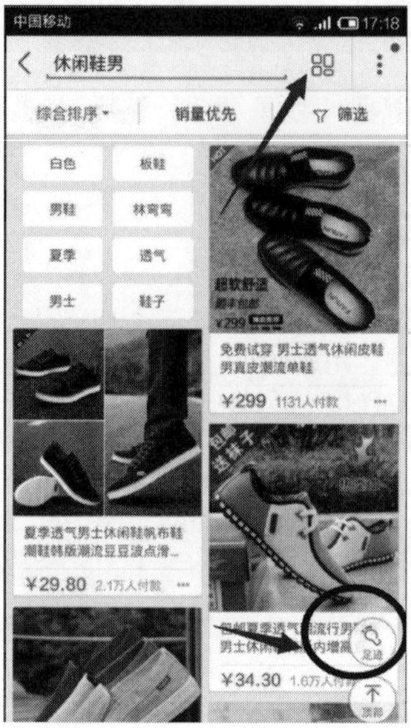

图 6-42　手机淘宝大图展示结果

使用不同型号的手机和不同淘宝买家账号登录，搜索结果的展示方式都不太相同，有的默认是列表模式的，有的默认是大图模式。当然手机淘宝也有一些个性化的因素在里面，我们看到图 6-42 的右下角有个“足迹”选项，点击就可以看到自己浏览过的宝贝，如图 6-43 所示。

“足迹”这个选项展示的商品不仅仅是手机浏览过的，只包括我们这个账号在 PC 端浏览过的商品，所以在一般情况下 PC 端流量比较多的宝贝，因为手机淘宝个性化的这个标签，也会带过去不错的手机淘宝流量。

所以手机端的排名优化，不是死磕宝贝标题或者销量某一个因素，一定是要综合考虑各大权重因子，不断地观察手机流量数据，反复调整优化，才可能拿到不错的手机端流量。而且目前的竞争相比较 PC 端还不算激烈，亲们抓紧去实战吧。

图 6-43　手机淘宝“我的足迹”

6.4　手机淘宝首页流量获取

6.4.1　手机淘宝排名的本质——数据反馈

很多人会比较疑惑，在官方没有透露排名规律的情况下，为什么我们能在比较短的时间之内，快速看破手机淘宝的排名机制，实际上无论是 PC 端还是手机端，你只要站在淘宝程序员的角度来思考，这些流量到底应该怎么样分配给所有的卖家？又应该以什么作为标准来对卖家的宝贝进行排名？如何同时满足卖家、淘宝、买家三方面的共同利益？很多问题就可以迎刃而解了。

我们把这些问题总结成几个字——数据反馈追踪！一个宝贝，它的各项数据反馈越优秀，宝贝排名就越靠前！

实际上整个淘宝搜索框架的建立都是以数据为依据的，大大小小算下来可能会统计出宝贝的上百条数据最后算宝贝的总得分。只不过侧重点不同，比如 PC 端的搜索更关注宝贝在 PC 端的数据反馈，手机端的搜索更关注宝贝在手机端的数据反馈。我们把一个宝贝从流量引入到离开整个流程中，最重要的几项数据反馈追踪分析如下。

第一，点击率反馈

因为买家搜索的关键词数据很庞大，几乎每个宝贝只要设置了宝贝标题，多多少少都会拿到手机淘宝的搜索流量，第一个最重要的数据就是点击率。在同样的展示机会面前，越多的人点击你的宝贝，证明这个关键词背后对应的人群越喜欢你的宝贝款式。

对于这种买家喜欢的宝贝，淘宝当然更愿意给它更好更多的展示机会，更愿意让它排名靠前。反之，如果一个宝贝排名本身不错，展示机会很多，结果点击率很差，那么系统就会根据反馈回来的数据判断买家对这个宝贝不感兴趣，会降低它的展示，把更多的流量给那些买家更喜欢（点击率更高）的宝贝。

第二，转化率反馈

转化率是比点击率更为重要的反馈数据，更直接地体现了买家需求，值得注意的是，搜索系统统计的是宝贝对应的每个搜索关键词的转化率。

比如买家搜索“大码比基尼”，系统会统计所有宝贝对应这个关键词的搜索转化率，在同类目中，转化率越好，那么搜索该关键词的时候，排名就越靠前。这就是为什么你人为操作（刷单）一直刷某个关键词，这个关键词的排名结果宝贝就会靠前。

另外，统计数据的时候搜索系统会剔除掉异常数据，比如同类目的搜索转化率大概是3%，结果你人为操控的数据是50%，那么系统会剔除掉这些异常数据，甚至会单独拿出来分析是否该宝贝有虚假交易嫌疑，所以记得做什么事情都要有个度。

每个关键词都对应一个搜索转化率，这个数据可以在淘词里面看到，如图6-44所示。量子后台可以看到宝贝每个关键词的转化数据（参考7.1节），如果你的宝贝关键词转化率低于淘词的数据，那么搜索排名就会相对靠后。

序号	关键词	搜索人气	搜索指数	占比	点击指数	商城点击占比	点击率	当前宝贝数	转化率	直通车
1	休闲鞋 男	55,124	236,907	52.14%	88,257	44.82%	36.51%	3,020,14	1.58%	2.86
2	休闲鞋 男 夏	3,619	14,549	3.02%	5,809	35.32%	39.18%	1,876,78	1.7%	2.43
3	白色休闲鞋 男	2,851	8,961	1.84%	3,781	26.13%	41.46%	95,27	1.77%	1.79
4	休闲鞋 男 韩版	2,807	11,190	2.31%	4,468	20.14%	39.19%	1,073,28	1.3%	1.72

图 6-44　淘词查看搜索转化率

第三，回头客反馈

宝贝回头客占比越高，越容易获得很高的权重。可以这样讲，回头客购买的权重比新客户购买要高得多，大家可以去测试关键词人气排序，回头客购买是提高人气排序最快的方法。

当然不同的类目，回头客带来的权重是不同的，因为有的类目是天然的回头客类目，比如食品、茶叶类目；有的类目几乎很少有回头客，比如大家电、家具类目，所以要适类目而定。

第四，买家体验反馈

对于整个淘宝平台来讲，买家体验是很重要的环节。买家购买商品有售后问题的，很少能准确说出在哪家店铺买的，时间一久，他们会把所有的牢骚发到淘宝上面，坚持认为在淘宝买东西被骗了。淘宝作为平台，经常承受无妄之灾，所以买家体验是他们考核卖家产品质量及服务态度最重要的一个指标。其中包括买家评价、宝贝动态评分、旺旺相应时间、退款率、纠纷退款率等一系列数据。

虽然搜索系统已经取消了一些反馈数据对排名的影响，比如退款率、好评率等数据不影响宝贝排名，但是这些反馈数据依旧对店铺权重有比较大的影响，无疑这些数据反馈优秀的店铺，会得到淘宝更多的流量扶持。

第五，卖家活跃度反馈

勤奋的卖家理应得到更好的回报，在手机排名最直接的体现就是有没有积极参与手机淘宝店铺运作，比如手机店铺装修、手机详情页设计、手机专享价、甚至手机直通车是否有投放等。

卖家所做的每一项手机端的努力都会反馈到搜索系统，进而帮助提高宝贝的手机端排名。实际上整个手机淘宝排名规则的制定，也是综合考虑了买家、卖家、淘宝官方三方面的利益关系，在不同的时期权重略有不同。

只要卖家能紧追淘宝步伐，换位思考流量分配的目的，就能从各个纬度了解到整个淘宝搜索排名运作的原理，再加以验证，基本上就能掌握优化的规律。

本节算是对大家研究淘宝搜索排名做了指引，实际上就是反馈越好的宝贝会拿到越多的流量，反馈越差的宝贝，排名就会越靠后。想拿不错的搜索流量，就是从各个方面反馈优质的数据给搜索引擎，让搜索认为我们是一个值得拥有更多流量的宝贝。

6.4.2 手机淘宝其他流量获取

除去手机淘宝搜索流量获取之外，还有很多手机淘宝流量获取的方式。免费流量方面还有各种无线端的官方活动、手机淘宝类目流量等；收费流量方面有手机淘宝钻展、手机淘宝直通车推广等。

第一，手机淘宝活动流量

和 PC 端一样，无线端也在策划各种各样的活动，而且 2014 年以来，活动力度尤其大。整个无线端的卖家报名竞争力比 PC 端要小很多，报名成功率也比较高。作为卖家，要及时掌握到无线端的活动信息，积极参与无线端的活动，如果产品选择得当，那么一个活动打造一个爆款出来是很正常的事情。

无线端的活动信息获取主要是 2 个渠道，第一个是淘宝类目帮派和论坛（参考 4.3.2 节），第二个是淘营销平台（http://yingxiao.taobao.com/），如图 6-45 所示。

图 6-45　淘营销手机淘宝活动

除去搜索还要养成每天点击自己类目的活动习惯，及时掌握到一手的活动信息。另外，也可以多加一些卖家行业群，关注群消息也能掌握一些活动的信息，做淘宝有的时候，信息的掌握比你自身努力要重要得多。

第二，手机淘宝类目流量

手机淘宝限于屏幕大小，很难实现和 PC 端一样的类目展示，不过也在首页给出了类目入口，如图 6-46 所示。

图 6-46　手机淘宝类目入口

如果我们点击类目入口查看手机淘宝的类目布局情况，那么就会发现很多类目是直接跳转到手机淘宝搜索结果页的，如图 6-47、图 6-48 所示，我们点击手机淘宝类目展示页的网纱裙，就会直接跳转到手机淘宝搜索关键词“网纱裙”的结果页。

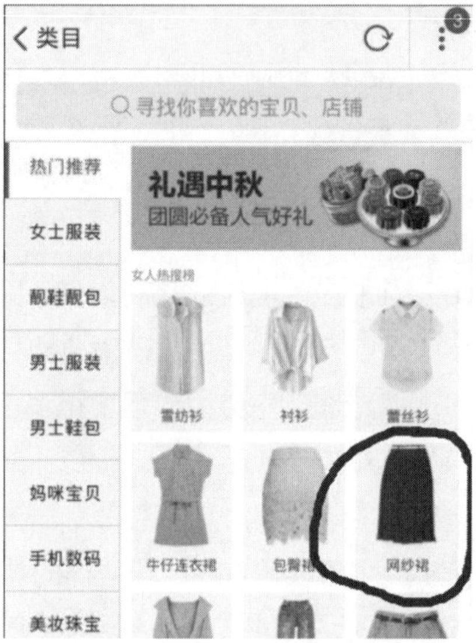

图 6-47 手机淘宝类目展示页面

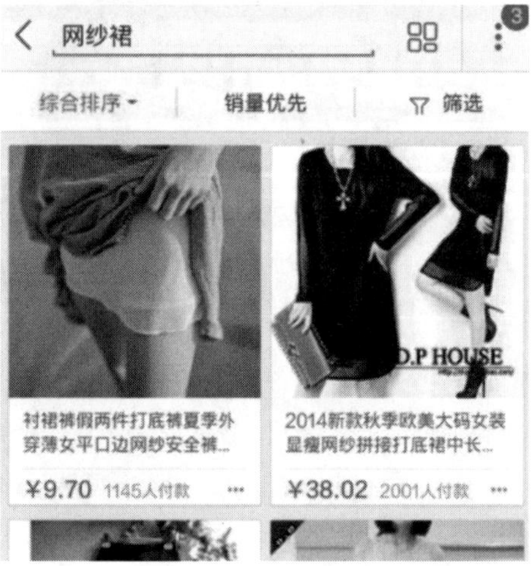

图 6-48 手机淘宝类目点击跳转页面

所以手机淘宝类目流量的获取还是要在搜索流量上面下功夫，当然要关注经营宝贝所在类目的跳转关键词，同时把这些关键词布局在我们的宝贝标题中，比如图 6-47 中的网纱裙点击显示的就是网纱裙的搜索结果，宝贝标题中必须要出现“网纱裙”这个关键词才会被检索到。

另外，值得注意的是，有的类目显示结果是瀑布流的模式，瀑布流的展示页面，如果你设计的宝贝主图是长条形的，那么就会有不错的点击率，如图 6-49 所示，第一个宝贝的主图就是 200×300 的，我们看到占据了比较大的面积。

图 6-49　手机淘宝瀑布流宝贝展示

如果你的宝贝所在类目，手机类目端是默认瀑布流展示的，那么就可以在主图上面做文章，可以拿到不错的点击率。

第三，无线端付费流量

无线端付费流量主要是手机淘宝钻展和直通车两项，本书主要探讨搜索流量，这里我们只把一些注意事项强调下，不做深入探讨，有兴趣的可以到我们木叶火论坛做进一步学习。

相比较 PC 端，无线端的直通车投放竞争不算太激烈，但是由于资源位置有限，很多关键词点击价格也飙升很快，据我所知，最高已经有接近 30 多块钱一次的点击单价，这里把一些基本的注意事项分享下。

1. 无线端是可以单独投放的。

大部分商家在直通车后台看到的是图 6-50 所示的状况，实际上无线端是可以单独投放的，联系淘宝相关小二开通权限，即可关闭计算机设备的搜索推广，只投放无线端。有人问如何联系淘宝小二，直接去首页点击联系在线客服即可，之前有讲过的，不做详述。

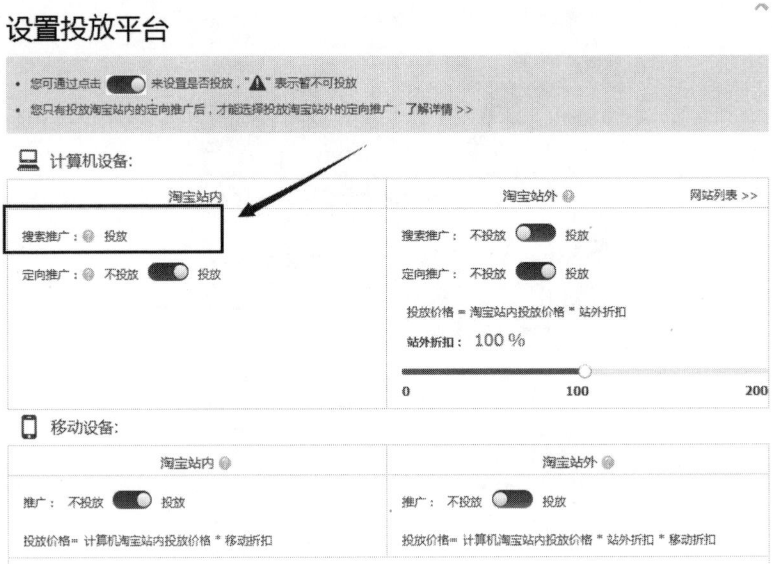

图 6-50　直通车计划投放平台设置

2. 长尾精准词无线端排名尽量靠近前 3 名。

无线端的直通车展示位置比较有意思，一般搜索关键词宝贝主图左上角带有“HOT”标签的是无线直通车推广的宝贝，之后一直要间隔 20 或者 40 个才会出现连续的 1 ~ 3 个直通车推广宝贝，根据用户系统不同略有差别，如图 6-51 所示。

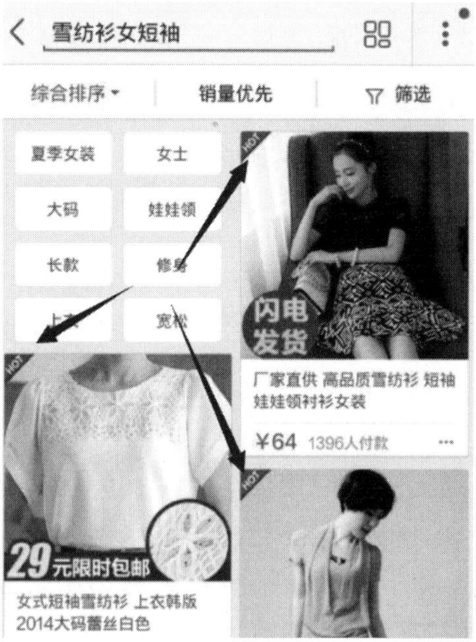

图 6-51　手机淘宝搜索直通车宝贝

长尾精准关键词转化率比较好，卡位前三名可以得到很好的展示和点击，而且整体投放效果也不错，位置太靠后的话，就很难拿到有效点击，毕竟手机端的客户很难像电脑端一样，一直翻页看到 *N* 页之后。

3. 主关键词尽量不用。

因为手机淘宝的位置较少，很多大流量的主关键词的价格拼的太凶猛，小卖家可以适当避开这些大流量关键词，或者将出价较低作为流量补充即可。

另外，主关键词的转化率一般是比较差的，中小卖家投放到特别靠前的位置，肯定是亏损的，有朋友会问，既然是亏损的，为什么还有那么多人在抢？

这是比较有意思的问题，每个商家投放直通车的目的是不同的，有的是为了直接盈利，有的是为了搜索流量，有的则是为了品牌效应等，你用盈利的目的去和他们推广品牌的死磕，九条命也不够用的。

4. 无线端的直通车质量得分是单独的一套系统。

手机淘宝直通车推广关键词质量得分和 PC 端是不同的，同时各方面要求比较高。

有相关投放经验的朋友会发现手机端直通车的点击率会比 PC 端高出很多，如果你的宝贝点击率在手机端表现比较差的话，那么质量得分就很难得到提升。

另外，最重要的是相关性，这一点在手机端直通车更为明显，并不是一味的出高价就可以拿到排名，如果相关性差，那么再高的价格也无法展示。

比如我们搜索“飞鹤奶粉”这个关键词，如果在 PC 端，那么很多不是飞鹤这个品牌的宝贝都可以通过投放直通车展示出来，但是手机端直通车系统会过滤掉不是飞鹤品牌的卖家展示机会，如果没有合适的直通车广告，则会放弃此次直通车广告展示，只保留更相关的自然搜索结果。从而使得直通车宝贝无法从该关键词上获得展示。

5. 无线端钻展注意图片尺寸和投放链接

无线端的钻展投放，主要是在图片尺寸和推广链接上面有不同要求，大家可以到淘宝论坛→淘宝官方→展示营销板块，学习相关知识。

当然整个无线端的钻展流量相比较 PC 端还是要差很大一截的，目前优化策略和 PC 端的钻展几乎一致，PC 端钻展做好的卖家，相信也会在无线端取得不错的成绩。

至此，整个手机淘宝流量获取的内容就结束了，所有的知识都要落实到实操中去，然后反复调整，最大程度的掌握无线端的流量操作手法，才能在众多卖家懵懵懂懂的时候抢占先机。

第 7 章

数据分析和优化调整

7.1 数据分析工具讲解

7.1.1 免费而又强大的数据工具——量子恒道

量子恒道存在已久，一直是淘宝卖家最爱的统计软件，而且淘宝官方声明会开放更多的数据给卖家，量子恒道紧接着就添加了许多功能，最新消息是官方要把生意参谋和量子恒道合并起来，相信未来会有更好更棒的数据分析功能，所以我们目前谈到的量子恒道的一些功能不知道会不会因为改版消失掉。不过相信好的功能一定会保留下来，如果亲看到有改版的，则可以到木叶火论坛联系客服，我们一定会准备新版的量子恒道课程给你。

卖家访问量子恒道可以直接在浏览器输入（http://lz.taobao.com/），也可以在卖家中心→营销中心→数据中心点击了解。量子恒道有诸多数据，如果我们摊开来讲解，那么估计又要写一本书了，这里重点讲解流量部分的数据分析功能，更多的销售、转化率等数据分析，不属于本书范畴，有机会再给大家分享更多的知识。

第一，经典的实时客户访问

实时客户访问是量子恒道里面最好的一个功能，遗憾的是只能保存最近 1000 条访问记录，而且不支持历史数据下载，如图 7-1 所示。

图 7-1 量子恒道 PC 端实时客户访问

实时客户访问目前只有 PC 端的数据可以看到，手机淘宝是看不到宝贝关键词来源的。我们从实时客户访问可以实时看到买家的来路，比如淘宝类目、淘宝搜索、天猫搜索、天猫类目、直通车、U 站、淘宝客等。

这个地方一方面可以实时查看我们的优化效果，另一方面也可以实时看到我们的广告投放效果，一般在刷单或者做直通车、钻展推广的时候都要关注实时访客的数据，从而做出调整方案。

不管是新手还是老鸟，应该熟悉这个位置，并且养成经常关注的习惯，及时掌握店铺现在流量的状况，及时做出调整。

第二，整店流量趋势掌控

整店流量趋势在量子恒道里面也有很强大的数据，同时 PC 端和手机端都有数据展示。我们可以看到全店所有的流量，如图 7-2 所示。也可以单独看某一渠道的流量，如图 7-3 所示。

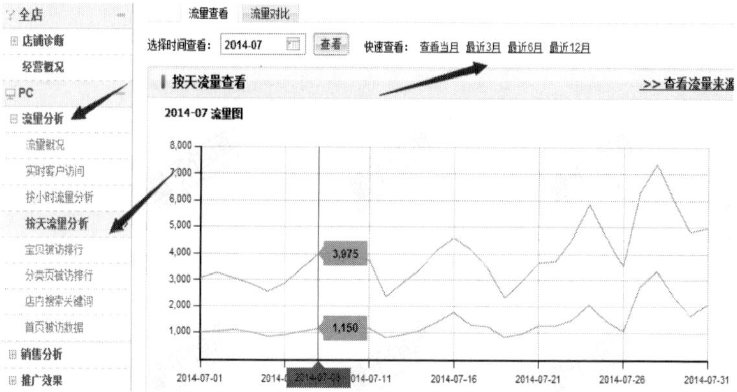

图 7-2　量子恒道按天流量分析[1]

如图 7-2 所示，量子恒道的按天流量分析就是整店的 PC 端流量走势，同样在无线端也有一样的数据查看（量子恒道→无线→流量分析→按天流量分析），其中蓝线代表访客数，黄线代表浏览量。

[1] 彩图请在彩插中查看。

另外，我们最多可以查看 12 个月的店铺流量走势，也可以单独看某个月份，不过这里的数据是店铺全部免费流量和付费流量的总和。参考意义相对不大，我们需要看到不同流量来源的趋势，如图 7-3 所示。

图 7-3　量子恒道流量来源构成

如图 7-3 所示，我们可以按照途中路径找到流量来源构成，同时也可以选择不同的时间段查看，每种流量来源后面都有趋势图，比如我们点击淘宝搜索后面的箭头，就可以查看到最近一个月整店 PC 端的搜索流量走势，如图 7-4 所示。

图 7-4　淘宝搜索流量走势

流量来源走势图是我们查看自己店铺流量优化效果最直接的地方，可以看到整店搜索流量变化，进一步对店铺优化做出调整。

手机淘宝也有相应的数据，如图 7-5 所示，卖家可以点击量子恒道→无线→流量分析→渠道效果分析，查看手机端的流量来源状况。

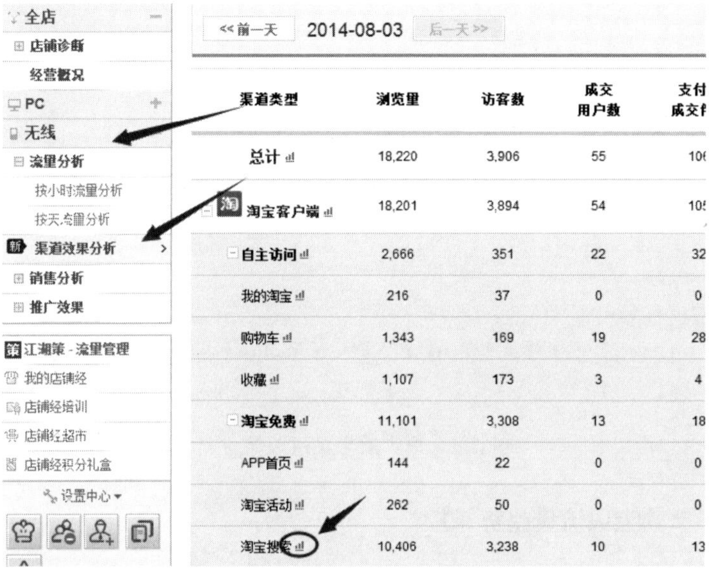

图 7-5　手机淘宝渠道效果分析

我们点击渠道效果分析中任意流量来源后面的小图标均可以看到该来源的流量走势，比如我们点击淘宝搜索后面的图标，就会弹出手机淘宝搜索流量的走势图，如图 7-6 所示。

量子恒道的手机淘宝渠道效果分析是我们目前查看手机淘宝流量走势最好的数据，其中淘宝搜索是我们优化效果的体现，暂时没有手机淘宝实时访客关键词数据。

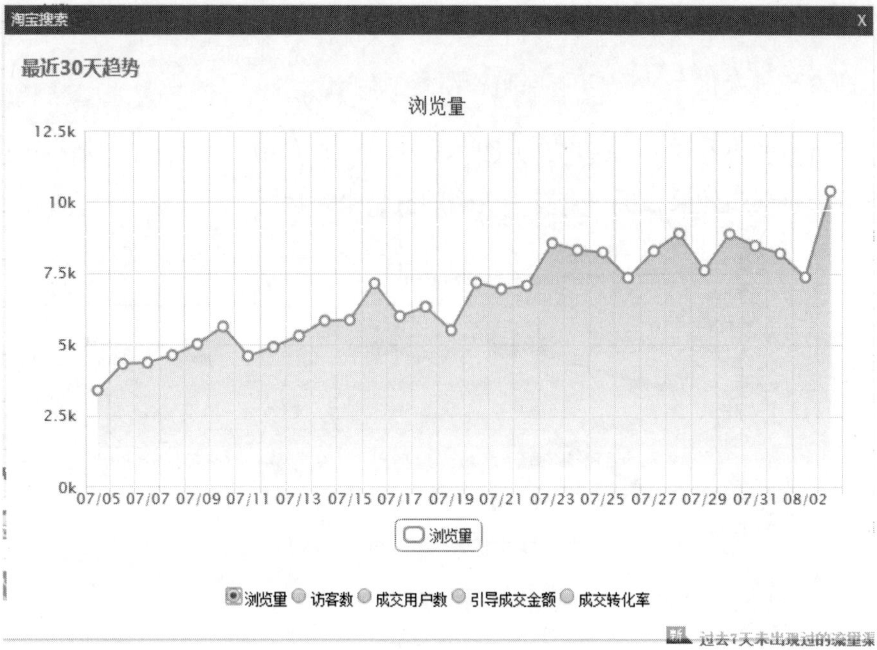

图 7-6 手机淘宝渠道效果分析

第三，单款宝贝流量趋势掌控

整店流量是比较笼统的数据分析，只能看到整店的优化效果，我们需要更精准的掌控每个宝贝的流量走势。在量子恒道中，无线端和 PC 端都有单款宝贝的数据，PC 端的路径是量子恒道→PC→流量分析→宝贝被访排行，无线端的路径是量子恒道→无线→销售分析→宝贝销售排行，我们以无线端的为例进行讲解。

如图 7-7 所示，默认是只显示销售排行榜的 TOP 15 宝贝，如果想看其他宝贝的流量走势，则可以通过宝贝标题或者宝贝 ID 查找，如图 7-8 所示，然后点击查看详情就可以看到该宝贝手机端的流量状况，如图 7-8 所示。

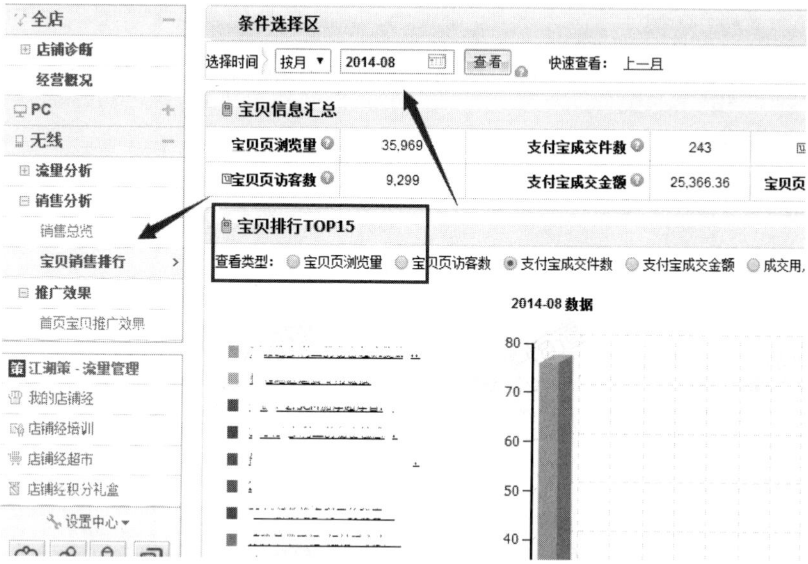

图 7-7　手机淘宝销售分析

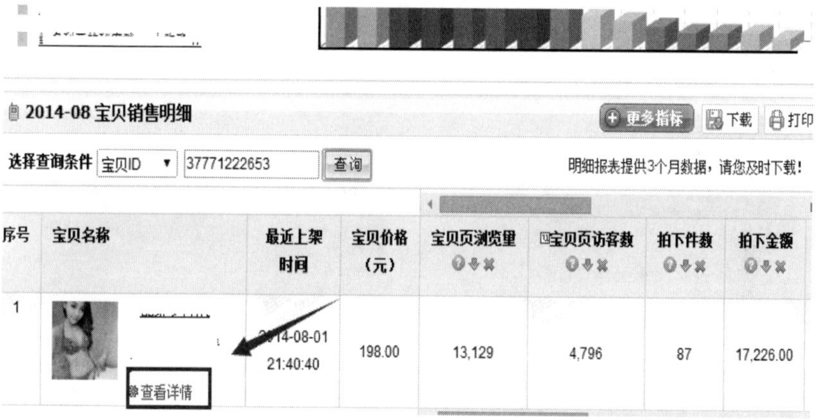

图 7-8　手机淘宝单款宝贝流量查看 1

这个手机端单款宝贝给出的数据是全部的流量来源数据，手机端暂时没有可以查看宝贝单独流量来源的功能。PC 端可以看到单款宝贝的流量来源走势，如图 7-9、图 7-10 所示，点击淘宝搜索后面的小箭头即可查看该宝贝的搜索流量走势，这里是查看我们单款宝贝优化效果的最佳数据。

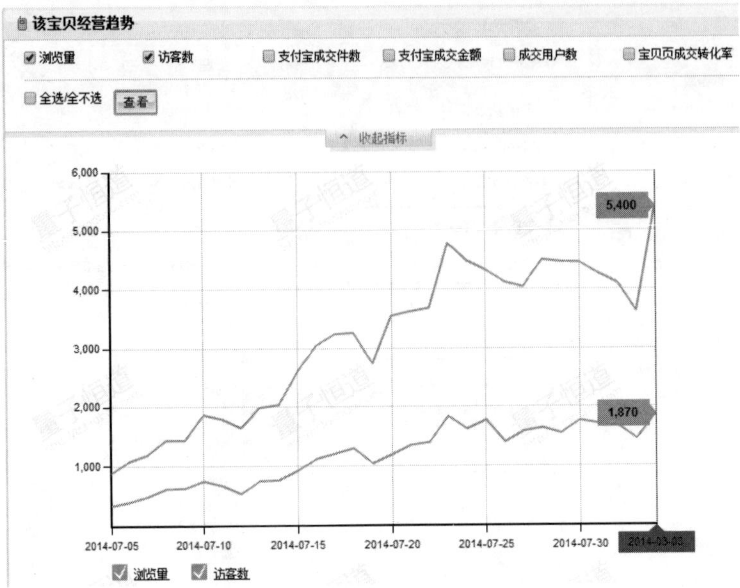

图 7-9　手机淘宝单款宝贝流量查看 2

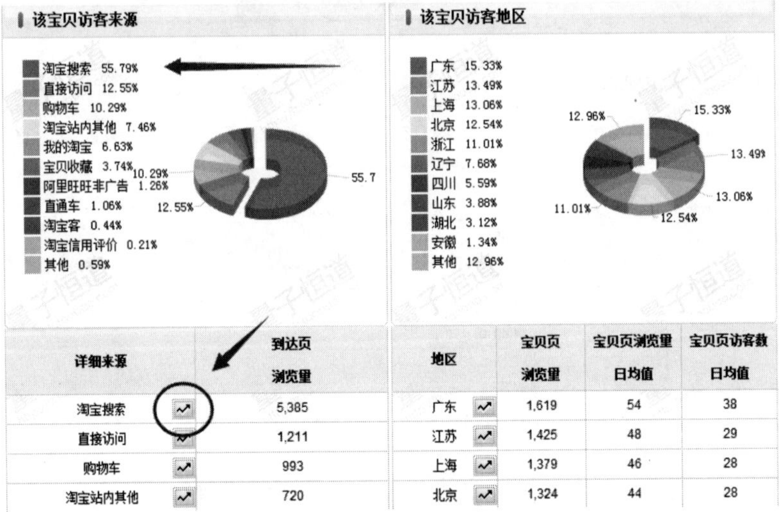

图 7-10　PC 端单款宝贝流量来源查看

除去上面三个主要流量数据之外，量子还有很多功能，尤其是店铺诊断里面的搜索流量诊断数据，对我们的宝贝优化有很大的帮助，后面会在 7.2 节跟大家讲到。

7.1.2　解读新型数据工具——江湖策

江湖策是比较新型的数据工具，上线以来深受广大卖家朋友喜爱，卖家可以直接在浏览器输入（http://liuliang.taobao.com/），也可以在量子恒道底部左下角点击访问，也是免费的工具，如图 7-11 所示。

图 7-11　量子恒道底部访问江湖策路径

江湖策很多功能其实和量子恒道是一致的，不过江湖策更为精细，比如实时客户访问，在江湖策里面会看到更为清晰的路径，如图 7-12 所示。可以分别选择不同渠道的买家进行查看，我们选择淘宝搜索即可看到从淘宝搜索进店的买家，同时可以看到买家搜索关键词，以及地区和访问路径。

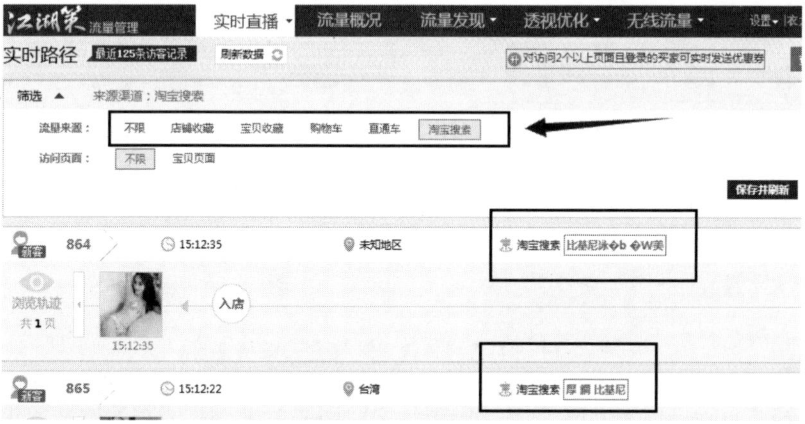

图 7-12　江湖策实时直播

同时，江湖策也提供了搜索优化的单款宝贝关键词流量来源状况，点击江湖策→流量发现→搜索优化→选择要查看的宝贝→立即优化，就可以看到每个宝贝的搜索关键词排名和转化情况，如图 7-13、图 7-14 所示。

图 7-13　江湖策搜索优化路径

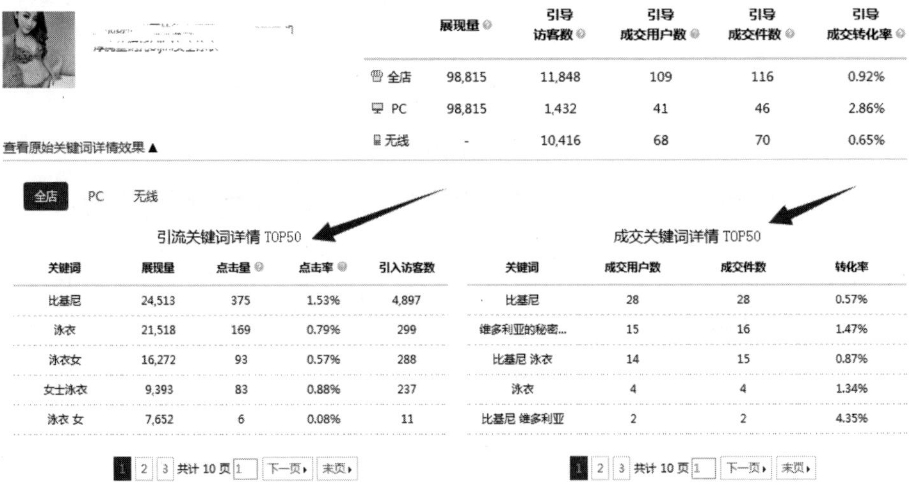

图 7-14　江湖策单款宝贝搜索关键词查看

如图 7-15 所示，江湖策只是给出单款宝贝引流关键词和成交关键词的 TOP 50，并不是全部的搜索关键词，而且比较遗憾的是，这些数据无法批量下载。这个和量子恒道的搜索流量诊断相比是差了点的，无线端的搜索关键词暂时还在开放中，相信后面会越来越完善。

江湖策还提供了宝贝流量来源分类，也是一个不错的功能，点击江湖策→透视优化→宝贝销量预警→选择宝贝→点击来源，即可看到单款宝贝的流量来源分类，如图 7-16 所示，值得注意的是，这部分给出来的流量来源分类主要统计的是将宝贝加入购物车或者收藏的流量。

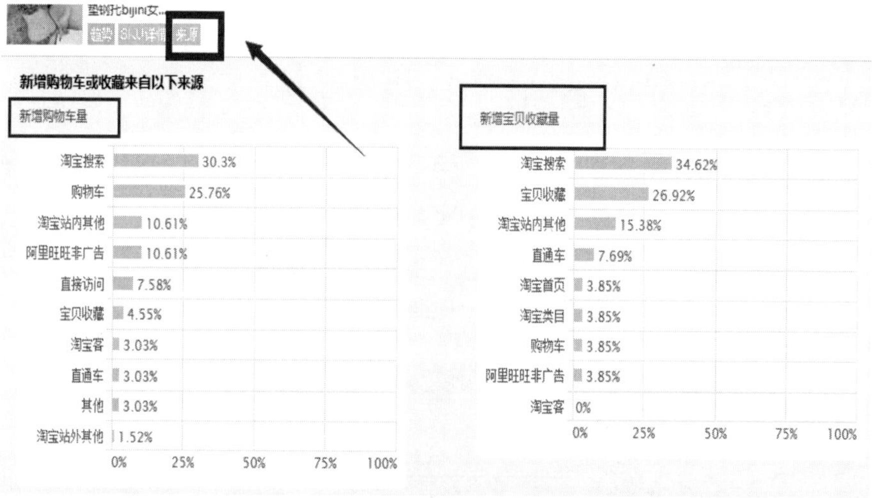

图 7-15　江湖策单款宝贝流量来源分类

根据这个流量来源分类，我们可以查看每个宝贝的流量分配比例，同时做出合理调整，比如在宝贝的搜索流量偏低，付费流量偏高的时候，可以考虑进一步优化该宝贝，获取更多的免费流量；在免费流量占比很高，付费流量偏低的时候，我们可以稍微加大广告投入，参考这些数据，你可以把自己店铺的流量分配做到最完美，而不是盲目地投放广告，盲目地去做调整。

我个人以为江湖策最好的一个功能是流量精准优化，可以最大化地提高我们店铺的整体转化率，路径是点击江湖策→透视优化→流量精准优化，如图 7-16 所示。

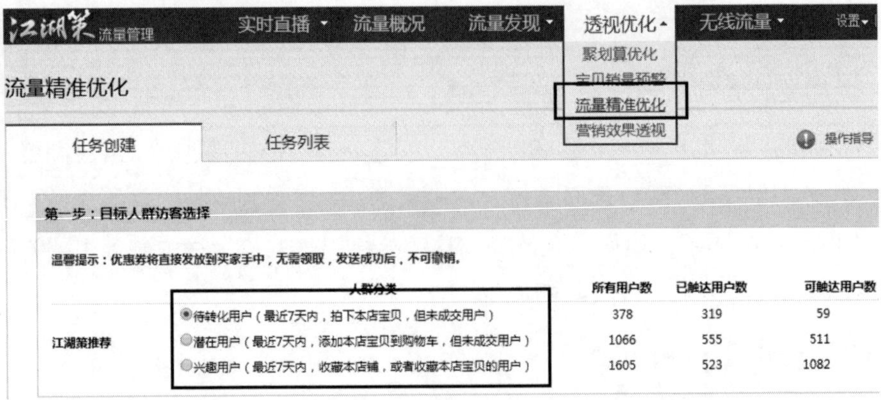

图 7-16　江湖策流量精准优化

点击右上角的操作指导即可查看详细操作步骤，我们可以分别对最近 7 天拍下未付款、添加购物车未付款、收藏宝贝收藏店铺未付款的买家，精准地发放店铺优惠券，从而刺激买家下单，提高我们的店铺转化率。如图 7-17 所示，我们通过对潜在买家的精准优惠券发放，可以获得不错的成交。

图 7-17　江湖策流量精准优化效果

限于篇幅，我们不再阐述更多江湖策的功能，大家可以按照书中的路径对江湖策其他功能做深入了解。不过还是优先推荐流量精准优化这个功能，因为这个功能真的是提高店铺转化率的必备利器。

7.1.3　付费但是更加强大的生 e 经

生 e 经是我最早接触的淘宝数据工具，是淘宝排名优化必备工具，它可以很精准地分析每个宝贝的流量状况、销售状况、宝贝关键词流量来源、下架时间卡位、关联营销设计等数据。

单单是这个工具的利用，我觉得都需要很多篇幅来写，我们之前讲下架时间的时候已经讲过生 e 经的下架卡位功能，在本节中，我们重点讲下对我们排名优化帮助最大的功能，也就是生 e 经的宝贝分析功能。

点击生 e 经→宝贝分析，即可看到店铺所有宝贝的数据，如图 7-18 所示，当然生 e 经统计数据是从你订购那天开始统计的，订购之前的数据是统计不到的。

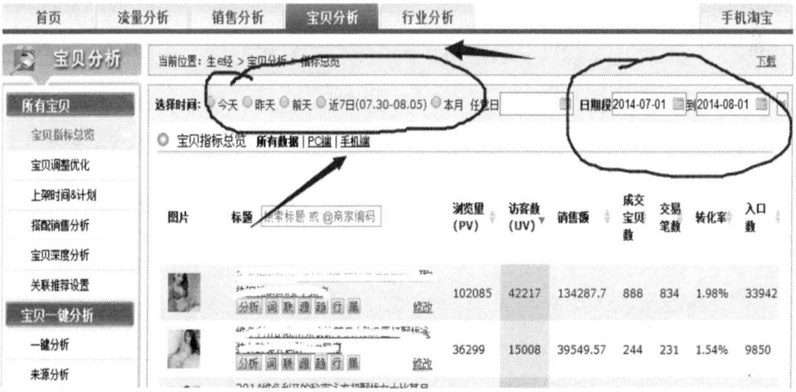

图 7-18　生 e 经宝贝分析

如图 7-18 所示，宝贝分析可以选择任意时间段进行分析，同时也可以分别分析 PC 端和手机端的数据，分析宝贝一定要选择时间段进行分析，一般来讲，一个宝贝只有完整的经历一次下架时间，它的数据才更有意义。所以我们分析宝贝通常会选择 7 天以上的时间段。

我们任选一款宝贝进行一键分析，生 e 经会同时对宝贝的 5 项指标进行分析，而且把搜索排名几个要素的数据全部呈现出来，如图 7-19 所示，分别展现了宝贝的橱窗设置，上架时间及标题包含热词等一系列数据，可以很直观地看到宝贝的主要信息。

图 7-19 生 e 经宝贝一键分析 1

同时会在下面给出同类目 TOP 10 的宝贝主图和标题，以及类目定价分布。如图 7-20 所示，根据类目月销量 TOP 10 的主图设计，我们可以参考对自己宝贝的主图重新进行设定，以获取更好的点击率；类目月销量 TOP 10 的宝贝标题参考意义不大，因为一个销量高的宝贝不一定排名优化就好，有可能它是靠活动或者直通车做起来的。

图 7-20 生 e 经宝贝一键分析 2

虽然标题参考价值不大，但是不代表没有，我们可以观察类目 TOP 10 的宝贝标题，分析是否还有我们可以利用的关键词，进而布局到我们的宝贝标题中。

我们再点击顶部关联分析查看数据，如图 7-21 所示，通过关联分析，我们可以看到该宝贝任意月份的关联访问数据和关联购买次数，我们按照关联访问从高到低排序，可以把访问最高的 TOP 6 宝贝做成关联营销，放在该宝贝的详情页中，从而提高我们整个店铺的 PV，提高顾客购买率。

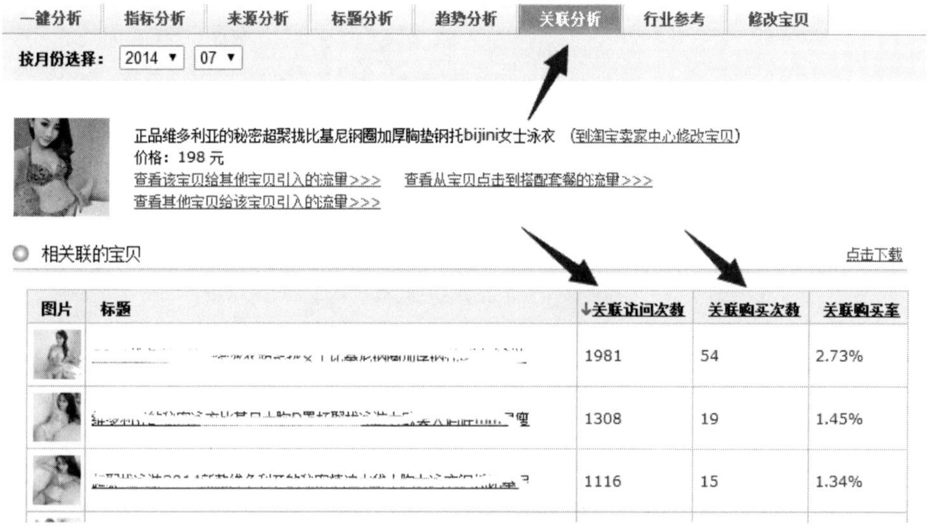

图 7-21　生 e 经宝贝关联分析

我们再按照关联购买次数从高到低排序，选择购买次数最多的 TOP 5，和该宝贝做好搭配套餐，这样就可以提高我们的客单价。

这里的数据还是非常准确的，最直接地呈现了买家对宝贝的需求和喜好程度，每款宝贝都做这样比较深的关联分析，进而对宝贝关联、搭配做出调整，即便是现有流量不变，整店的销售额也会上升一个档次。

从生 e 经的宝贝趋势分析可以看到我们宝贝最近 30 天的流量、销售额、转化率、跳失率等数据的趋势，如图 7-22 所示，在流量走势下还可以分别查看 PC 端、手机端、搜索、收藏及直通车的数据走势。

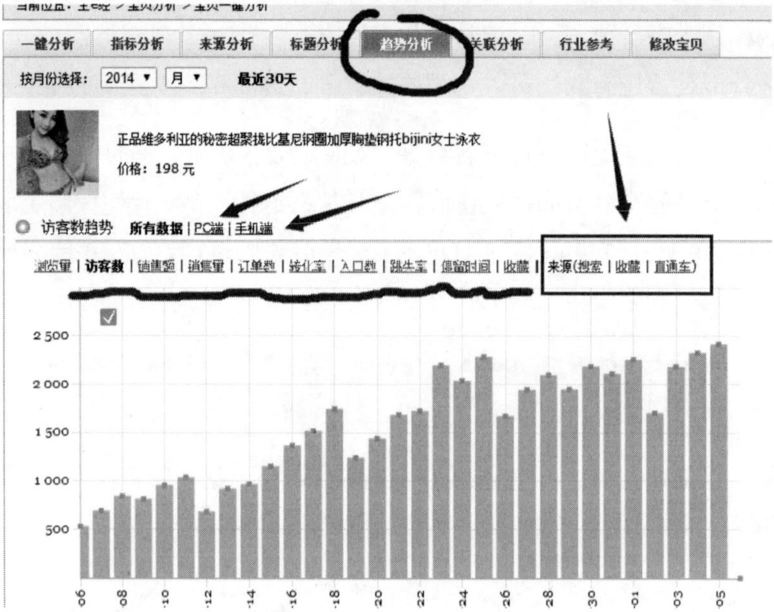

图 7-22　生 e 经宝贝趋势分析

趋势分析可以很好地掌握每个宝贝的各项数据，及时发现存在的问题，比如我们点击转化率，如果发现整个宝贝的转化率走低，那么就可以去分析是哪个环节出了问题导致该宝贝转化率降低；我们点击搜索流量走势，可以看到宝贝搜索流量的变化，进一步对宝贝优化做出调整。

标题分析可以看到任意宝贝的标题关键词带来流量的状况，如图 7-23 所示，颜色越深代表该关键词带来的搜索流量越多，同时这些数据也是可以批量下载下来的，如图 7-24 所示，我们可以每隔一段时间下载一些数据来分析该宝贝的标题关键词流量状况，不断替换没转化或者没有流量的关键词，从而打造最完美的宝贝标题。

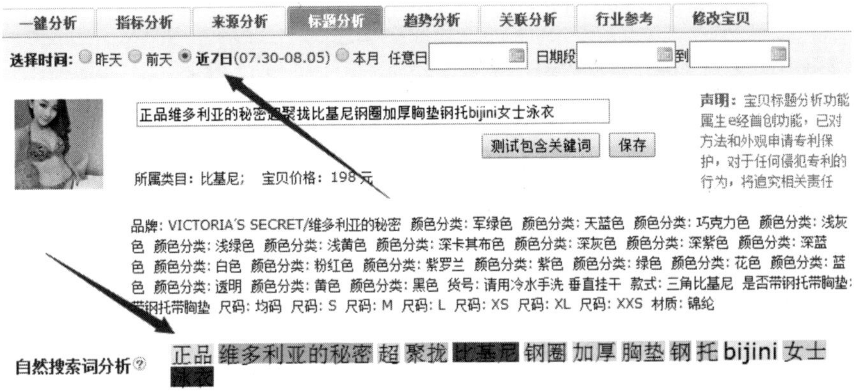

图 7-23　生 e 经宝贝标题分析

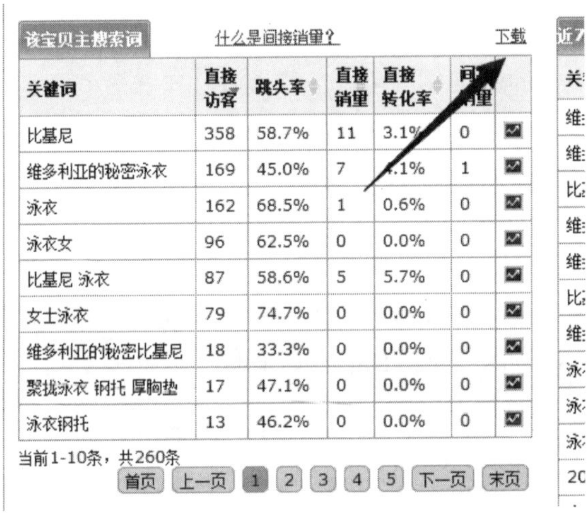
该宝贝主搜索词　什么是间接销量？　下载

关键词	直接访客	跳失率	直接销量	直接转化率	间接销量	
比基尼	358	58.7%	11	3.1%	0	
维多利亚的秘密泳衣	169	45.0%	7	4.1%	1	
泳衣	162	68.5%	1	0.6%	0	
泳衣女	96	62.5%	0	0.0%	0	
比基尼 泳衣	87	58.6%	5	5.7%	0	
女士泳衣	79	74.7%	0	0.0%	0	
维多利亚的秘密比基尼	18	33.3%	0	0.0%	0	
聚拢泳衣 钢托 厚胸垫	17	47.1%	0	0.0%	0	
泳衣钢托	13	46.2%	0	0.0%	0	

当前1-10条，共260条
首页 上一页 1 2 3 4 5 下一页 末页

图 7-24　生 e 经宝贝标题关键词数据下载

除去店铺自身数据透析之外，生 e 经还提供所有类目的行业数据，最远可以查询三年左右的数据，这对于卖家朋友的货源选择，以及款式选择都有非常大的帮助。比如我们选择生 e 经→行业分析→服装→女士女装精品→羽绒服类目，我们可以查询 2011 年到 2013 年三年的类目热销 TOP 100，如图 7-25 所示。

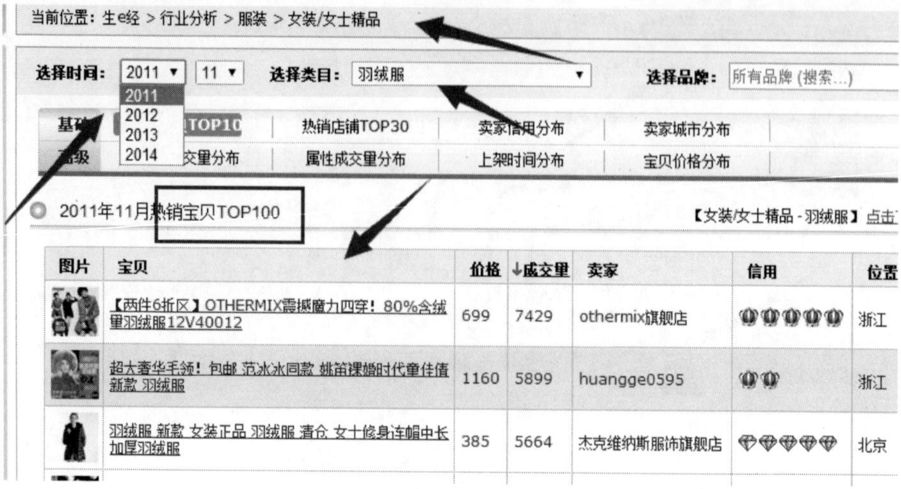

图 7-25　生 e 经往年类目爆款查看

实际上有些类目的爆款一直可以持续做好几年，很多前年是爆款的，去年也是爆款，今年还是，所以这个数据非常珍贵，我们木叶火有个学员就是一直盯着往年的爆款数据，找同款货源销售，省去选款的麻烦，每年都可以拿到不错的利润。

除去上面的讲解，生 e 经还有很多特别好的功能，大家可以不断挖掘新的玩法，有问题也可以到木叶火论坛联系在线客服，我会找时间录制一整套的数据分析课程给书友学习，同时你有好的想法，我们可以共同交流。

对于淘宝卖家来讲，掌握上面三个工具，再加上淘词的用法，基本上就够店铺排名优化使用了。不用再去浪费大把的时间熟悉各种各样复杂的工具玩法，淘宝官方未来会开放更多优质的数据来供卖家分析，未来的电商行业竞争除去资源之外，对数据的掌控和分析必然是会起到决定性作用的。

7.2　优化效果分析和调整

7.2.1　下架时间分析调整及二次优化

很多类目的商品都是季节性的，有淡季有旺季，大部分宝贝都会有成长期、爆款期和衰退期，一个优秀的淘宝优化排名员，在宝贝整个生命周期中，会对下架时间做 2 到 3 次调整，从而获取更多的流量。

第一次下架时间的调整主要是查看宝贝流量是否有周期性的变化，看我们的下架时间安排是否得当，如图 7-26 所示，从生 e 经单款宝贝搜索流量分析，我们看到这个宝贝的搜索流量走势基本上是 7 天一个小高峰，这就证明我们安排的下架时间是没有问题的。

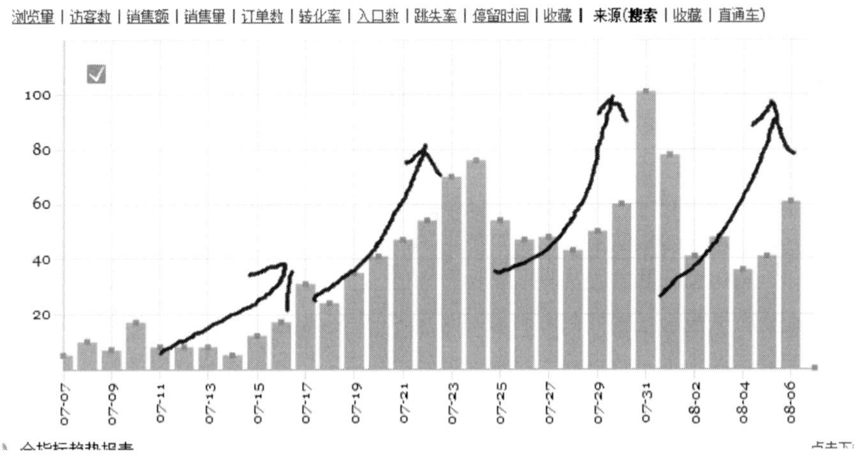

图 7-26　生 e 经单款宝贝搜索流量走势 1

如果我们发现搜索流量没有出现明显的 7 天小高峰，如图 7-27 所示，搜索流量忽高忽低级不规律，那么就要去分析深层次原因。

首先看看是不是小类目产品，关键词搜索指数在 3000 以下的，受下架时间影响就微乎其微，将小类目产品下架时间安排直接放到行业峰值，基本上就不用再做调整了。

其次看看是否标题关键词出问题了，是否标题大部分关键词搜索指数都在 3000 以下，这样的话，下架时间影响也是很微小的，要重新调整标题关键词再观察数据，不要直接就调整下架时间。

最后看宝贝是否有破掉零销量，很多类目，零销量的宝贝几乎是不参与排名的，所以也看不到明显的 7 天小高峰，要使宝贝破除零销量之后，再来观察数据。

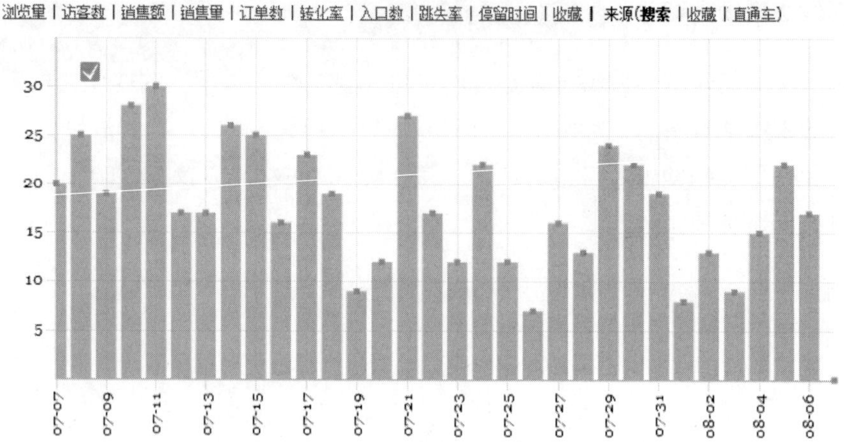

图 7-27　生 e 经单款宝贝搜索流量走势 2

排除以上原因，基本上可以判定我们的宝贝下架时间安排出问题了，需要重新按照之前讲过的下架时间安排流程做调整，然后再观察数据分析。

当我们宝贝能挤进关键词销量排序第一页的时候，或者人气排序挤进第一页的时候，就可以考虑对宝贝下架时间做进一步调整，安排到行业峰值，最大化获取下架时间流量。

如图 7-28 所示，女装连衣裙类目的流量峰值是周一和周二，如果我们之前的宝贝下架时间不是周一或者周二，那么调整的时候，可以调整到周一或者周二。

值得注意的是，调整下架时间是会损失宝贝流量的，比如我们现在宝贝的下架时间是周三的晚上 22 点下架，如果调整到周一 22 点下架，那么系统会在周三晚上 22 点对我们的宝贝上架时间做出调整，我们宝贝调整后的下架时间是 7 天以后的周一，这样我们整个宝贝要经历 4+7 天，总共 11 天才会开始第一次下架时间。

调整的效果也要等 11 天才看得出来，所以每次调整下架时间都要谨慎操作，尽可能最小化的控制下架时间流量损失，比如你已经是周三下架了，没有必要刻意去调整到周二，损失大半个月的时间来获取流量峰值；如果你是周日下架的，那么调整到周一，只是损失一天的下架流量，就是值得操作的。

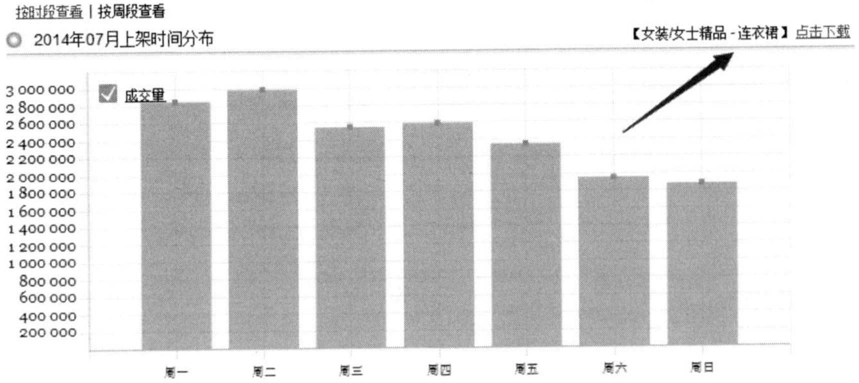

图 7-28　连衣裙类目行业峰值

读起来虽然很拗口，不过一定要把这段看懂，不然实操的时候会犯很多致命的错误，很多爆款就是调整下架时间失误，导致整体流量下跌，从此一蹶不振的。

7.2.2　宝贝标题分析调整及多次优化

我们前面讲过宝贝标题的打造，一个标题的好坏不是一锤定音的，要不断结合数据来调整标题里面的关键词，把没有带给我们流量或者带流量很少的关键词去掉，换别的词去测试，标题的数据要 7 天到 10 天左右才可以看出来（至少要让我们的宝贝经历一次下架周期，数据才有意义）。

所以做事情不要那么急，有的人上午优化了标题，中午就想来流量，下午就想出单，急得恨不得一夜成为百万富翁，淘宝从来都是慢工出细活，淘宝 SEO 尤其是这样，你越急越没有流量。

后期调整标题，我们还是要用生 e 经这个工具，打开生 e 经，标题调整要用到专业版的生 e 经，如图 7-29 所示。

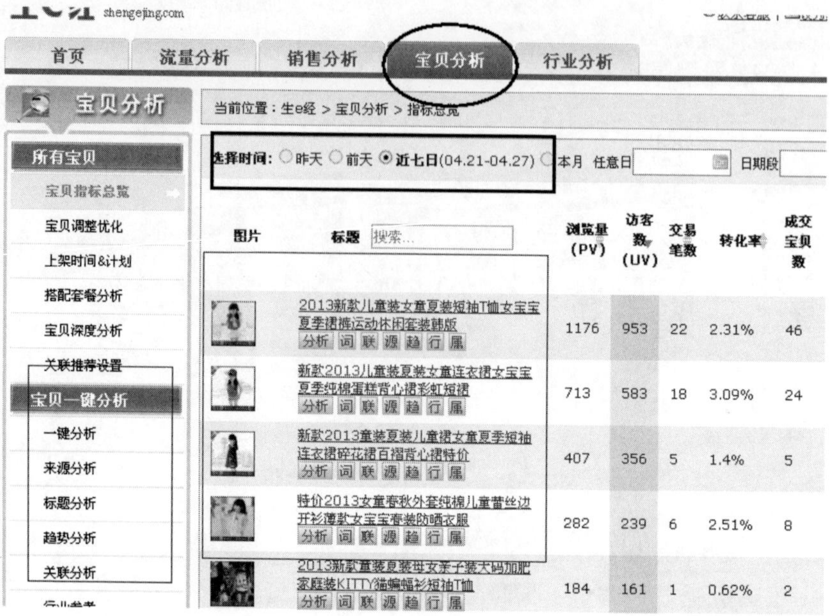

图7-29 宝贝分析

生e经宝贝分析页面，我们选择7天的数据来进行分析，大家可以按照访客数从高到低排列，这样可以看到我们全店的流量是哪几个宝贝支撑的，这些宝贝一定要重点关注，如果它们稍有差池，那么整店流量就会掉下来。有的朋友卖得好的时候搞不清楚是什么情况，不知道流量是从哪里来的，突然有一天开始流量掉了，生意急转而下，也不知道自己哪个地方出问题了，原因就在这里。

我们拿其中一个流量最高的宝贝来进行分析，看看这个宝贝的标题优化效果，以及如何来调整，我们打开关键词分析，如图7-30所示。

从宝贝关键词分析来看，我们可以看到有个“该宝贝主搜词”，点击下载以后，会把7天内从淘宝搜索进入到这个宝贝的所有关键词导出来，如图7-31所示。

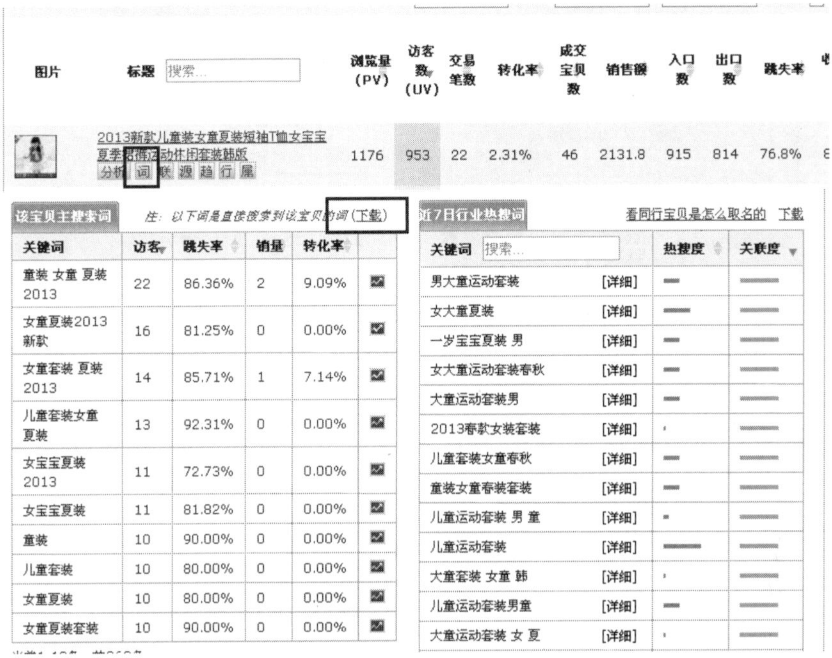

图片	标题	浏览量(PV)	访客数(UV)	交易笔数	转化率	成交宝贝数	销售额	入口数	出口数	跳失率
	2013新款儿童装女童夏装短袖T恤女宝宝夏季裙裤运动休闲套装韩版 分析 词 联 源 趋 行 属	1176	953	22	2.31%	46	2131.8	915	814	76.8%

该宝贝主搜索词　注：以下词是直接搜索到该宝贝的词（下载）

关键词	访客	跳失率	销量	转化率
童装 女童 夏装 2013	22	86.36%	2	9.09%
女童夏装2013新款	16	81.25%	0	0.00%
女童套装 夏装 2013	14	85.71%	1	7.14%
儿童套装女童夏装	13	92.31%	0	0.00%
女宝宝夏装 2013	11	72.73%	0	0.00%
女宝宝夏装	11	81.82%	0	0.00%
童装	10	90.00%	0	0.00%
儿童套装	10	80.00%	0	0.00%
女童夏装	10	80.00%	0	0.00%
女童夏装套装	10	90.00%	0	0.00%

近7日行业热搜词　看同行宝贝是怎么取名的　下载

关键词		热搜度	关联度
男大童运动套装	[详细]		
女大童夏装	[详细]		
一岁宝宝夏装 男	[详细]		
女大童运动套装春秋	[详细]		
大童运动套装男	[详细]		
2013春款女装套装	[详细]		
儿童套装女童春秋	[详细]		
童装女童春装套装	[详细]		
儿童运动套装 男 童	[详细]		
儿童运动套装	[详细]		
大童套装 女童 韩	[详细]		
儿童运动套装男童	[详细]		
大童运动套装 女 夏	[详细]		

图 7-30　关键词分析

	A	B	C	D	E
1	关键词	访客	跳失率	销量	转化率
2	2013 夏装新款童装	1	0%	0	0%
3	2013儿童夏装新款	1	0%	0	0%
4	2013韩版女童夏季T恤套装	1	100%	0	0%
5	2013女宝宝夏装新款	1	100%	0	0%
6	2013女童夏季裙裤	1	100%	0	0%
7	2013女童夏装套装	1	100%	0	0%
8	2013女童夏装新款	3	33.33%	0	0%
9	2013童装女童休闲夏装	1	0%	0	0%
10	2013童装夏装韩版	1	100%	0	0%
11	2013童装夏装新款	2	100%	0	0%
12	2013夏季新款童装套装 女童运动	1	100%	0	0%
13	2013夏新款女童套装 时尚韩版女	1	100%	0	0%
14	2013夏装新款韩版儿童休闲套装	1	100%	0	0%
15	2013夏装新款女宝宝套装	1	100%	0	0%
16	2013夏装新款女童短袖t恤 裙裤	1	0%	0	0%
17	2013夏装新女童 童装休闲运动短	1	100%	0	0%
18	2013新款儿童装	1	100%	0	0%
19	2013新款儿童装女童夏装短袖t恤	1	100%	0	0%
20	2013新款童装夏装	1	0%	0	0%
21	2013新款夏装童装	1	100%	0	0%
22	t装 女童 裙裤2013	1	100%	0	0%
23	宝宝 裙	1	100%	0	0%

图 7-31　导出关键词

如图 7-31 所示，我们导出关键词流量数据，另外也要把这个标题做一个简单地拆分，可以借助生 e 经的自然搜索词分析功能，如图 7-32 所示。

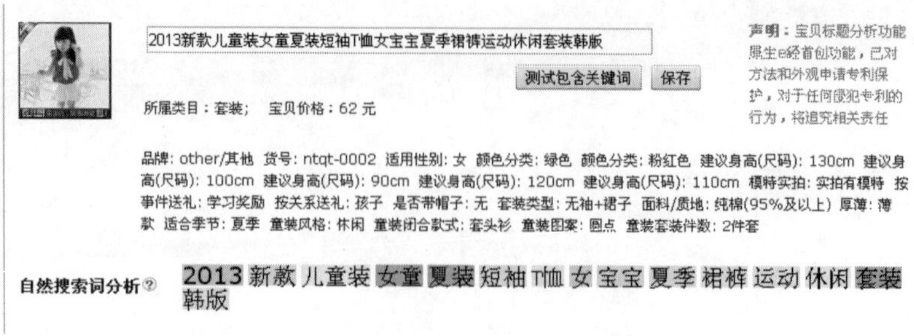

图 7-32　自然搜索词分析

生 e 经把我们的宝贝标题“2013 新款儿童装女童夏装短袖 T 恤女宝宝夏季裙裤运动休闲套装韩版”拆分成“2013、新款、儿童装、女装、夏装、短袖、T 恤、女、宝宝、夏季、裙裤、运动、休闲、套装、韩版”15 个词，并且每个词给我们带来多少 PV，都有提示，如图 7-33 所示。

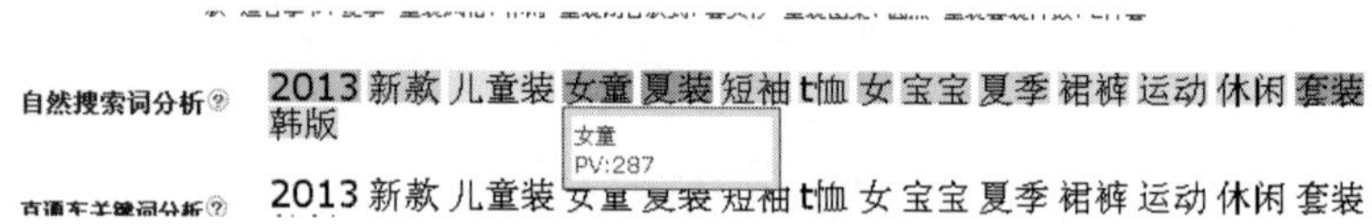

图 7-33　每个词的 PV

其中颜色越深说明带来的 PV 越高，颜色越浅带来的 PV 越低，我们整理到 Excel 表格里，如图 7-34 所示。

关键词	PV
2013	154
儿童装	3
t恤	18
休闲	21
裙裤	29
运动	29
韩版	36
夏季	59
短袖	60
新款	68
宝宝	85
女	117
套装	268
夏装	286
女童	287

图 7-34　宝贝关键词带来的 PV

做成表格，我们可以看出最近 7 天，带给我们宝贝流量最少的几个词分别是“儿童装、T 恤、休闲、裙裤、运动、韩版”，这里面有个比较大的问题，“儿童装”这个关键词淘宝系统是可以拆分成“儿童”和“夏装”两个词的，我们用之前导出的表格数据分析看看，这两个词分别带给我们多少流量，如图 7-35 所示。

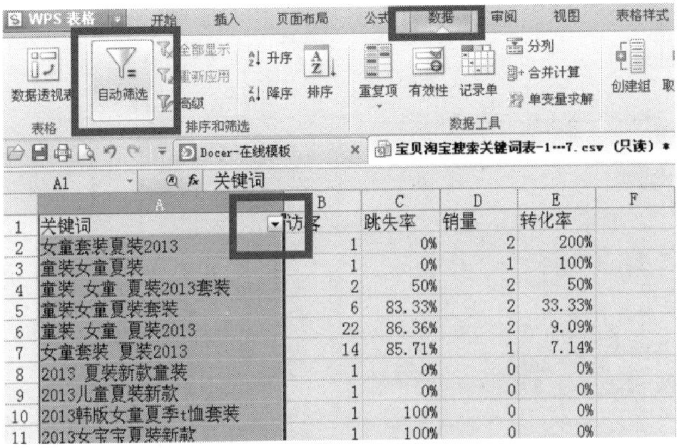

图 7-35　分析数据

选中关键词这一列，然后点击顶部的数据，找到自动筛选，我们可以看到关键词那一列出现了一个向下的小三角，我们点击这个小三角，进行筛选，分别搜索“儿童”和“童装”这两个关键词，查看它们带来了多少 PV，如图 7-36 所示。

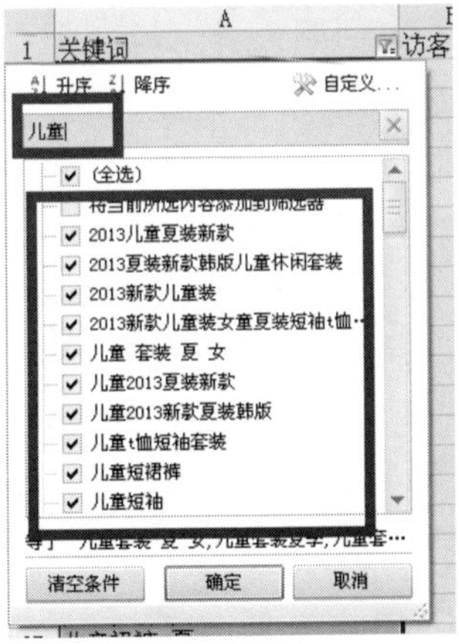

图 7-36　关键词筛选

通过上面的筛选我们可以看出，“儿童”这个关键词最近 7 天带给我们的 PV 是 62 个，“童装”这个关键词带给我们的 PV 是 66 个，这样我们就不能把“儿童装”这个关键词替换掉了。剩下的关键词“T 恤、休闲、裙裤、运动、韩版”我们需要看看有没有转化率，只要有转化率的就不要删掉，就算它每天只有几个 PV，对于我们来讲也是非常重要的。如图 7-37 所示，我们把关键词的转化率按照从高到低排序。

	A	B	C	D	E
1	关键词	访客	跳失率	销量	转化率
2	女童套装夏装2013	1	0%	2	200%
3	童装女童夏装	1	0%	1	100%
4	童装 女童 夏装2013套装	2	50%	2	50%
5	童装女童夏装套装	6	83.33%	2	33.33%
6	童装 女童 夏装2013	22	86.36%	2	9.09%
7	女童套装 夏装2013	14	85.71%	1	7.14%
8	2013 夏装新款童装	1	0%	0	0%
9	2013儿童夏装新款	1	0%	0	0%
10	2013韩版女童夏季t恤套装	1	100%	0	0%
11	2013女宝宝夏装新款	1	100%	0	0%
12	2013女童夏季裙裤	1	100%	0	0%
13	2013女童夏装套装	1	100%	0	0%
14	2013女童夏装新款	3	33.33%	0	0%

图 7-37　转化率排序

如图 7-37 所示，我们并没有看到“T 恤、休闲、裙裤、运动、韩版”这几个关键词给我们带来转化，所以，这些低流量的词都可以替换掉，那么替换一些什么词呢？这个大家要回到我们之前的关键词数据库。其中，我们只不过用了一部分关键词而已，并没有全部用掉，那些没有用到的关键词就可以替换进来，另外，生 e 经这边也提供了一些行业热搜词，如图 7-38 所示。

我们可以把这些行业热搜词下载下来，从里面找出适合我们宝贝的关键词，替换掉之前流量低的。另外再补充几个点，比如这个 7 天行业热搜词，我们看到“运动套装”这个词的搜索量还不小，那我们就考虑不要把“运动”这个关键词替换掉，但是标题里面写的时候要把“运动套装”连在一起，以便符合买家搜索习惯，再观察一个周期看看。

图 7-38　生 e 经行业热搜词

基本上，标题就是通过这样不断地删选，调整宝贝关键词，来达到流量增加的目的，所以跟大家讲，不要想当然地把一些词换掉，数据才是最真实的东西，是我们替换关键词的最好依据。

另外，请不要随意的把整个标题全部替换掉，一旦你换掉整个标题，那么之前积累的所有关键词权重都消失了，切记切记！

7.2.3　宝贝主图效果分析及二次优化

宝贝主图严格意义上来讲，不要换是最好的选择，通常换主图都会影响到宝贝的排名，尤其是宝贝到下架时间当天换主图，几乎一换就会掉排名。排名首页的宝贝甚至会掉到 50 多页，导致比较惨痛的教训，但是有的时候又不得不换主图，因为如果设计的主图点击率太低，那对于我们的流量来讲，损失更严重。

先说下换主图的方法，先把要换的主图放置到宝贝展示图片的位置，除去主图位置，2、3、4、5 任意放置即可，如图 7-39 所示，等 24 小时之后，再把该图片换到宝贝主图位置，切记不可直接把宝贝主图换掉，不然就会有掉排名的情况。

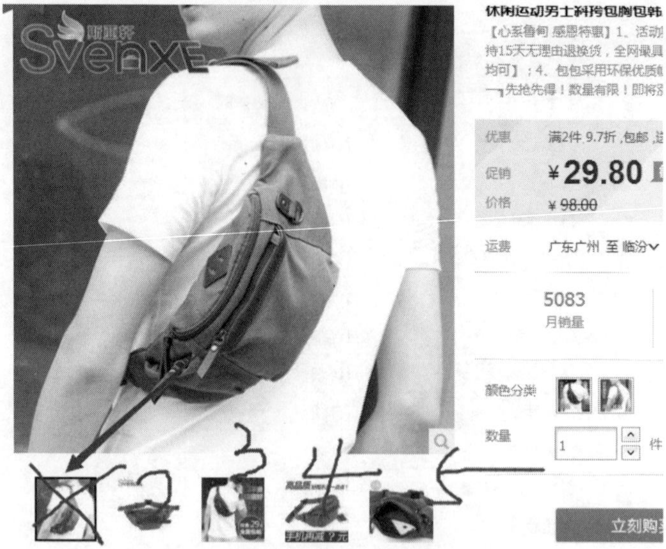

图 7-39　宝贝主图位置

那么如何来判断主图是否要更换呢？这里要用到量子恒道的搜索流量诊断功能，如图 7-40 所示，路径为量子恒道→店铺诊断→搜索流量诊断，然后我们输入要诊断的宝贝链接，选择要诊断的日期（一般选择搜索流量最多，宝贝下架时间那天），点击诊断宝贝即可看到该宝贝的搜索关键词数据，如图 7-41 所示。

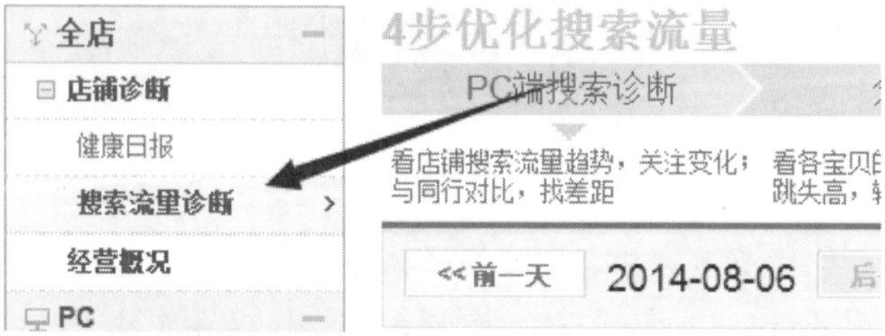

图 7-40　量子恒道中的搜索流量诊断

我们可以把这些数据按照展现量从高到低排序，分析每个关键词的点击率，如图 7-42 所示，我们可以看到每个关键词的点击率。记住一定要把展现量从高到低排序，分析展现量最大的几个关键词的数据才有意义。

上次优化时间 -
当前标题: 正品好孩子必备婴儿床实木无漆童床宝宝摇篮婴儿摇篮床游戏床bb床

平均搜索排名：26，比前一天 21.21%↑
搜索成交转化率：3.29%，比前一天 30.88%↓

该宝贝关键词效果　全店关键词效果　下载

关键词	展现数据				引流数据				转化数	
	平均搜索排名	展现量	点击量	点击率	到达页浏览量	访客数	入店访问深度	跳失率	成交用户数	支付宝件数
好孩子婴儿床	47	190	2	1.05%	2	2	1	0.00%	0	
yingerchuang	30	30	1	3.33%	1	1	1	100.00%	0	
婴儿摇篮床	30	600	3	0.50%	4	4	1	75.00%	0	
摇篮床	30	403	3	0.74%	3	3	1	100.00%	0	
婴儿童床	28	23	2	8.70%	2	1	1	100.00%	0	
摇篮	28	597	2	0.34%	0	0	-	-	0	
婴儿床 摇篮	27	29	1	3.45%	1	1	1	0.00%	0	
yinerchuang	26	5	1	20.00%	1	1	1	100.00%	0	
婴儿床	25	22,703	112	0.49%	123	104	1.05	92.68%	3	
摇篮宝宝	25	1	1	100.00%	1	1	1	100.00%	0	

图 7-41　量子恒道宝贝搜索流量诊断数据

关键词	展现数据				引流数据				
	平均搜索排名	展现量	点击量	点击率	到达页浏览量	访客数	入店访问深度	跳失率	成
婴儿床	33	15,564	87	0.56%	91	83	1.07	85.71%	
婴儿床实木	25	1,750	15	0.86%	15	15	1.13	86.67%	
婴儿摇篮床	47	545	2	0.37%	2	2	1	100.00%	
摇篮	37	500	1	0.20%	0	0	-	-	
童床	38	433	1	0.23%	2	1	1	50.00%	
摇篮床	46	413	2	0.48%	2	2	1.5	50.00%	
宝宝床	40	404	3	0.74%	3	3	1	66.67%	
婴儿床实木无漆	21	256	2	0.78%	1	1	1	100.00%	
宝宝床 婴儿床	35	197	1	0.51%	1	1	1	100.00%	
实木婴儿床	34	188	2	1.06%	2	1	1	100.00%	

图 7-42　量子恒道宝贝搜索流量诊断数据排序

主图是点击率的一个因素，另外还有很多因素也影响到宝贝点击率，比如排名，排名越靠前点击率越高，所以分析关键词点击率要有比较好的参考数据，这里我们同时用到另外一个工具，直通车的流量解析工具。具体路径是直通车→工具→流量解析，如图 7-42 所示，该工具可以很容易查询到每个关键词的点击率状况。

直通车的点击率数据相比较搜索排名要高一些，因为直通车主图是没有牛皮癣概念的，可以添加很多水印促销文字，搜索诊断的关键词点击率在流量解析的关键词点击率一半以上的，都算合格的主图。

如图7-43所示，“婴儿床”这个关键词的点击率是0.56%，直通车同一时间的流量解析数据是1.16%，大概是搜索排名的2倍多，就说明我们的宝贝还有空间来优化主图的点击率。

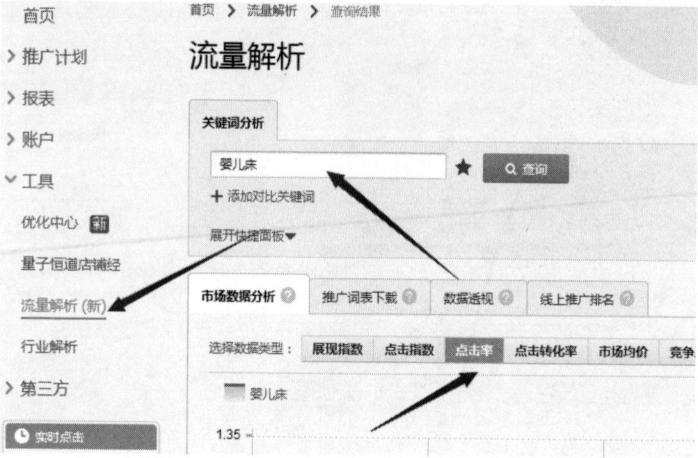

图7-43 直通车流量解析工具

大体上的二次优化就是这样的操作流程，通过对各环节数据的分析，对宝贝做深层次的优化调整，进一步获取更好的排名和流量。